Klaus Meye

Wandern für die Seele in und um Bremen

20 Wohlfühlwege

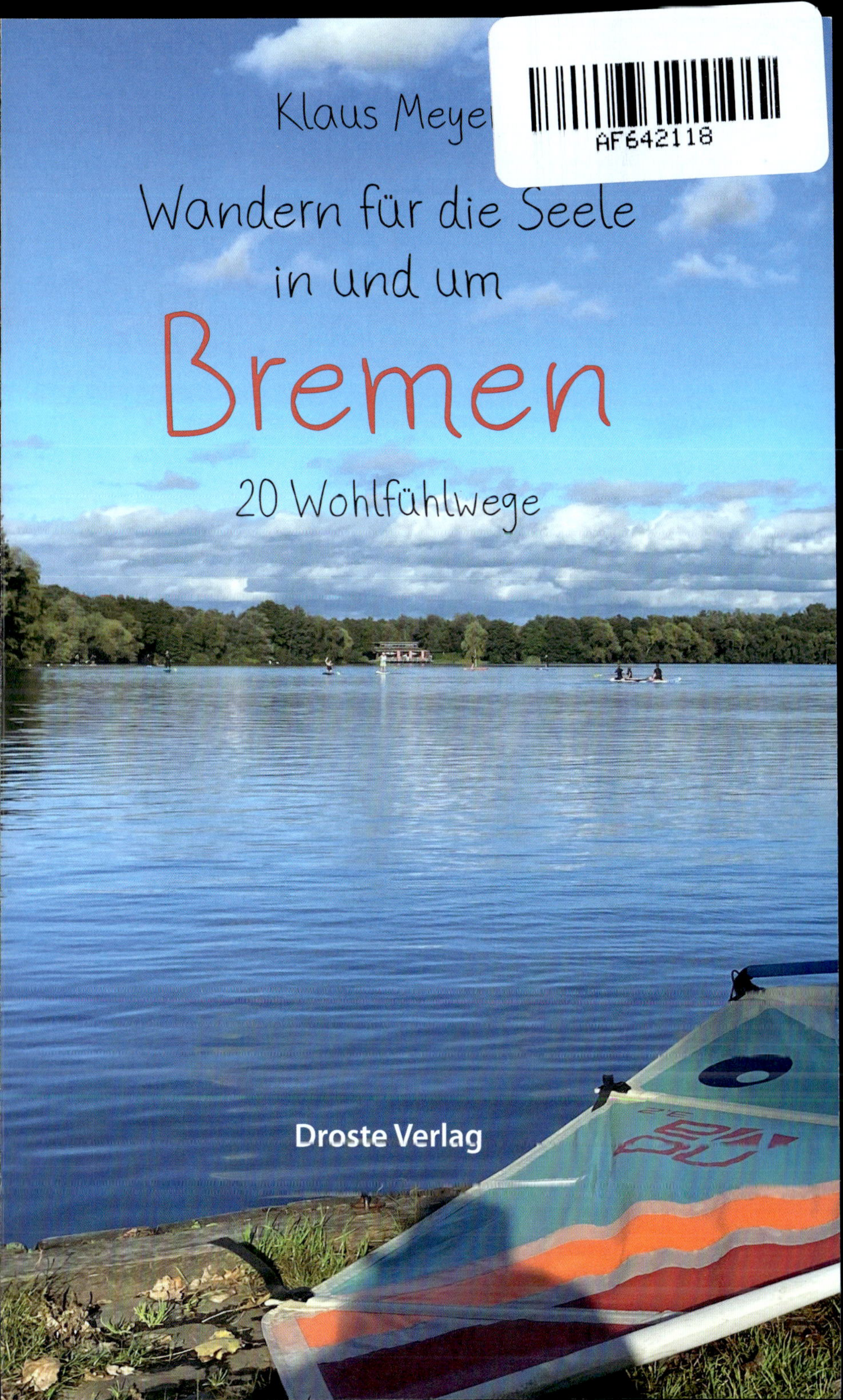

Droste Verlag

ALLE WANDERUNGEN AUF EINEN BLICK

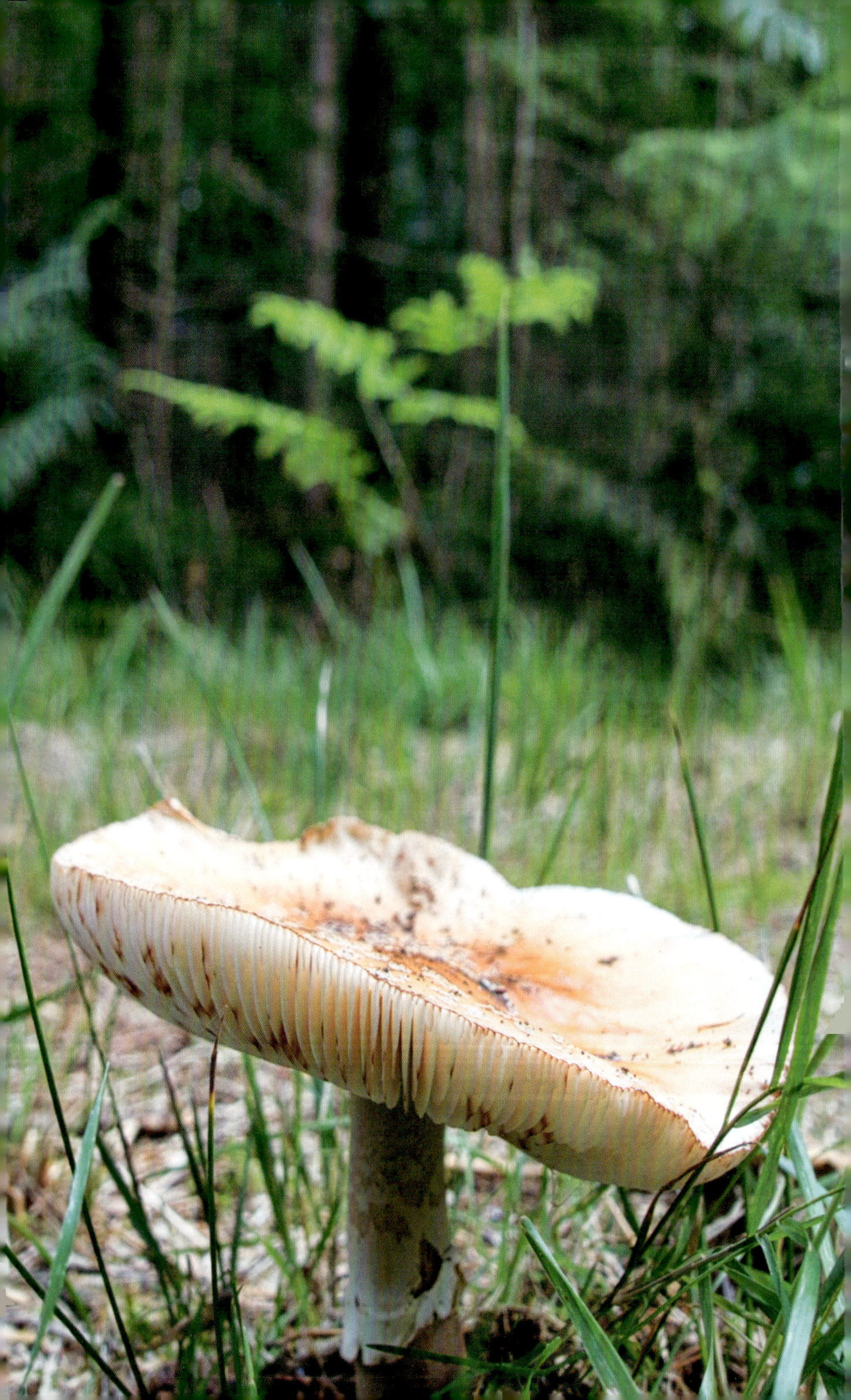

Liebe Wanderfreunde und Auszeitsuchende,

zum Wandern muss es nicht immer ins Gebirge gehen. Auch das flache Land im Norden bietet viele schöne Ziele, die dazu einladen. In diesem Buch habe ich eine kleine Auswahl an Touren in und um Bremen für Sie zusammengestellt.

Die Region rund um Bremen ist sehr vielfältig und bietet verschiedenste Landschaften beidseits der Weser. Im Süden haben wir die trockene Geest und im Norden das feuchte Teufelsmoor. Dazwischen tauchen wir immer wieder in dichte Wälder ein und sind dann wieder entlang der verschiedenen Flüsse und Bäche unterwegs, die meistens irgendwann in die Weser münden.

Aber auch in der Stadt gibt es einiges zu entdecken. Mehrere Parks laden zu einer kleinen Auszeit ein. Dabei können wir entweder auf den Spuren der Vergangenheit unterwegs sein, wie entlang der Bremer Wallanlagen, oder die Tour mit einem Bad in einem der schönen Badeseen verbinden.

Wir besuchen unter anderem den höchsten Punkt von Bremen und den geografischen Mittelpunkt von Niedersachsen. Unterwegs erfahren wir mehr über einen bekannten Wilderer und besuchen einige alte Steingräber.

Die eine oder andere Tour ist auch als Abendwanderung reizvoll, und wo möglich, habe ich Empfehlungen für Gasthäuser eingebunden, in denen wir beispielweise von den Landfrauen mit besten Torten und Kuchen versorgt werden.

Viel Freude beim Wandern für die Seele wünscht

Ihr Klaus Meyer

NATUR-INFO

KULTUR-INFO

TOUREN-/EVENT-INFO

GENUSS-INFO

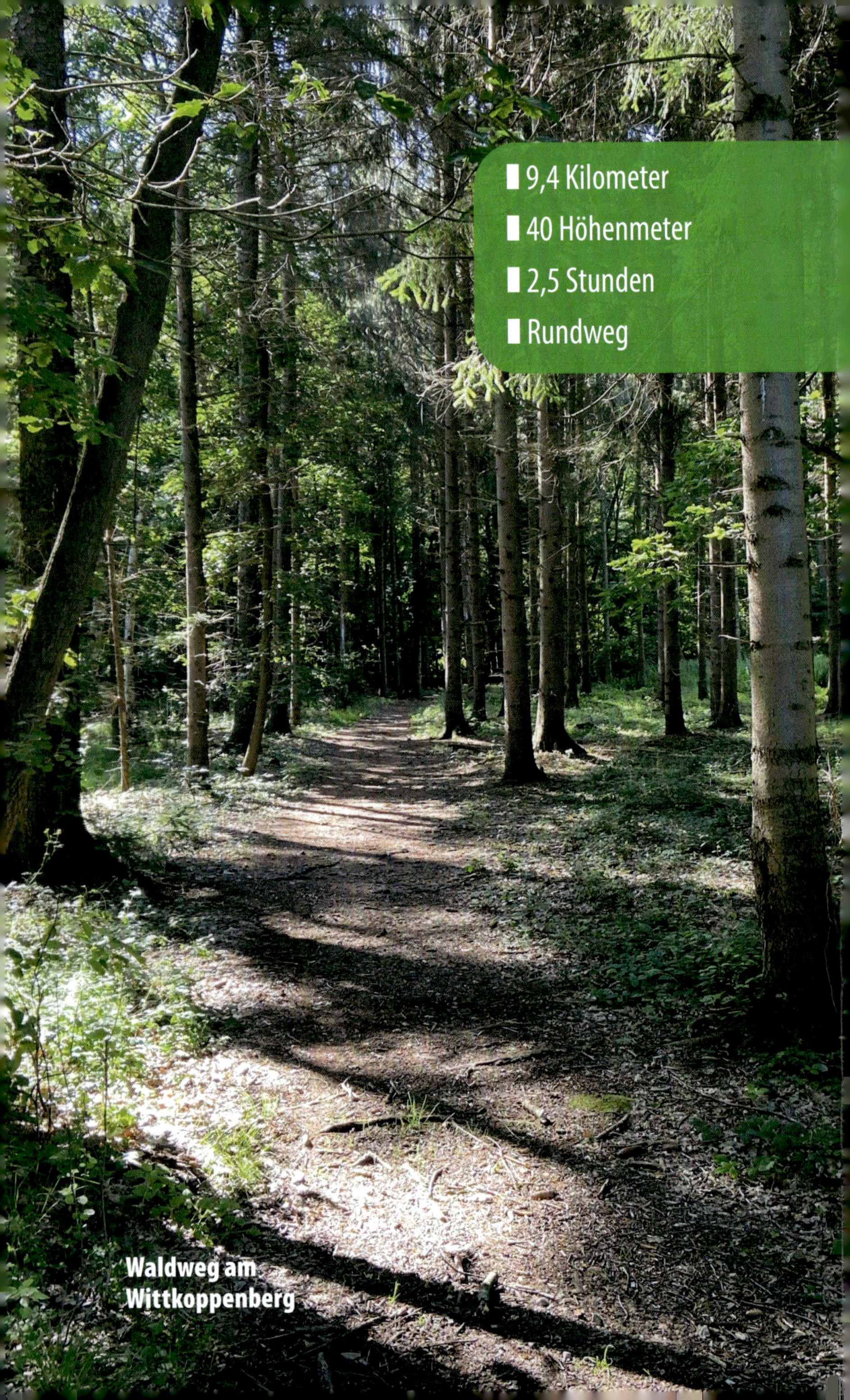

Waldweg am Wittkoppenberg

Mythos Moor

Rund um den Golfplatz Achim

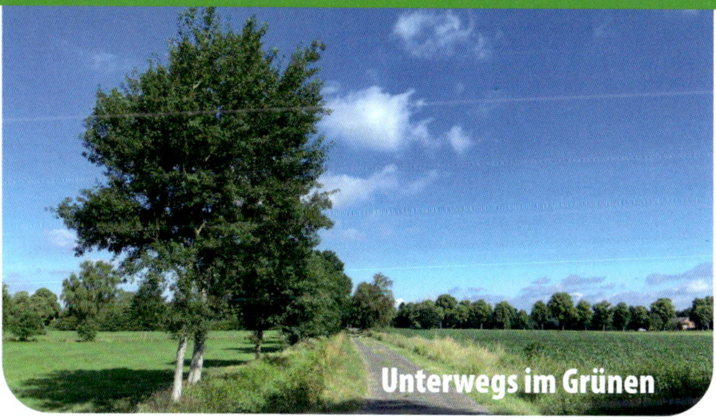

Unterwegs im Grünen

Unsere Wanderung startet am kleinen **Friedhof Badenermoor** und führt einmal rund um den nahen Achimer Golfplatz. Vom Parkplatz hinter dem Friedhof an der Roedenbeckstraße aus folgen wir dazu der Straße auf dem parallelen Fuß-/Radweg 250 Meter zurück in Richtung Achim. Dann biegen wir nach rechts in die Straße **Im Rucksort** ein. Sie führt uns an schönen Villen vorbei, die zum Träumen einladen, bis wir die kleine Siedlung verlassen.

Nun wandern wir auf sandigen Feldwegen weiter, vorbei an saftig grünen Weiden, bis wir wenig später die **Gärtnerei und Baumschule Asendorf** ❶ erreichen. Hier sehen wir Pflanzen in Töpfen und in allen Größen, so weit das Auge reicht. Hinter der Gärtnerei überqueren wir den kleinen Scheefmoorgraben und halten uns an der nächsten Kreuzung rechts.

Weiter geht es für etwa 500 Meter entlang landwirtschaftlicher Flächen. Dann erreichen wir die ersten Ausläufer des **Achimer Golfclubs,** der rechts von uns

> Das Wasserschutzgebiet **Wittkoppenberg** gehört zur Rotenburger Rinne. In großer Tiefe verläuft ein eiszeitliches Gewässer, daher die vielen Brunnen am Wegesrand. Hier wird qualitativ hochwertiges Trinkwasser für die gesamte Region gewonnen.

liegt. Wir halten uns links, um das Gelände weitläufig zu umrunden. Auf dem Golfplatz besteht immer die Gefahr, von einem umherfliegenden Golfball getroffen zu werden. Das sollten wir nicht unterschätzen, daher halten wir uns besser fern. Wir tauchen ein in einen schönen Mischwald, der Weg bringt uns zum **Wasserwerk Wittkoppenberg ❷**. Der Wittkoppenberg (etwa 31 Meter über dem Normalhöhennull) ist dabei natürlich kein Berg im eigentlichen Sinn und auch nicht als solcher erkennbar. Vorbei am links von uns liegenden Wasserwerk nehmen wir den nächsten rechts abzweigenden Weg, der mitten durch die Felder erneut in einen Wald führt.

Nach etwa 600 Metern durch einen dichten Fichtenwald zweigt unser Weg erneut nach rechts ab. Am Waldrand steht dort eine einzelne Bank mit schönem Ausblick über die vor uns liegenden Weiden. Aufgrund des nahen **Gestüts** links von uns können wir oft Pferde beobachten. Gelegentlich werden auch Turniere ausgetragen, dann haben wir hier einen Logenplatz. Weiter geradeaus sehen wir rechts von uns erneut die Ausläufer des Golfplatzes. An der nächsten Wegkreu-

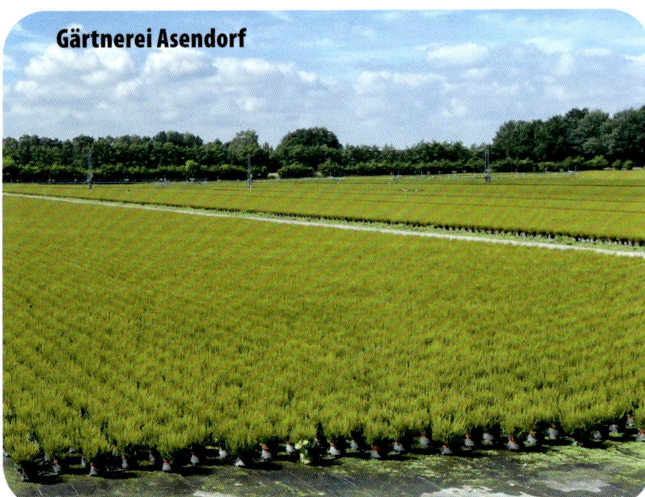

Gärtnerei Asendorf

Für die Seele

Diese Wanderung führt uns durch artenreichen Mischwald mit entsprechender Vogelwelt und später auf einsamen Pfaden durch das kleine Etelser Moor.

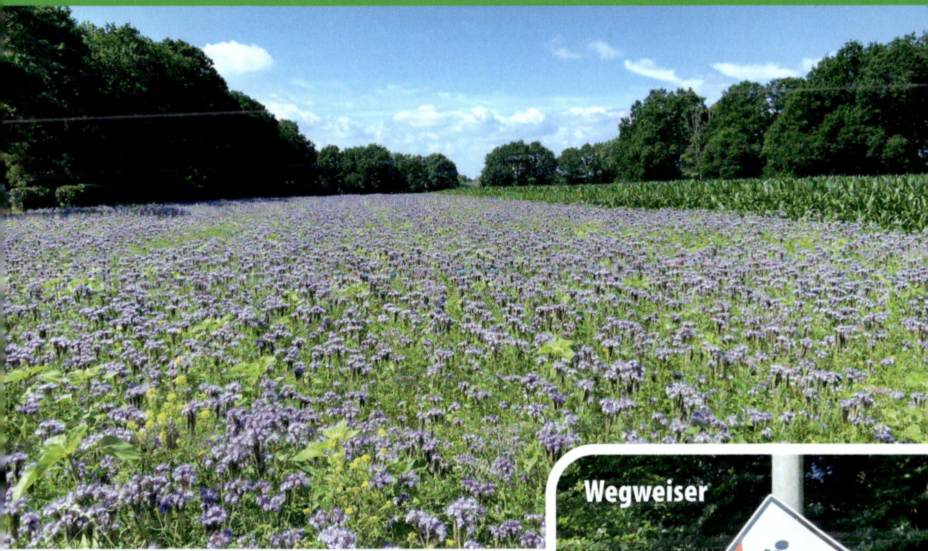

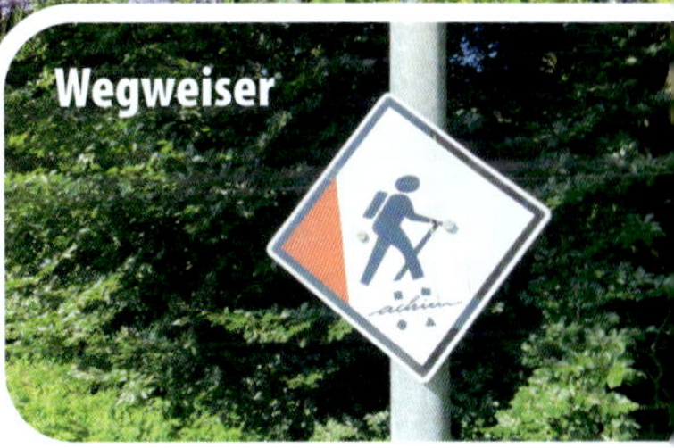
Wegweiser

zung halten wir uns rechts und kommen vorbei an einem Bauernhof mit verspielten Ziegen und einer Herde Galloway-Rinder.

An der nächsten Abzweigung erreichen wir erneut eine sehr schöne Bank, die zum Innehalten einlädt. Neben der Bank sehen wir auch Wegweiser zu den örtlichen Achimer Wanderwegen. Ein guter Platz für eine Pause, bevor es weitergeht. Der Weg nach rechts führt sicher über das **Golfplatzgelände.** Wir folgen unserem Weg jedoch weiter geradeaus und wenig später in einem Bogen nach links. Früher gab es hier einen Weg geradewegs über den Golfplatz, dieser ist mittlerweile gesperrt. Stattdessen achten wir auf die Warnhinweise vor „fliegenden Golfbällen“.

Die **Restaurants auf Golfplätzen** stehen in der Regel auch Wanderern offen. Oft gibt es hier sehr gute Küche für relativ wenig Geld, auch wenn man das nicht unbedingt vermutet.

Am Ende des Golfplatzes zweigt ein Pfad nach rechts ab. Diesem sicheren Weg folgen wir bis zum nahen **Bassener Mühlengraben,** an dem wir nach rechts abbiegen. So erreichen wir die Zufahrtsstraße zum Golfplatz. Zwischendurch haben wir immer wieder Gelegenheit, von einem sicheren Platz aus den Golfspielern bei ihren Abschlägen zuzuschauen.

Hier gibt es jetzt die Möglichkeit, eine Rast im **Restaurant Wachtelkönig** ❸ auf dem Golfplatz einzulegen. Dazu halten wir uns an der Zufahrtstraße rechts und folgen dieser bis zum Restaurant, in dem auch nicht Golf spielende Gäste willkommen sind. Die Küche im Restaurant ist sehr gut, egal ob es ein klassisches Schnitzel mit Bratkartoffeln sein soll oder Grünkohl zur Saison im Winter. Aber auch Kaffee und Kuchen sind zu empfehlen. Nach einer guten Stärkung im Restaurant oder einer entspannenden Kaffeepause auf der sonnenüberfluteten Terrasse geht es wieder zurück auf dem bekannten Weg. So verlassen wir den Golfplatz

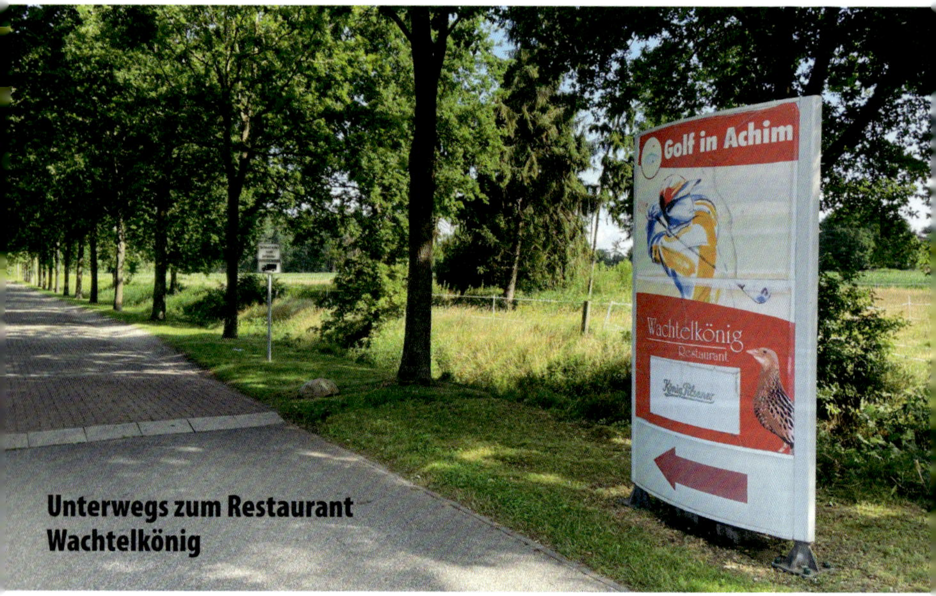

Unterwegs zum Restaurant Wachtelkönig

an der **Roedenbeckstraße,** die wir ja bereits vom Anfang der Wanderung her kennen.

Wir überqueren die Straße und folgen dem Weg geradeaus ins **Naturschutzgebiet.** Anfangs verläuft der Weg noch vorbei an grünen Weiden, bevor wir einen kleinen Wald erreichen. Dort lädt uns erneut eine Bank zum letzten Auftanken in der Sonne ein, bevor es anschließend ins Etelser Moor geht.

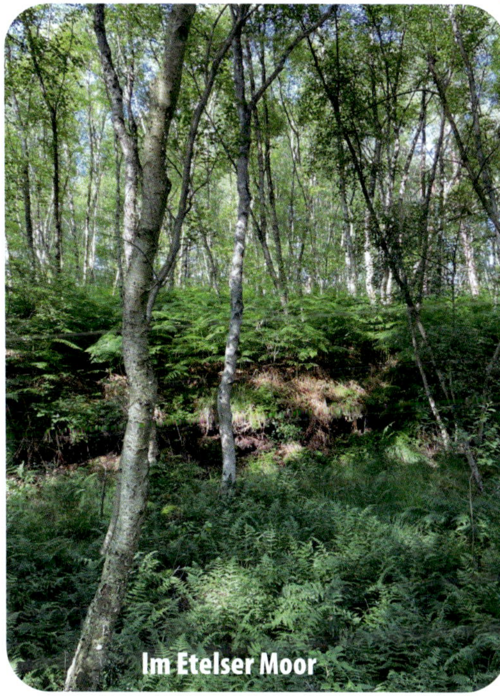

Im Etelser Moor

Sobald der Weg einen Linksbogen macht, folgen wir dem schmalen Pfad geradeaus ins Moor. Vor uns liegt jetzt das Highlight dieser Wanderung. Der Weg verläuft mitten durch das **Etelser Moor 4.** Der knapp 400 Meter lange, einsame Trail führt weitgehend geradeaus durch das Moor hindurch, allerdings mit ein paar Kurven im mittleren Teil. Die Etappe durch das Moor ist gefahrlos zu begehen und der Weg immer gut erkennbar.

Man sollte jedoch gutes Schuhwerk tragen für solch einen Moorweg. Am Wegesrand gibt es immer wieder Wasserlöcher, die nicht trockengelegt sind. Für uns sind diese jedoch nicht gefährlich. Im zweiten Teil des Pfades erkennen wir rechts von uns eine Abbruchkante, die noch vom intensiven Torfabbau stammt. Den Weg sollten wir während dieser Passage, wie bei allen Wegen durch das Moor, zu unserer eigenen Sicherheit natürlich nicht verlassen.

Am Ende dieses Pfades treffen wir auf den breiten, quer zu uns verlaufenden Wanderweg, dem wir nun nach rechts weiter durch das Etelser Moor folgen.

*Beim **Etelser Moor** handelt es sich um ein Hochmoor, das weitgehend trockengelegt wurde. Parallel des Weges sehen wir noch Reste des Torfabbaus vergangener Tage. Früher war Torf begehrtes Heizmaterial. Heute sind Moore effektive CO2-Speicher und damit wichtig für die Ökobilanz.*

Auch hier sind am Wegesrand immer wieder vereinzelte nasse Moorflächen erkennbar. Weiter geht es durch das einsame **Etelser Holz (5),** einen dichten Mischwald. Dann passieren wir landwirtschaftliche Flächen, die auf den Resten eines alten Dünenrückens liegen. Vor 100 Jahren gab es hier noch eine Sanddüne. Mittlerweile ist von ihr nichts mehr zu sehen.

Am vor uns auftauchenden Wald, dem **Lindholz (6),** halten wir uns rechts. Die Pfade durch das Lindholz selbst sind mittlerweile weitgehend zugewachsen. Vorbei an diesem dichten Mischwald führt unser Pfad direkt zum Ausgangspunkt zurück. Am Ende des Weges sehen wir rechts von uns den Parkplatz des Friedhofs, an dem unsere Wanderung begann.

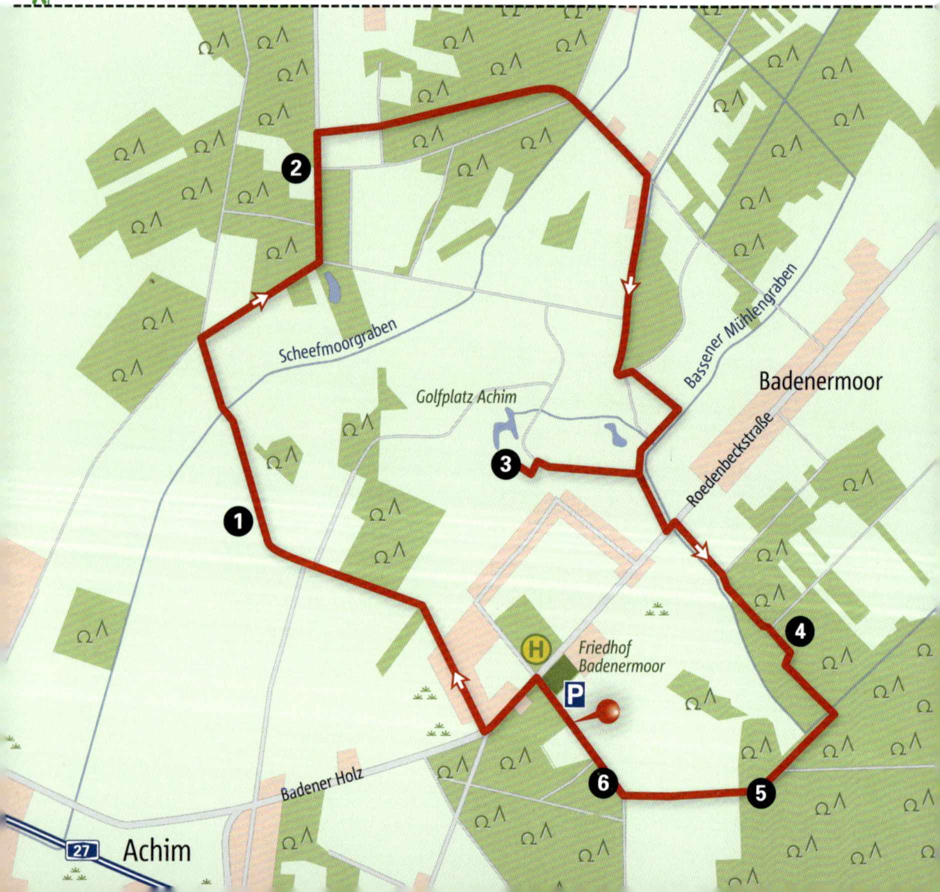

Entspannung ✱✱✱✱✱
Genuss ✱✱✱✱
Romantik ✱✱✱✱

WIE & WANN:
Überwiegend Wald- und Feldwege mit einem Pfad durch das Moor; ganzjährig begehbar, beste Wanderzeit: April bis Oktober

HIN & WEG:
Auto: Parkplatz Friedhof Badenermoor, Roedenbeckstraße, 28832 Achim (GPS: 53.021840, 9.101102)
ÖPNV: VBN-Buslinien 703, 733, 739, 794, Haltestelle Badenerholz Waldweg

ESSEN & ENTSPANNEN:
Restaurant Wachtelkönig (Golfplatz Achim) ❸ Roedenbeckstraße 55, 28832 Achim, Tel. (0 42 02) 97 40 20, www.wachtel-koenig.de

ENTDECKEN & ERLEBEN:
Gärtnerei und Baumschule Asendorf ❶
Wasserwerk Wittkoppenberg ❷
Etelser Moor ❹
Etelser Holz ❺
Lindholz ❻

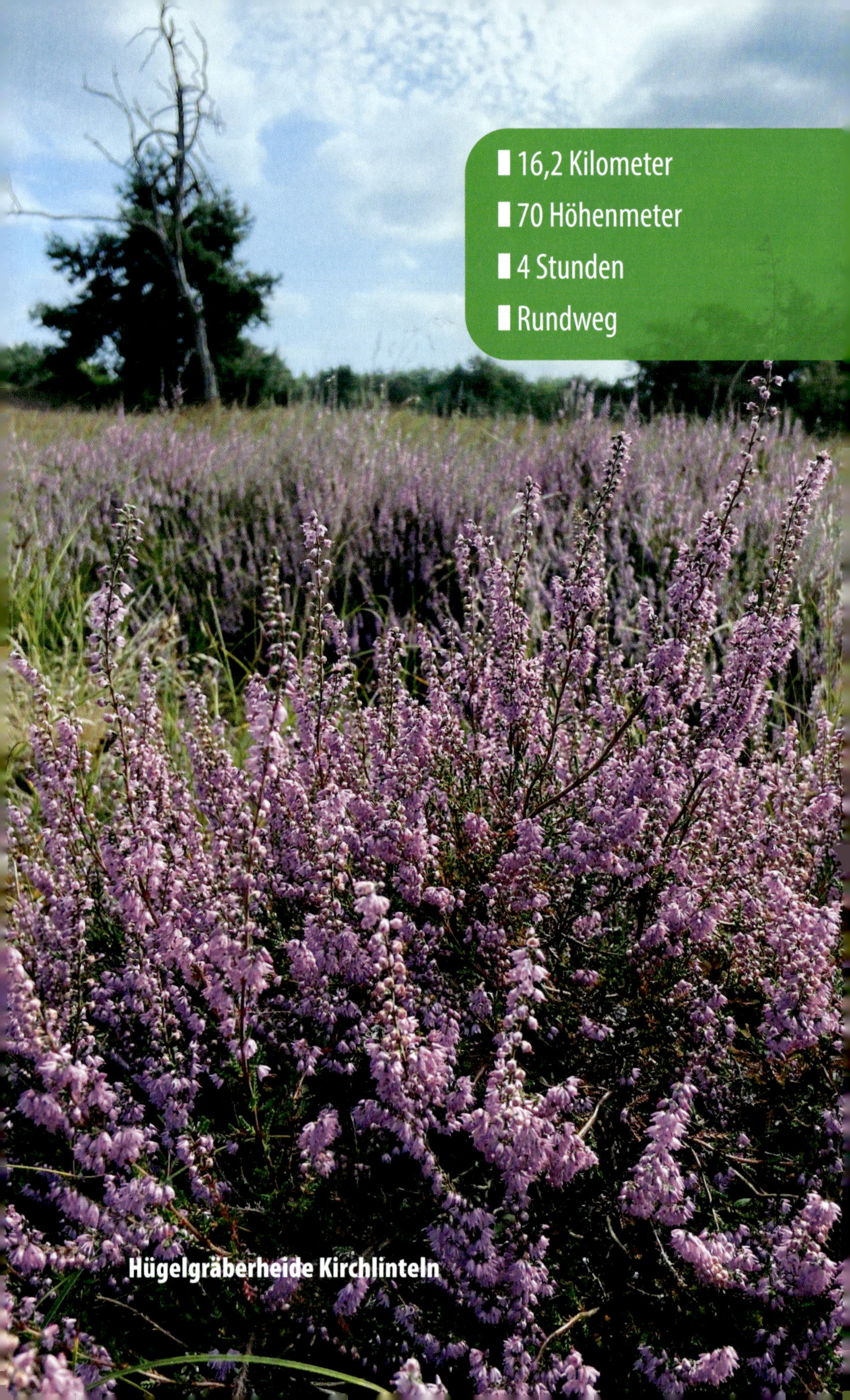

- 16,2 Kilometer
- 70 Höhenmeter
- 4 Stunden
- Rundweg

Hügelgräberheide Kirchlinteln

Sand und Heide

Durch die Lintelner Geest

Diese Wanderung östlich von Verden an der Aller führt uns durch Dünensand und vorbei an Hügelgräbern durch ein kleines Heidegebiet. Die sehr abwechslungsreiche Rundwanderung beginnt an einem kleinen **Wanderparkplatz** südlich von Kirchlinteln an der Straße nach Weitzmühlen. Der Parkplatz liegt von Kirchlinteln aus kommend auf der rechten Seite versteckt am Waldrand. Von dort aus geht es entweder über die Straße direkt in die Hügelgräberheide oder in die andere Richtung in den Lindhoop, einen schönen Wald mit einem interessanten Denkmal in der Mitte.

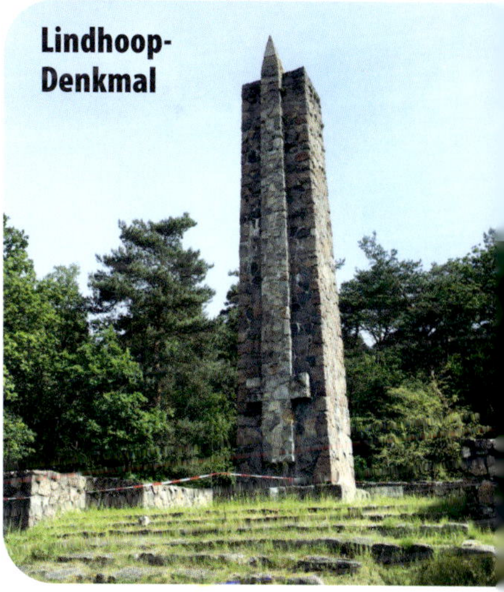
Lindhoop-Denkmal

Wir entscheiden uns heute für die zweite Variante und folgen dem Weg von der Straße weg am Waldrand entlang. Dieser führt uns nach kurzer Zeit hinein in den **Lindhoop,** einen kleinen Wald in der Lintelner Geest. Anfangs hören wir noch die nahe Autobahn. Aber je tiefer wir in den Wald kommen, desto weniger bemerken wir von ihr. Gelegentlich zweigen Pfade seitlich ab. Wir folgen unserem Weg bis zu einer Waldkreuzung, an der wir uns links halten. Wenig später verweist ein Schild nach rechts zum Denkmal. Diesem Waldweg folgen wir bis zum nahen **Lindhoop-Denkmal ❶.**

Am Ende des Weges lichtet sich der Wald, und wir stehen vor dem Monument. Das Lindhoop-Denkmal ist ein etwa 10 Meter hoher Obelisk in Form eines

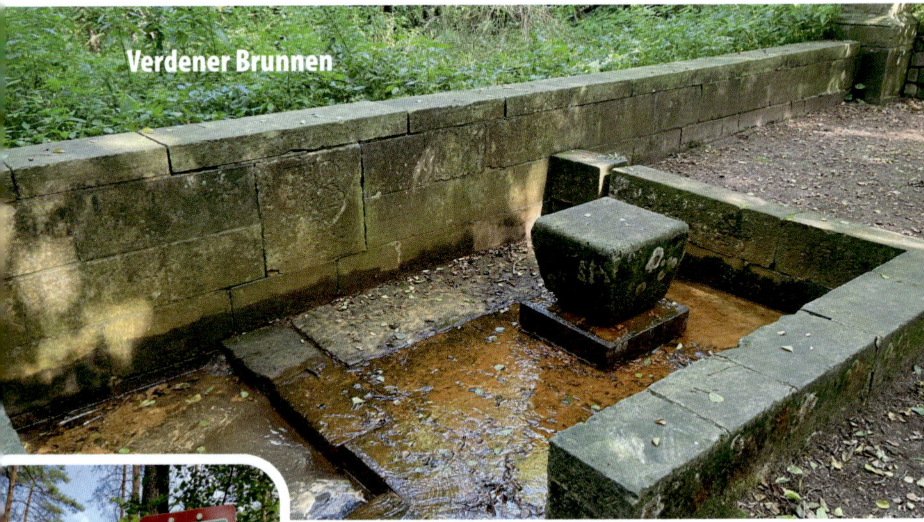

Verdener Brunnen

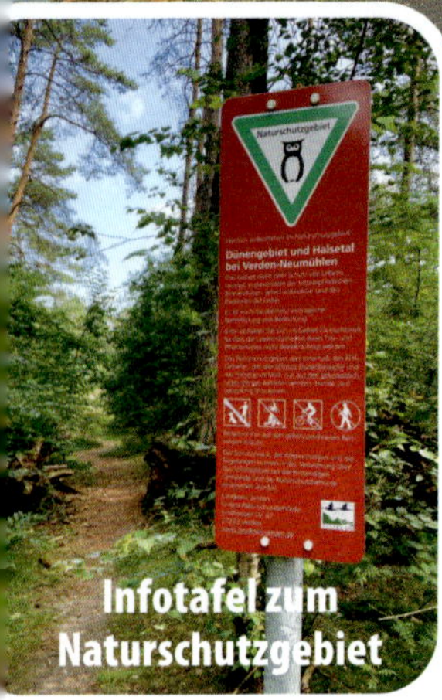

Infotafel zum Naturschutzgebiet

steinernen Schwertes, das nach dem Ersten Weltkrieg zum Gedenken an die gefallenen Soldaten errichtet wurde. Hier legen wir eine Pause ein und studieren die Geschichte anhand der Tafel vor Ort. Auf den Stufen des Denkmals genießen wir den Ausblick auf die vor uns liegende Heide.

Vorbei am imposanten Denkmal, das mittlerweile leider einsturzgefährdet ist, folgen wir dem Weg durch die kleine vorgelagerte Heidefläche und anschließend weiter durch den Wald. Am Waldrand angekommen führt eine Straße nach rechts, vorbei an einem großen Parkplatz und einer Gärtnerei. Wir überqueren die nahe Landstraße und folgen dem Weg zwischen Feuerwehr und Alter Ziegelei hindurch. Links ist die Autobahnausfahrt Verden-Ost der A 27.

Vorbei an Wald und Wiesen bringt uns dieser Weg nach 2 Kilometern zur Straße Dovemühlen. Rechts von uns sehen wir bereits die ersten Gebäude von Scharnhorst. Wir halten uns an der Straße jedoch links und folgen ihr unter der Autobahn hindurch. Auf der anderen Seite erreichen wir **Uhlemühlen** mit seinem Schullandheim.

Für die Seele

Die Verdener Dünen vermitteln uns einen Hauch von Sahara. Im Sommer ruhig mal die Schuhe ausziehen und barfuß durch den Sand wandern!

An der nächsten Weggabelung sehen wir schräg gegenüber eine Tafel, die auf den **Verdener Brunnen** ❷ hinweist. Dort verlassen wir die Straße und folgen dem ausgeschilderten Pfad am Halsebach entlang zum alten Brunnen, der schon lange nicht mehr genutzt wird. Heute ist nur noch die steinerne Einfassung zu sehen. Links oberhalb der Anlage liegt das Schullandheim Verdener Brunnen.

Wir verlassen den Brunnen und folgen dem Weg, der uns zu den **Verdener Dünen** ❸ bringt. Am Halsebachweg angelangt verweist ein Schild geradeaus, hinaus aus dem Wald und hinauf auf die Dünen. Ein mit Holzpfeilern markierter Wanderweg führt durch das weitläufige Dünengebiet. Links und rechts des Weges informieren kleine Tafeln über diese Binnendüne sowie ihre Flora und Fauna. Dahinter: jede Menge Sand mit ein paar Kiefern und gelegentlich Magerrasen.

*Der **Verdener Brunnen** war ursprünglich eine Heilquelle. Im Laufe der Zeit entwickelte sich ein Kurbetrieb mit Badeanstalt. Bis in die 1920er-Jahre wurde das Wasser abgefüllt und weltweit verschickt. Aufgrund von Grundwasserabsenkungen versiegte die Quelle dann weitgehend.*

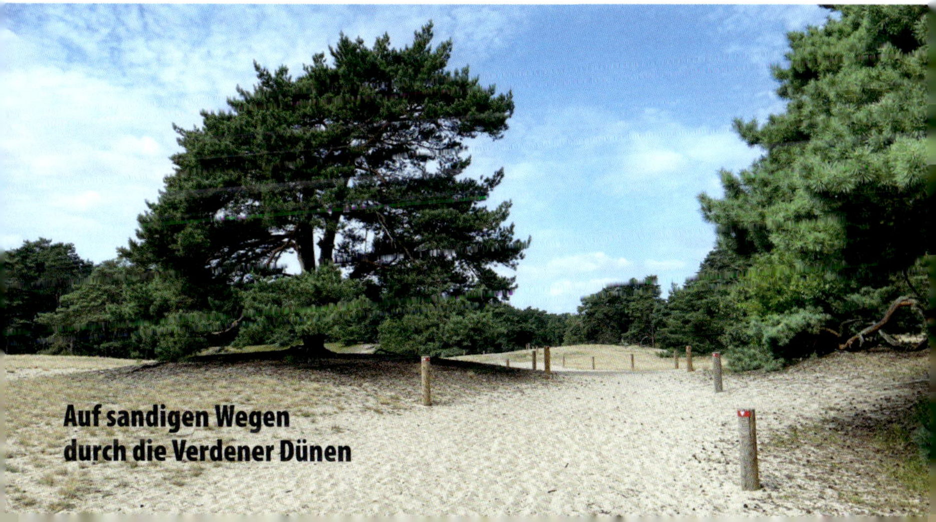

Auf sandigen Wegen durch die Verdener Dünen

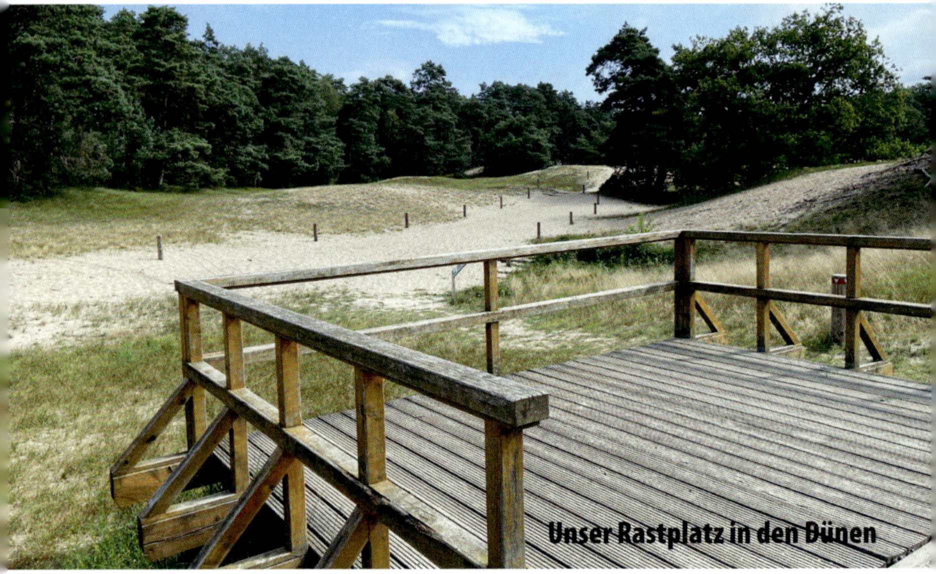

Unser Rastplatz in den Dünen

*Die **Verdener Düne** ist eine Wanderdüne und bereits seit 1930 Naturschutzgebiet. Rund um Bremen gibt es nur noch wenige dieser Binnendünen. Vergleichbar bekannt sind der Warwer Sand bei Ristedt und die Voßberge bei Sottrum.*

Die Düne darf aus Naturschutzgründen nur noch auf den ausgewiesenen Wegen betreten werden. Am Ende des Pfades erreichen wir eine kleine Plattform, die zu einer Pause einlädt. Ein schöner Platz für eine Rast oder um einen Augenblick die Stille zu genießen. Dahinter passieren wir eine kleine Heidefläche. Alles geht hier ineinander über, und so stehen wir kurz drauf bereits wieder im Wald.

An der Kreuzung im Wald halten wir uns links und folgen dem **Dünenweg.** Links von uns sehen wir immer wieder in die nahe Dünenlandschaft. Wir überqueren die wenig befahrene Landstraße Uhlemühlen und folgen dem Pfad weiter geradeaus, wieder in den Wald hinein. Der Weg macht einen leichten Linksbogen, bevor wir eine Kreuzung erreichen. Hier folgen wir dem **Tüthheideweg** nach rechts, nicht dem Pfad, der scharf rechts abzweigt. Wenig später sehen wir links des Weges eine kleine Schutzhütte.

Der breite Tüthheideweg führt immer geradeaus durch den Wald. Links von uns sind im Wald weitere Dünen verborgen, die aber mittlerweile für Besuche gesperrt sind. Hinter einer Lichtung halten wir uns links. Nach gut 300 Metern nehmen wir einen der Wege nach rechts. Links von uns liegt nun das Gelände des **Ritter Rost Magic Parks Verden** ❹. Am quer verlaufenden Heinrich-Schröder-Weg angelangt, halten wir uns links. Noch vor dem Parkplatz des Freizeitparks folgen wir dem Weg nach rechts weiter durch den Wald bis zur Hauptstraße **Osterkrug.** An der Hauptstraße halten wir uns links, vorbei am Kreisel und dann nach rechts wieder in den Wald hinein.

Ein Pfad führt uns entlang der Autobahn durch einen kleinen Wald in Richtung Weitzmühlen. Das kaum sichtbare Gewerbegebiet rechts von uns ignorieren wir entspannt. Nur die nahe Autobahn stört etwas, was sich aber leider nicht vermeiden lässt. Wenig später zweigt der Weg nach rechts ab und wir entfernen uns wieder vom Motorenlärm. Nach dem nächsten Linksbogen liegt **Weitzmühlen** bereits vor uns.

An der Weitzmühlener Dorfstraße erreichen wir das Kriegerdenkmal. Dort biegen wir in die Harry-

*Der Name **Weitzmühlen** stammt von der ehemaligen Wassermühle am Südende des Dorfes. Heinrich Bohlmann war der letzte Müller. Nach der Umstellung auf Turbinenbetrieb und der Gohbachregulierung ist mittlerweile von der alten Mühle nichts mehr übrig als Erinnerungen.*

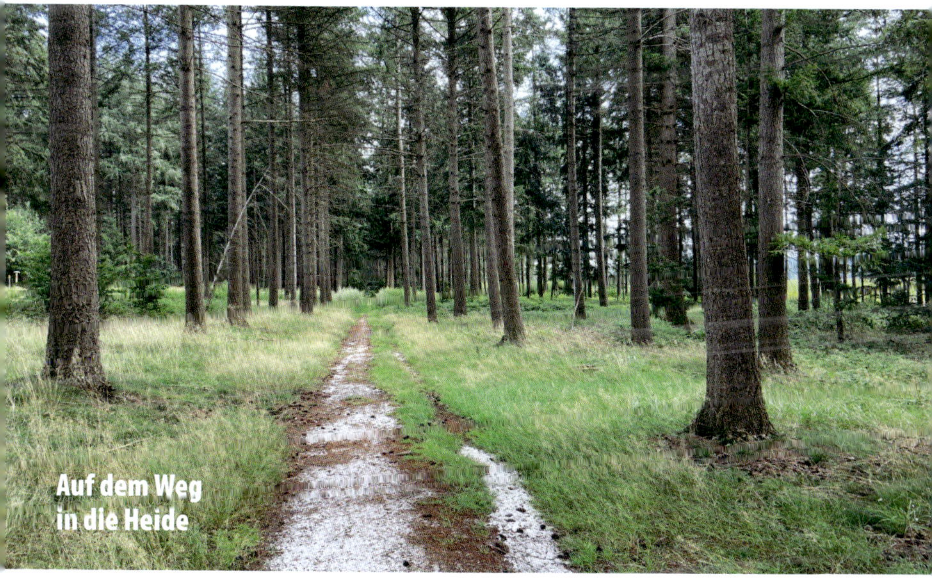

Auf dem Weg in die Heide

Wöbse-Straße ein. Wer mag, macht vorher noch einen Rundgang durch das kleine Dorf mit seinen schönen Bauernhöfen. Nach 100 Metern steht auf der rechten Seite das Feuerwehrhaus. Dort gibt es den überdachten Rastplatz **Weitzmühlen ⑤,** der sich wunderbar für ein Picknick eignet. Eine Tafel informiert hier außerdem über die interessante Geschichte des Ortes.

Nach der Pause, in der wir viele Informationen über Weitzmühlen sammeln konnten, verlassen wir das Dorf wieder. Unser Weg führt uns vorbei an Wiesen und Feldern zur Dorfstraße nach Specken. Während Specken rechts von uns liegt, wenden wir uns hier nach links und folgen der Kopfsteinpflasterstraße über die Autobahn. Auf der anderen Seite sehen wir bereits den nahen Waldrand. Ein Schild zeigt dort nach links zur Hügelgräberheide und weist uns damit den Weg.

Nach 100 Metern zweigt der Weg nach rechts ab und führt in den Wald hinein. Wenig später biegt er nach links ab. Wir folgen einem schönen, ruhigen Waldweg. Vor uns öffnet sich langsam der Wald und wir erreichen die **Hügelgräberheide ⑥** von Kirchlin-

*Die **Gräber** in dieser Region stammen meist von gut betuchten Hofbesitzern. Sie sind jedoch eher arm an Grabbeigaben. Daher gab es nur wenige für Schatzsucher interessante Funde wie etwa zwei Dolche und zwei Becher.*

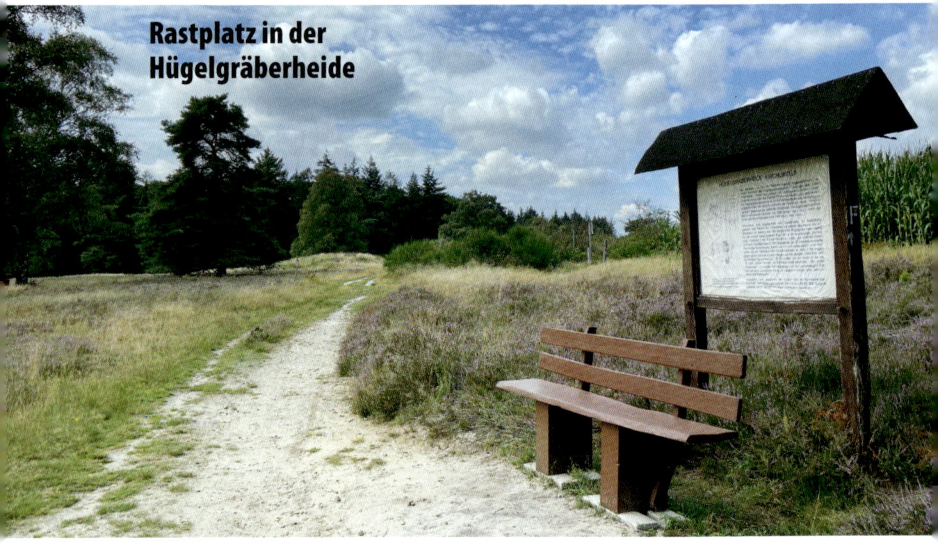

Rastplatz in der Hügelgräberheide

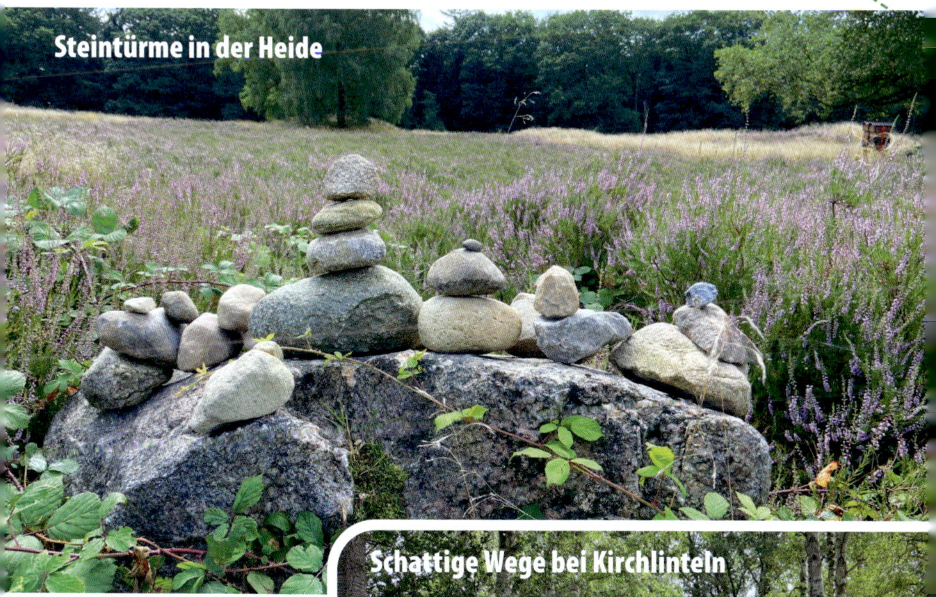
Steintürme in der Heide

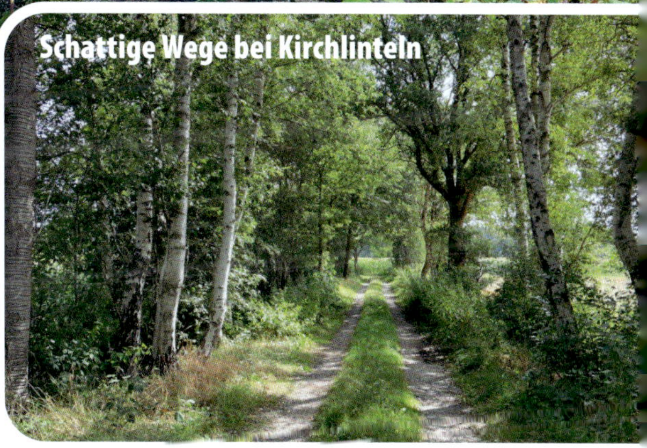
Schattige Wege bei Kirchlinteln

teln. Seitlich des Weges sind deutlich die Hügel zu erkennen, unter denen sich die alten Gräber befinden. Die Heide liegt am alten Lüneburger Salz- und Postweg. Die Gräber, die wir hier sehen, stammen aus der jüngeren Steinzeit (ca. 2500–1800 v. Chr.) sowie der Bronzezeit (ca. 1800–1400 v. Chr.). Weitere Informationen finden wir auf der großen Infotafel neben der Bank, die hier inmitten der Heide am Wegesrand steht.

Hier in der Heide genießen wir die Ruhe und tanken ein letztes Mal neue Energie. Es ist jetzt nicht mehr weit bis zu unserem Ausgangspunkt. Wir lassen uns also genug Zeit, um frische Kraft zu sammeln. Dann folgen wir dem Weg und verlassen wenig später das doch kleine, aber sehr schöne Heidegebiet. Hinter einer Schranke treffen wir auf die **Alte Weitzmühlener Straße.** Das Kopfsteinpflaster ist noch erkennbar. Vor dem Bau der Autobahn war dies die Verbindung zwischen Kirchlinteln und Weitzmühlen. Wer mehr über die alte Straße erfahren möchte, folgt ihr etwa 300 Meter nach rechts. Dort steht neben einer Bank eine Tafel mit weiteren Informationen.

Für uns geht es geradeaus weiter, und nach 250 Metern erreichen wir die Landstraße. Direkt dahinter liegt der Wanderparkplatz, an dem wir gestartet sind. Damit endet unsere Wanderung durch eine abwechslungsreiche Landschaft mit Sanddünen und Heideflächen.

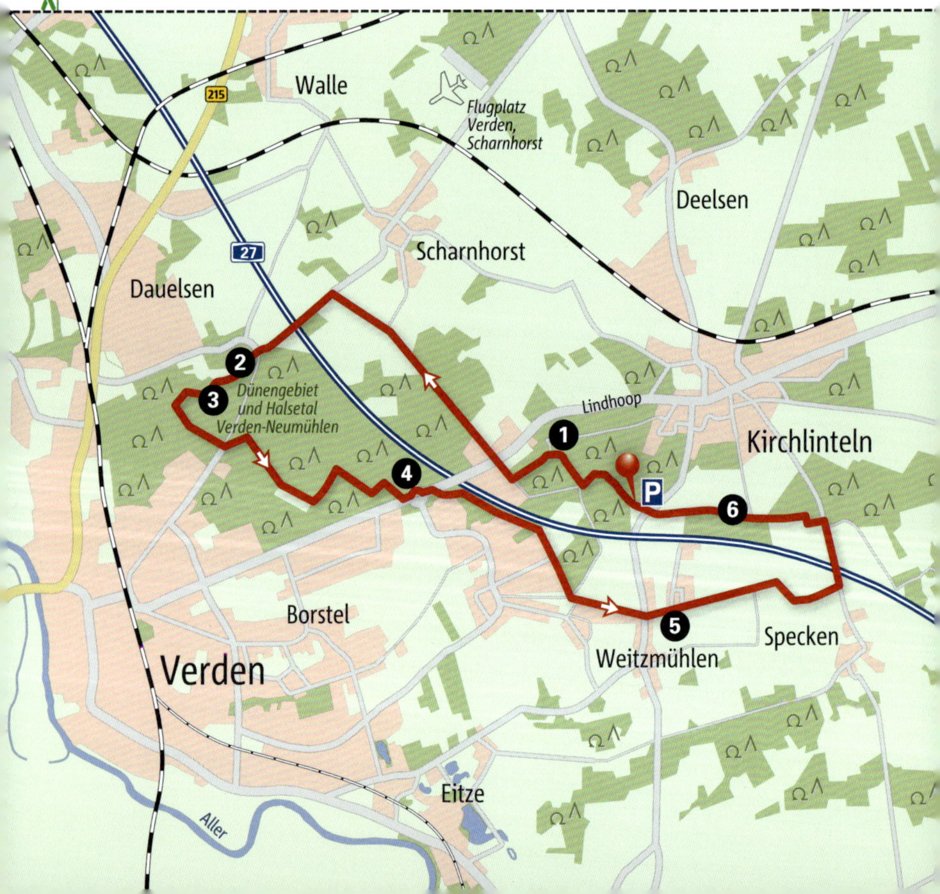

Alles auf einen Blick

Entspannung ✱✱✱✱✱

Genuss ✱✱✱✱✱

Romantik ✱✱✱✱✱

WIE & WANN:
Wald- und Feldwege, teils Wirtschaftswege, der Abschnitt durch die Verdener Dünen ist im Sommer am schönsten; ganzjährig begehbar, schlecht nach Regentagen, beste Wanderzeit: Mai bis August

HIN & WEG:
Auto: Wanderparkplatz an der Weitzmühlener Straße, südlich von 27308 Kirchlinteln (GPS: 52.930924, 9.308041)
ÖPNV: keine direkte Anbindung an die Strecke

ESSEN & ENTSPANNEN:
Bitte an Rucksackverpflegung denken!

ENTDECKEN & ERLEBEN:
Lindhoop-Denkmal ❶
Verdener Brunnen ❷
Verdener Dünen ❸ Naturschutzgebiet „Dünengebiet bei Neumühlen"
Ritter Rost Magic Park Verden ❹ Heideweg 3–7, 27283 Verden, Tel. (0 42 31) 66 11 10, www.ritterrost-magicpark.de
Rastplatz Weitzmühlen ❺
Hügelgräberheide ❻

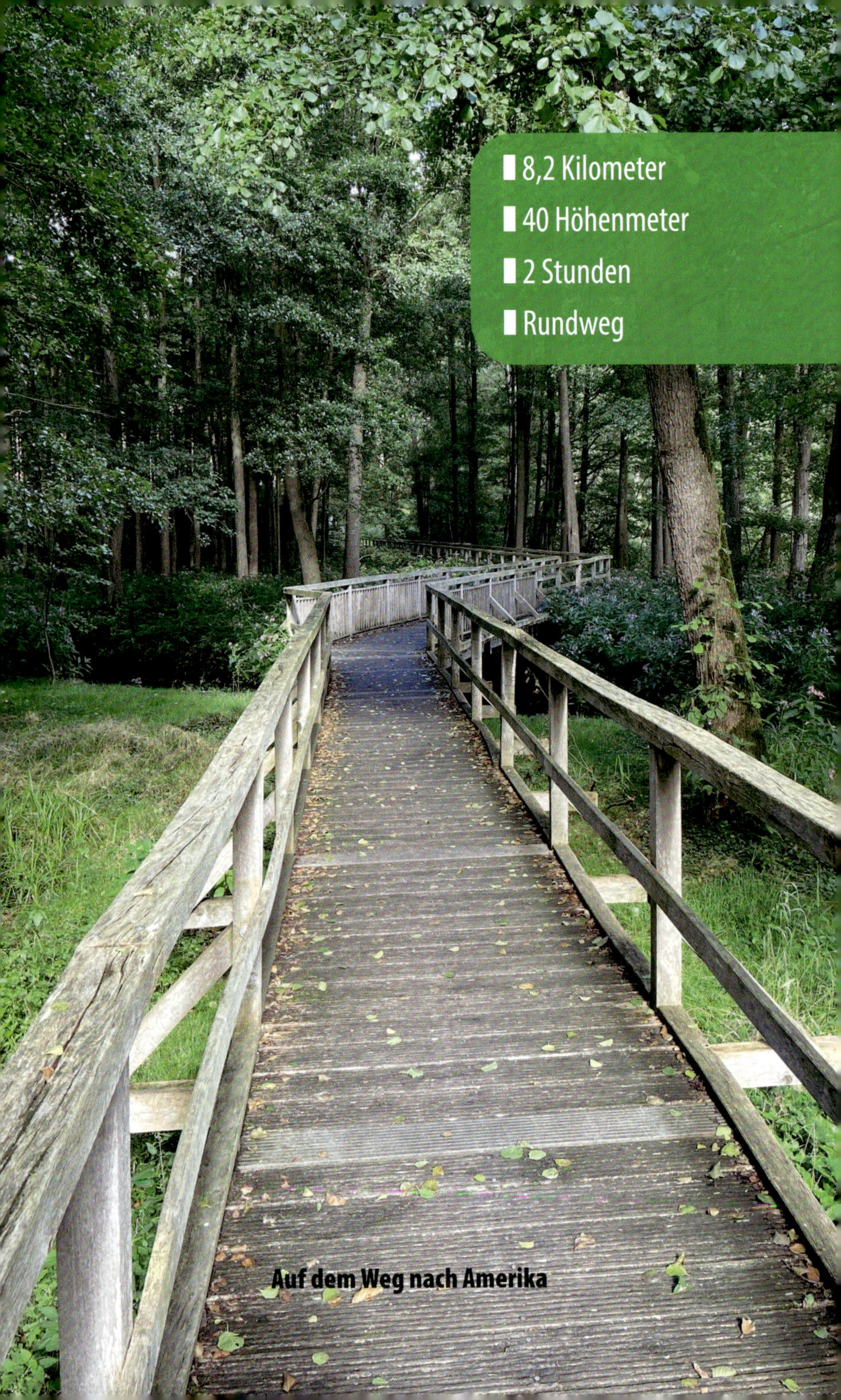

- 8,2 Kilometer
- 40 Höhenmeter
- 2 Stunden
- Rundweg

Auf dem Weg nach Amerika

Auf nach Amerika

Die Ozeanbrücke bei Harpstedt

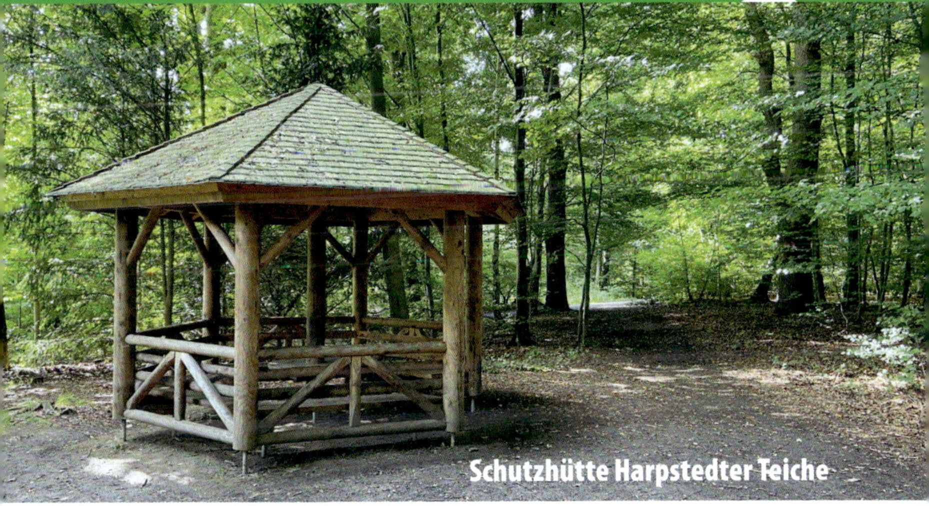

Schutzhütte Harpstedter Teiche

Vom kleinen Wanderparkplatz am nördlichen Ortsrand von Harpstedt geht es sofort hinein in den dichten Wald. Nach 100 Metern verlassen wir den Hauptweg gleich wieder und halten uns an der Kreuzung links. Wenig später sehen wir auf der linken Seite einen der **Harpstedter Teiche** ❶ und eine Schutzhütte.

Vorbei an der Hütte erreichen wir eine größere Wegkreuzung. Einer der Wege führt nach links hinunter zur Brücke über die Delme. Wir nehmen den Pfad, der rechts davon nach Norden abzweigt. Dieser schmale Trail windet sich durch den Wald vorbei an knorrigen Baumwurzeln. Links von uns können wir das Delmetal bereits erahnen. Der Weg macht schließlich einen Bogen nach rechts und wenig später stehen wir auf einem der Hauptwege, die durch diesen Wald führen.

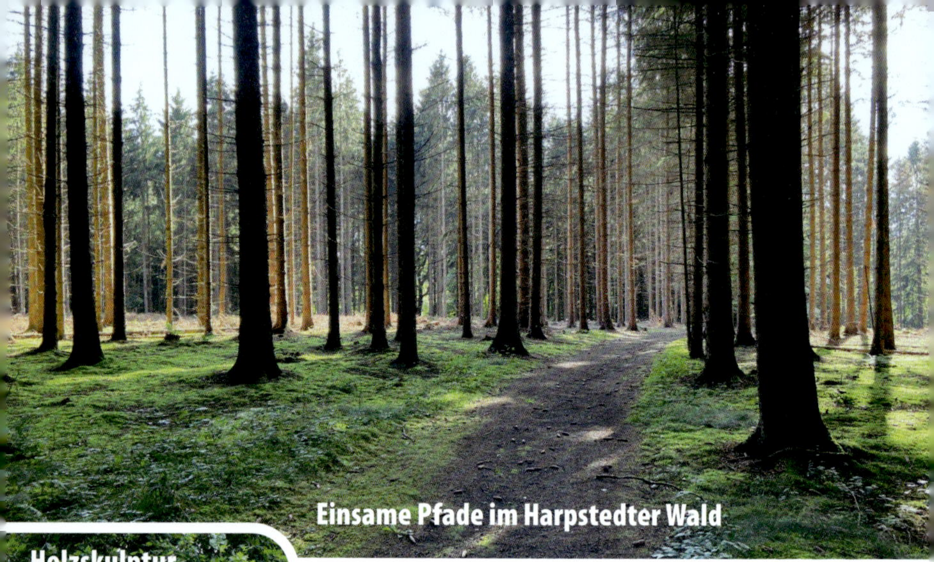

Einsame Pfade im Harpstedter Wald

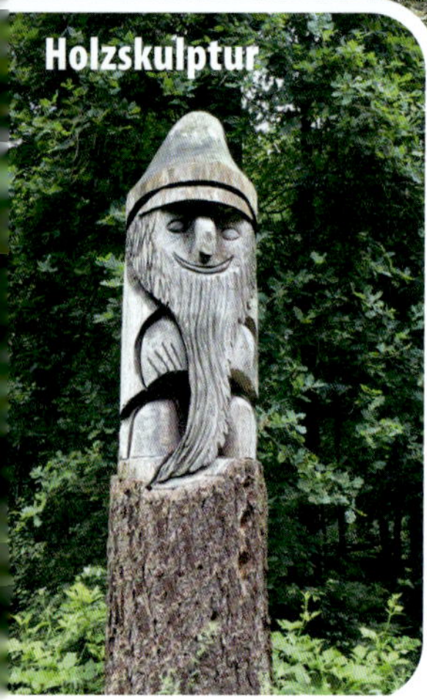

Holzskulptur

Diesem ruhigen Waldweg folgen wir nach links, bis er nach 600 Metern einen Rechtsbogen macht. An der Stelle nehmen wir den nach rechts abzweigenden Waldweg, um an der nächsten Kreuzung im Wald wieder nach links abzubiegen. Vorbei an einem einsam gelegenen Waldkindergarten mit Bauwagen geht es immer geradeaus durch den Wald. Links und rechts des Weges entdecken wir mehrere große **Holzskulpturen ❷,** die vor Ort direkt aus den Baumstämmen herausgeschnitzt wurden. Unter anderem begrüßen hier ein Zwerg und eine Eule die Wanderer.

Am Horstedter Weg angelangt, einer wenig befahrenen Landstraße, überqueren wir diese. Auf der gegenüberliegenden Seite geht es gleich wieder hinein in den Wald. Nach 600 Metern durch das dichte Gehölz stehen wir an der **Delmenhorster Landstraße,** welche wir aber nicht überqueren wollen. An der Schranke halten wir uns stattdessen links und folgen dem Pfad zurück in den Wald. Nach 250 Metern erreichen wir eine Waldkreuzung, an der wir erneut nach links abbiegen. Hin und her geht es durch diesen Wald, denn nach weiteren 250 Metern biegen wir an der nächsten Kreuzung in einen unscheinbaren Pfad nach rechts ab.

Weiter wandern wir auf einem schmalen Waldweg bis zu einer Kreuzung mit einer imposanten, großen Buche. Dort biegen wir nach links ab. Wenig später

Für die Seele

Bei dieser Wanderung geht es auf weniger als 10 Kilometern einmal über den Ozean von Europa nach Amerika. Die Geschichte dazu erfahren wir unterwegs.

verlassen wir den Wald und erreichen erneut den **Horstedter Weg.** Wir überqueren die Straße, um unserem Weg weiter geradeaus zu folgen. Links von uns liegt jetzt der Wald, rechts der freie Blick über Felder und Wiesen in Richtung Horstedt.

Nach 500 Metern zweigt an einer Schranke ein Weg nach links ab. Der Weg geradeaus endet wenig später in den sumpfigen Delmewiesen. Wir biegen also nach links ab. Nach 200 Metern verlassen wir den breiten Waldweg wieder, um dem schmalen Pfad nach rechts zu folgen. Ein Schild verweist hier bereits auf die nahe Ozeanbrücke. Wir folgen diesem Weg, der sich vorbei an moosbedeckten Bäumen windet, und erreichen schließlich die Delme, die sich durch die sumpfige Landschaft schlängelt.

Vor uns liegt nun die berühmte **Ozeanbrücke ③,** welche Welten miteinander verbinden soll. Sie bildet

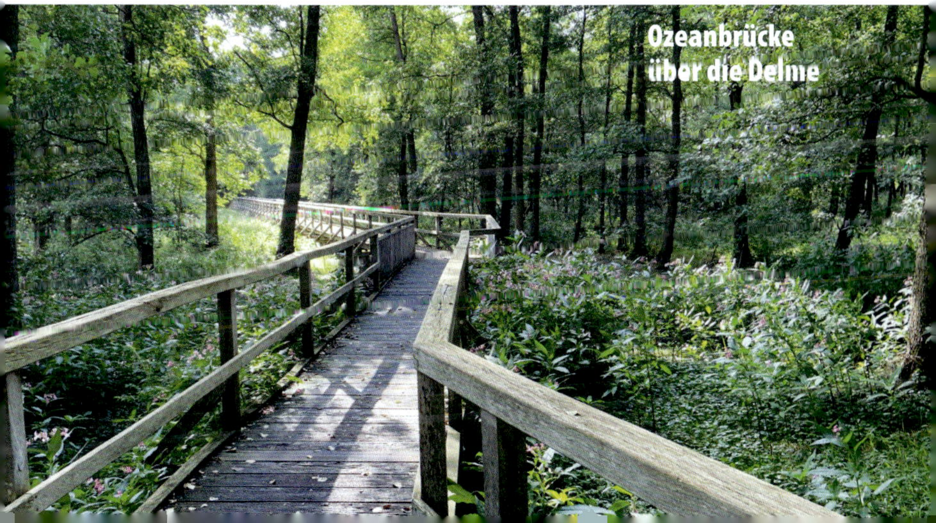

Ozeanbrücke über die Delme

*Die **Ozeanbrücke** verbindet den Harpstedter Wald mit dem Ortsteil Klein Amerika. Der erste einfache Steg wurde 1925 von Heinrich Plate, dem Wirt des ehemaligen Gasthauses „Amerika" errichtet. Die aktuelle Brücke stammt aus dem Jahr 2006.*

heute den Mittelpunkt unserer Wanderung. Die hölzerne Brücke führt auf 175 Metern über die Delme und die sumpfigen Wiesen. Sie ist nur für Fußgänger und Radfahrer zugelassen. Auf der Brücke gibt es lediglich zwei Ausbuchtungen, damit Rollstuhlfahrer einander ausweichen können. Solche Projekte für Rollis sollte es viel öfter geben.

Auf der Brücke nehmen wir uns Zeit, um die Blicke und auch unsere Gedanken schweifen zu lassen. Besonders die reichhaltige Tierwelt zieht uns hier in ihren Bann. An solchen Stellen ist es hilfreich, ein Fernglas im Rucksack dabeizuhaben.

Am gegenüberliegenden Ende der Brücke steht eine kleine **Schutzhütte,** die sich für eine Rast anbietet. Ein Restaurant gibt es erst am Ende der Wanderung in Harpstedt. Daher nutzen wir diesen Platz für das mitgebrachte Picknick, das wir auf dem überdachten Tisch vor uns ausbreiten und mit Blick auf die Delmewiesen genießen.

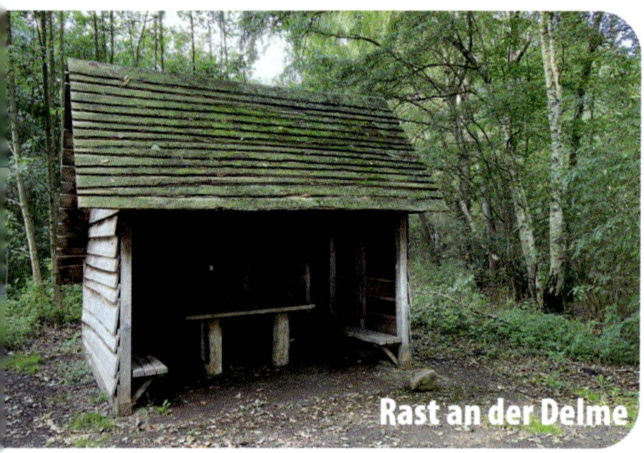
Rast an der Delme

Nach unserem Picknick am Rande der Ozeanbrücke folgen wir dem Weg weiter in Richtung Klein Amerika. Allerdings erreichen wir Amerika nicht während dieser Wanderung, sondern biegen vorher am nächsten Feldweg gleich wieder nach links ab in Richtung Süden. Nach 500 Metern macht der Weg einen Linksbogen und schwenkt dann erneut nach rechts. Wenig später steht am Wegesrand die **Eiche an der Goseriede 4,** ein Naturdenkmal. Die rund 17 Meter hohe Eiche hat einen Stammumfang von knapp 4 Metern. Ihr Alter wird auf etwa 280 Jahre geschätzt.

Vorbei an der alten Eiche folgen wir dem Weg Goseriede, bis wir die nördlichen Ausläufer von **Harpstedt** erreichen. Dort durchstreifen wir eine ruhige Siedlung

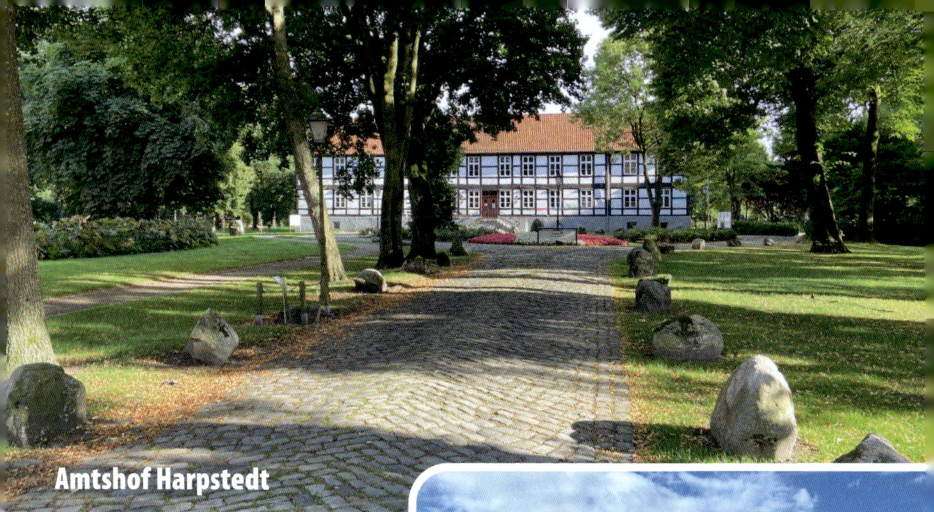
Amtshof Harpstedt

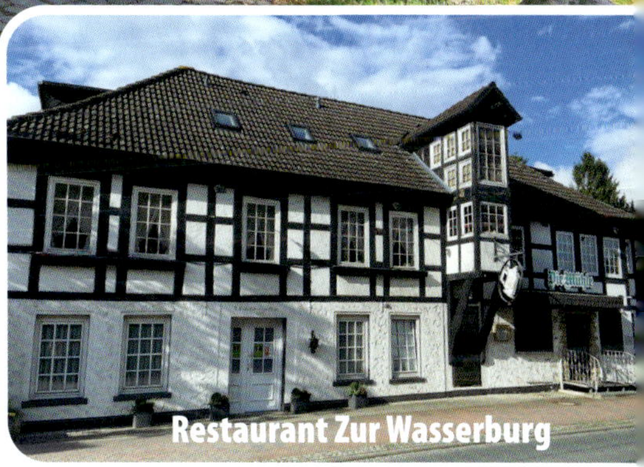
Restaurant Zur Wasserburg

mit Einfamilienhäusern. Sobald die Straße nach rechts abzweigt, folgen wir dem Fußweg weiter geradeaus, am weißen Gartenzaun entlang. Der **Moorweg** bringt uns vorbei an der Harpstedter Kläranlage und wir erreichen linker Hand einen Zugang zum Harpstedter Wald. Dort steht die kleine Brücke, die bereits am Anfang der Wanderung erwähnt wurde.

Wir bleiben diesseits der Delme und folgen dem Weg entlang des Flusslaufs, den wir immer wieder zu sehen bekommen. Teilweise geht es über kleine Brücken, bis wir den Parkplatz des Hotel-Restaurants **Zur Wasserburg** ❺ erreichen. Von links über die Brücke kommt der Jakobsweg, den wir rund um Bremen immer wieder antreffen.

Über den Parkplatz erreichen wir die Hauptstraße. Das Restaurant liegt links von uns. Nach der Einkehr geht es über die Straße zur vor uns liegenden alten Wasserburg, in der jetzt der **Amtshof Harpstedt** ❻ mit der Stadtverwaltung untergebracht ist. Ein Bummel rund um das schöne Gebäude mit dem umliegenden Wassergraben lohnt sich.

Unser Weg führt nach links um den Wassergraben herum zu einer Grillhütte, die etwas weiter südlich

In Harpstedt gibt es mehrere Lokale in der näheren Umgebung, leider jedoch nicht auf unserer Wanderstrecke. Das ***Restaurant Zur Wasserburg*** *liegt auf jeden Fall am Wegesrand, wenn auch gegen Ende der Wanderung.*

*Ursprünglich stand auf dem Gelände eine **Gräftenburg**, die jedoch nach einem Brand 1740 abgerissen wurde. In den Jahren 1741–1744 errichtete man diesen Amtshof im alten Stil auf den Fundamenten der früheren Burg.*

zwischen den Bäumen steht. Über die Brücke links von uns geht es dann ein letztes Mal über die Delme. Wir erreichen die Straße **Tielingskamp,** dahinter liegt das Freibad von Harpstedt. Für uns geht es nach links, ein weiteres Mal über die Hauptstraße und nach 200 Metern stehen wir wieder am kleinen Parkplatz, von dem aus wir unsere Wanderung gestartet haben.

Wer mag, besucht im Anschluss noch den **Museumsbahnhof Harpstedt** ⑦ ganz in der Nähe. Auf dem Gelände stehen Museumszüge aus verschiedenen Epochen und Regionen. Im Sommer verkehrt die historische Kleinbahn „Jan Harpstedt“ zwischen Harpstedt und Heiligenrode.

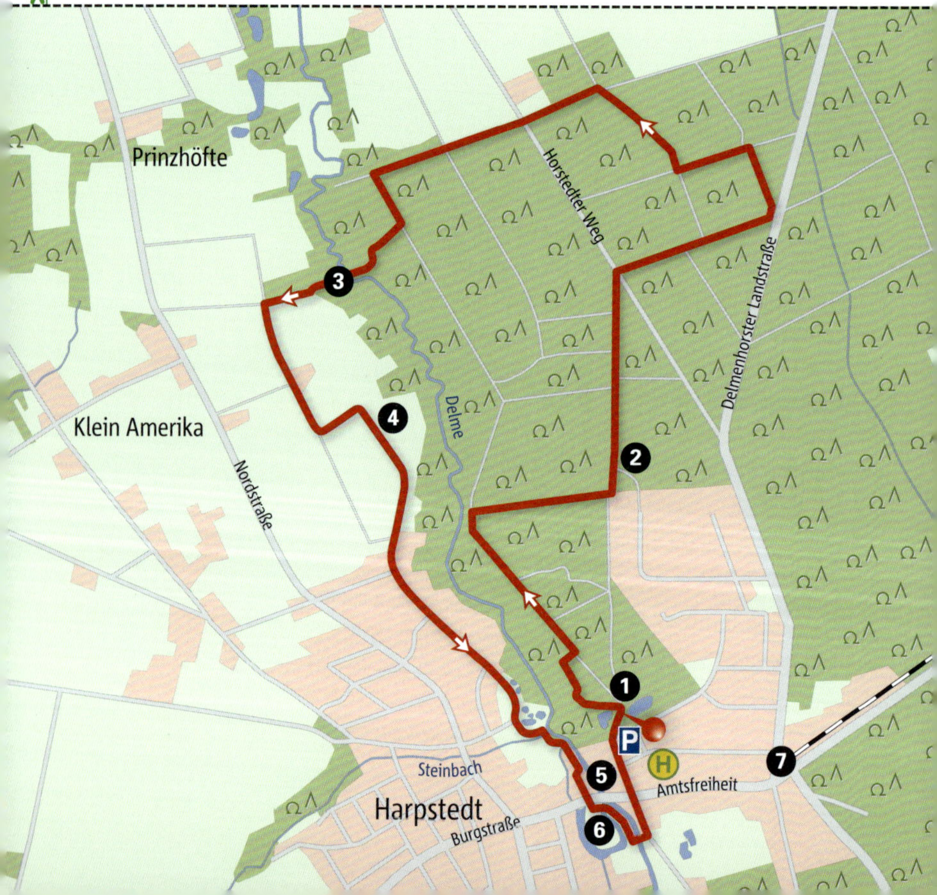

Entspannung ✱✱✱✱✱

Genuss ✱✱✱

Romantik ✱✱✱✱

WIE & WANN:

Weitgehend Waldwege inklusive eines langen, hölzernen Stegs über die Delmewiesen; ganzjährig begehbar, beste Wanderzeit: April bis Oktober

HIN & WEG:

Auto: Wanderparkplatz Redekerweg Ecke Amtmannsweg, 27243 Harpstedt (GPS: 52.911609, 8.591794)
ÖPNV: Buslinien 226, 227, 229, 230, Haltestelle Harpstedt Redekerweg

ESSEN & ENTSPANNEN:

Für unterwegs an Rucksackverpflegung denken!

Hotel-Restaurant Zur Wasserburg ❺ Amtsfreiheit 4, 27243 Harpstedt, Tel. (0 42 44) 10 08, www.zur-wasserburg.de

ENTDECKEN & ERLEBEN:

Harpstedter Teiche ❶
Holzskulpturen ❷
Ozeanbrücke ❸
Eiche an der Goseriede ❹
Amtshof Harpstedt ❻
Museumsbahnhof Harpstedt ❼ Am Bahnhof 3, 27243 Harpstedt

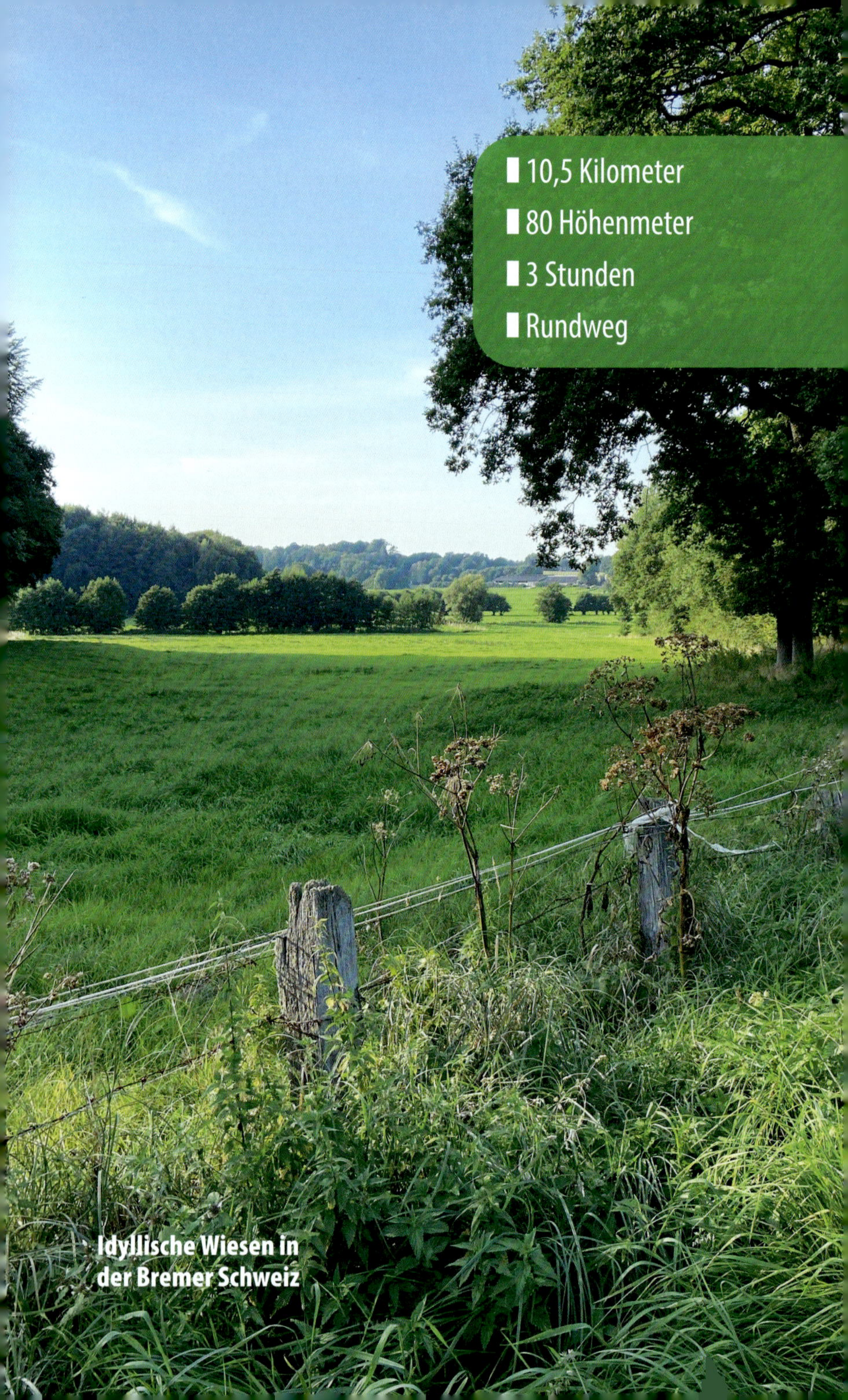

- 10,5 Kilometer
- 80 Höhenmeter
- 3 Stunden
- Rundweg

Idyllische Wiesen in der Bremer Schweiz

Bremer Schweiz

Unterwegs im Bremer Norden

Von Bremen aus spontan in die Berge? Wie wäre es mit der Bremer Schweiz? Ok, richtig hoch hinaus geht es dort nicht. Der Geestrücken liegt knapp 50 Meter hoch, grenzt sich damit aber vom ansonsten eher flachen Bremer Stadtgebiet und den Marsch- und Moorlandschaften im Umland ab. Für eine kleine Auszeit reicht es uns.

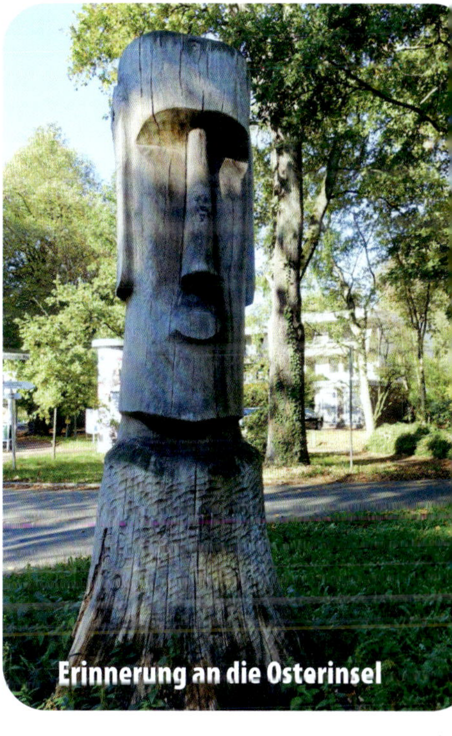

Erinnerung an die Osterinsel

Ausgangspunkt unserer Wanderung ist die **S-Bahn-Station Bremen St. Magnus**. Vorbei am Friedehorstpark geht es über den Thüringer Weg in die Schönebecker Auen. Das Highlight ist dann ein Besuch am Schönebecker Schloss, in dem heute ein Museum untergebracht ist. Doch immer der Reihe nach.

Wir verlassen die S-Bahn-Station und überqueren die Gleise nach Norden. Im Süden schließen sich der Kränholm und der Knoops Park an. Die beiden Parks sind ebenfalls einen Besuch wert und reichen bis an die Lesum. Hinter der parallel zur S-Bahn verlaufenden Autobahn wenden wir uns sofort nach rechts und wandern durch den kleinen **Kränholmwald.** Am Ende des Waldes erreichen wir die Lesumer Heerstraße, welche wir überqueren müssen. Auf der rechten Seite gibt es dort eine interessante **Holzskulptur** zu entdecken. Sie ist so groß, dass man sie nicht verfehlen kann.

Auszeittour 4

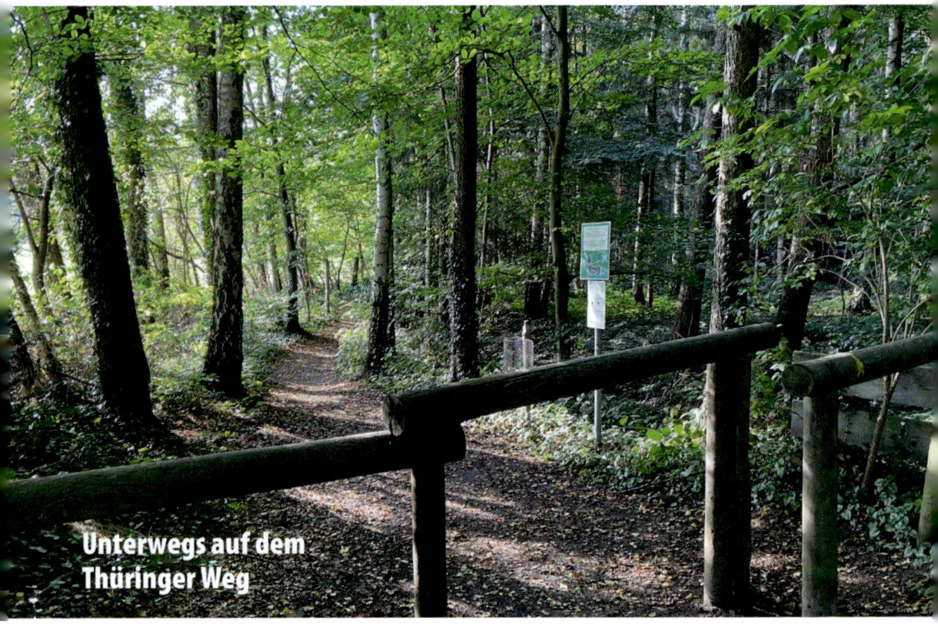

Unterwegs auf dem Thüringer Weg

Parallel dem Holthorster Weg geht es anfangs durch ein begrüntes Wohngebiet. An dessen Ende schließt sich links der **Friedehorstpark** an. Am Ende unserer Wanderung werden wir dem Park einen Besuch abstatten. Wir verlassen hier das Bremer Stadtgebiet und befinden uns bereits in Niedersachsen, wobei der Park noch auf Bremer Grund liegt. Entlang der wenig befahrenen Straße wandern wir nach Holthorst.

*Der **Thüringer Weg** diente ursprünglich den Bewohnern der beiden Dörfer Löhnhorst und Leuchtenburg als Kirchweg zur nahen Kirche in Lesum. Heute zählt er zu den schönsten Wanderwegen der Bremer Schweiz. Zum Hintergrund des Namens ist leider nichts bekannt.*

In der Mitte des Straßendorfes **Holthorst** mit seinen Bauernhöfen zweigt der **Thüringer Weg** ❶ nach rechts in Richtung Norden ab. Der Wanderweg führt durch eine wunderschöne hügelige Landschaft, vorbei an grünen Weiden, auf denen wir Kühe und Pferde sehen. Gelegentlich lädt eine Bank zu einer Rast ein, um in dieser Ruhe frische Energie zu tanken oder einfach nur die Seele baumeln zu lassen.

Abwechselnd führt der Thüringer Weg vorbei an grünen Weiden und dann wieder durch kleine Waldstücke. Für diesen Weg sollten wir uns genug Zeit neh-

Für die Seele

Es geht auf traumhaften Wegen durch die grünen Schönebecker Auen im hohen Norden von Bremen, durch alte Parks und vorbei an malerischen Herrenhäusern.

men und die traumhafte Landschaft richtig genießen. Dazu eignen sich besonders die vereinzelten Bänke, die an den Punkten mit besonders schöner Aussicht auf uns warten.

Am Ende des Thüringer Weges treffen wir dann auf den Mühlenweg, dem wir nach links folgen. Die Straße bringt uns nach **Leuchtenburg** mit seinen sehenswerten alten Häusern. In Leuchtenburg entdecken wir auf der rechten Seite, eingebettet in einen großen Park, das **Herrenhaus Leuchtenburg ②.** 1863 ließ der Kaufmann Hermann Gerhard Hegeler das Anwesen erbauen. Nach mehreren Besitzerwechseln ist das prachtvolle Herrenhaus heute in Privatbesitz und kann für Veranstaltungen angemietet werden.

Gegenüber auf der linken Seite führt ein Stichweg zu unserem Rastplatz: **Bruns Garten ③.** Hier können

*Das **Herrenhaus Leuchtenburg** war von 1905 bis 1971 im Besitz der bekannten Familie Albrecht. Berühmte Nachkommen dieser Familie sind der frühere niedersächsische Ministerpräsident Ernst Albrecht und dessen Tochter, die Politikerin Ursula von der Leyen.*

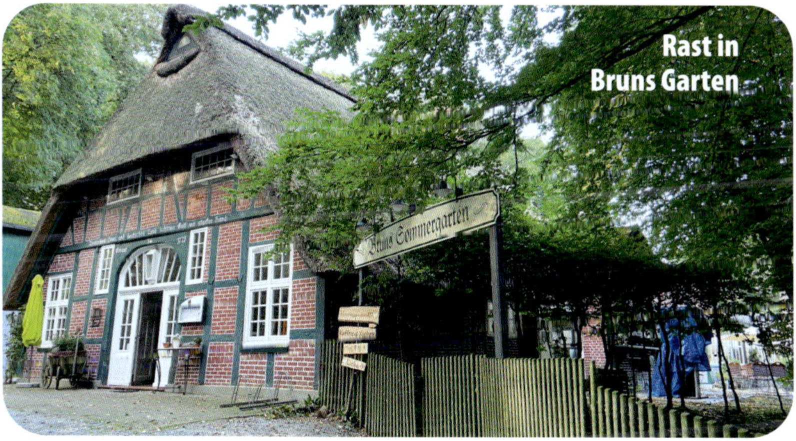

Rast in Bruns Garten

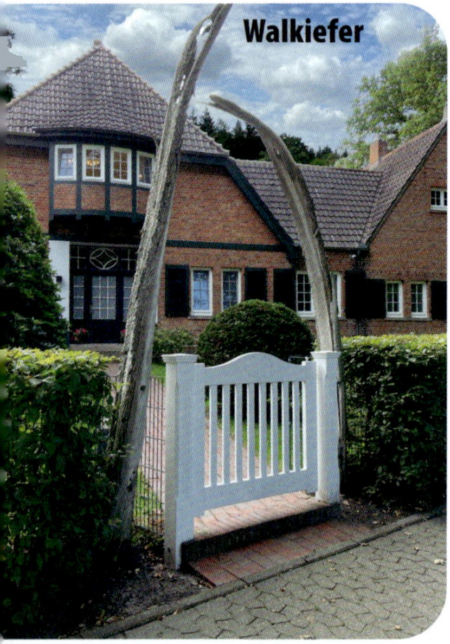
Walkiefer

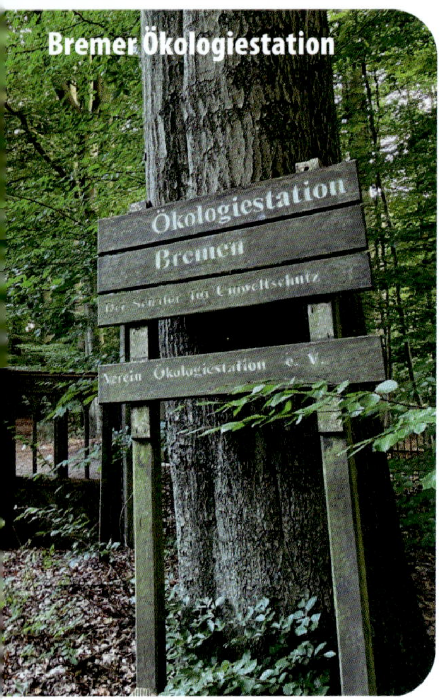

Bremer Ökologiestation

wir in einem der schönen alten Gasträume oder im großen Sommergarten unter Bäumen Platz nehmen. Das schöne, reetgedeckte Gasthaus bewirtet bereits seit 1857 seine Gäste. Allerdings sollte man im Vorfeld prüfen, ob es auch geöffnet hat.

Nach unserer Rast geht es weiter durch Leuchtenburg. Wir überqueren die Leuchtenburger Straße, um auf der gegenüberliegenden Seite in den Schulweg einzubiegen. Leuchtenburg war früher ein beliebter Wohnsitz von Seeleuten und Walfangkapitänen. Teilweise erinnern heute noch Walkiefer am Eingang der Häuser daran.

An der **Bremer Ökologiestation ❹** verlassen wir Niedersachsen wieder. Wer mag, macht einen Abstecher in den Park der Ökologiestation. Besucher sind eingeladen, den Naturwald und das Feuchtwiesengelände zu erkunden. Auf dem Gelände gibt es einiges zu entdecken, nicht nur für Kinder.

Vorbei an **Möllers Park** auf der rechten Seite geht es jetzt nach Bremen Schönebeck. An der Schule halten wir uns links und folgen der Straße **Braut-Eichen.** Nach 500 Metern zweigt ein Weg nach links ab. Eine Tafel informiert hier bereits über die Wanderwege im Schönebecker Auetal. Nach 50 Metern verlassen wir den Hauptweg wieder und folgen dem Weg, der rechts an einem Zaun entlang verläuft. Dieser Weg bringt uns durch einen kleinen Wald zum Schönebecker Schlossteich.

Bei der **Schönebecker Mühle ❺,** einer Wassermühle, haben wir bereits einen guten Blick über den Schlossteich hinüber auf das **Schönebecker Schloss ❻.** Unser Weg

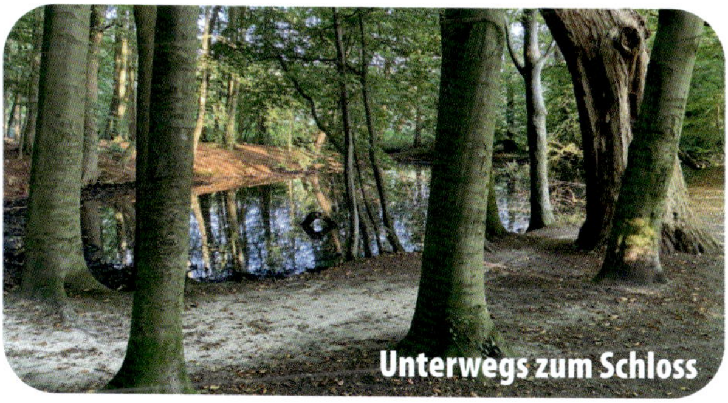

Unterwegs zum Schloss führt uns am Schlossteich entlang von Süden an das Schloss heran. Im Schloss ist heute ein Heimatmuseum untergebracht. Ausgestellt werden hier unter anderem Exponate zu Schiffsbau und historischem Walfang.

Nach dem Besuch im Museum folgen wir dem Weg rechts am Schloss vorbei, durch die **Schönebecker Auen** 7 in Richtung Norden. Vorbei am Schlossteich

*Das **Schloss Schönebeck** wurde 1640 im Stil des Barocks erbaut. Die Geschichte des Schlosses reicht jedoch weiter zurück. Erste Erwähnungen der Anlage stammen bereits aus dem Jahr 1357. Heute zählt das Schloss zu den bedeutendsten Baudenkmälern im Bremer Norden.*

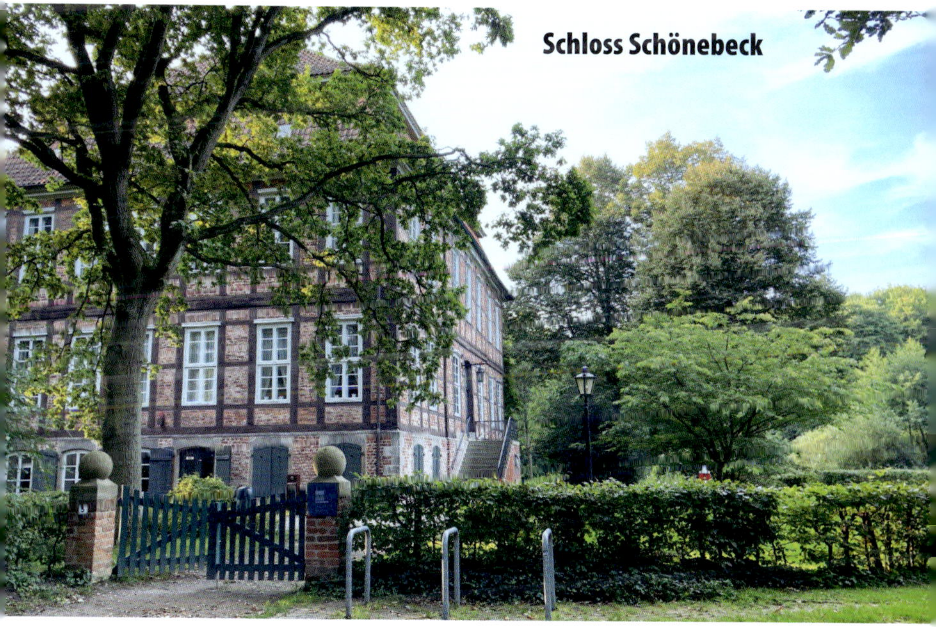

Schloss Schönebeck

erreichen wir den Flusslauf der Schönebecker Aue, der links von uns fließt. Dabei kommen wir immer wieder an Rastplätzen vorbei, die zum Entspannen einladen. Unser Blick schweift dabei wahlweise über das ruhig dahinfließende Wasser der Aue oder über die gegenüberliegenden grünen Weiden, auf denen friedlich Kühe grasen.

Erneut überqueren wir die Landesgrenze, die in den Wiesen nicht erkennbar ist, und erreichen Niedersachsen. Vor uns liegt ein **Wald,** in den wir sogleich eintauchen. An der ersten Weggabelung halten wir uns rechts und folgen dem naturbelassenen Weg über Stock und Stein in Richtung Süden. Der Wald liegt halb auf Bremer und halb auf Niedersachsener Grund, sodass wir zwischendurch gelegentlich die Seiten wechseln.

Kurz vor dem **Stiftungsdorf Fichtenhof** der Bremer Heimstiftung biegen wir am Querweg nach links ab. Nach 50 Metern nähern wir uns dem Waldrand. Wir

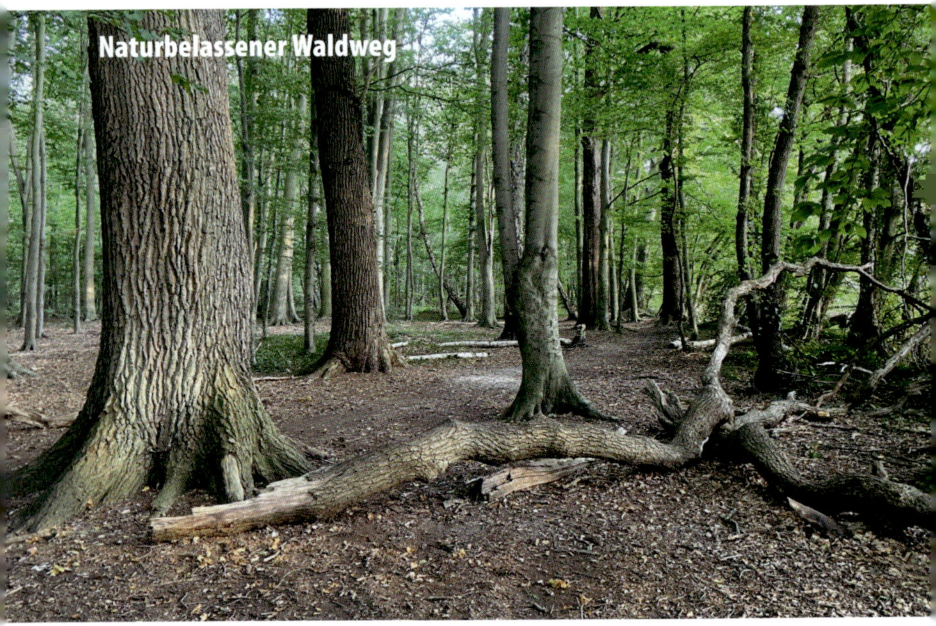
Naturbelassener Waldweg

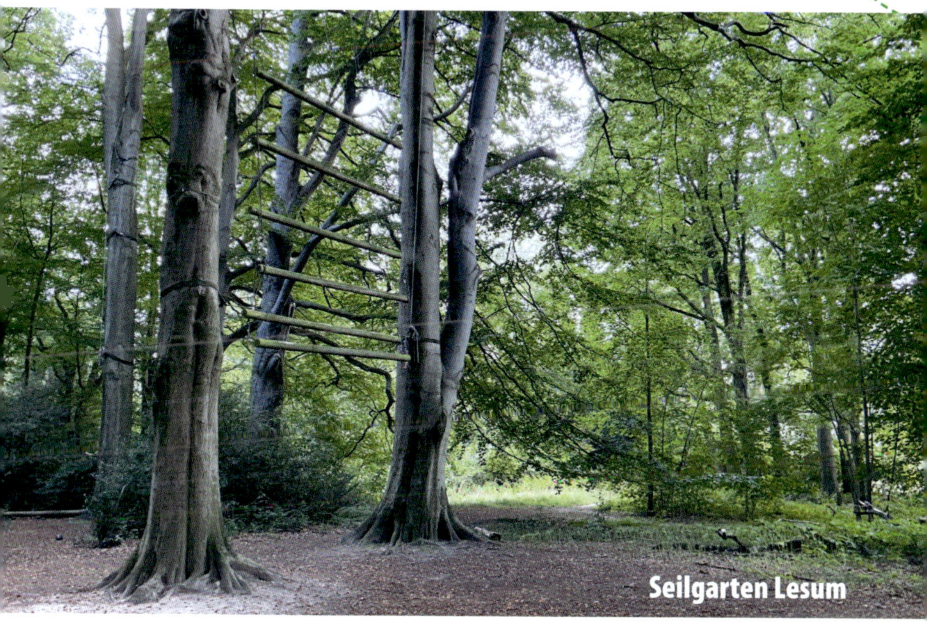

halten uns links und erreichen so die Leuchtenburger Straße, welche wir überqueren. 50 Meter weiter rechts zweigt auf der anderen Seite ein Weg von der Straße ab. Dieser Weg bringt uns in den **Völlers Busch ⑧,** ein kleines Waldstück, das wir durchqueren wollen.

Optional zu unserem Weg, der geradeaus durch den kleinen Wald führt, gibt es noch eine südliche Route. Am Eingang des Waldes zeigt eine Karte den Weg. Allerdings ist er teilweise nicht ganz einfach zu finden. Am Ende des Waldes erreichen wir erneut den Holthorster Weg, den wir vom Anfang der Wanderung kennen. Rechts von uns sehen wir schon den **Friedehorstpark ⑨,** dem wir noch einen Besuch abstatten.

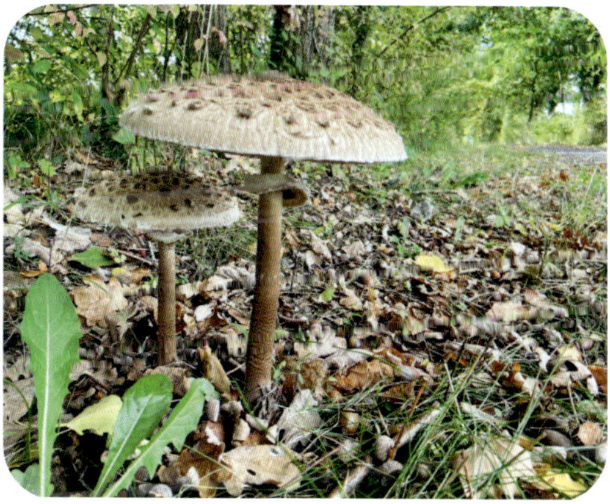

Auszeittour 4

*Im Friedehorstpark liegt auch der **höchste Punkt** von Bremen. Mit 33 Metern Höhe ist es die höchste natürliche Erhebung im Land. Lediglich die Mülldeponie mit der Aussichtsplattform „Metalhenge" ist höher.*

Direkt am Anfang des Parks verlassen wir die Straße nach rechts und kommen so erneut auf Bremer Grund. Links von uns öffnet sich eine Lichtung. Wir folgen dem Weg unter den alten Bäumen bis zum versteckt gelegenen **Seilgarten Lesum ⑩.** Im Unterschied zu den üblichen Seilgärten, die eher freizeitorientiert arbeiten, geht es hier um Erlebnispädagogik und Teamtraining.

Wir folgen dem Rundweg durch den Park, vorbei an einem See, um den Park am südöstlichen Rand am **Holthorster Weg** zu verlassen. Wir kennen uns hier ja bereits aus und folgen dem vom Anfang der Wanderung bereits bekannten Weg durch den nahen Kränholmwald zurück zur S-Bahn-Station.

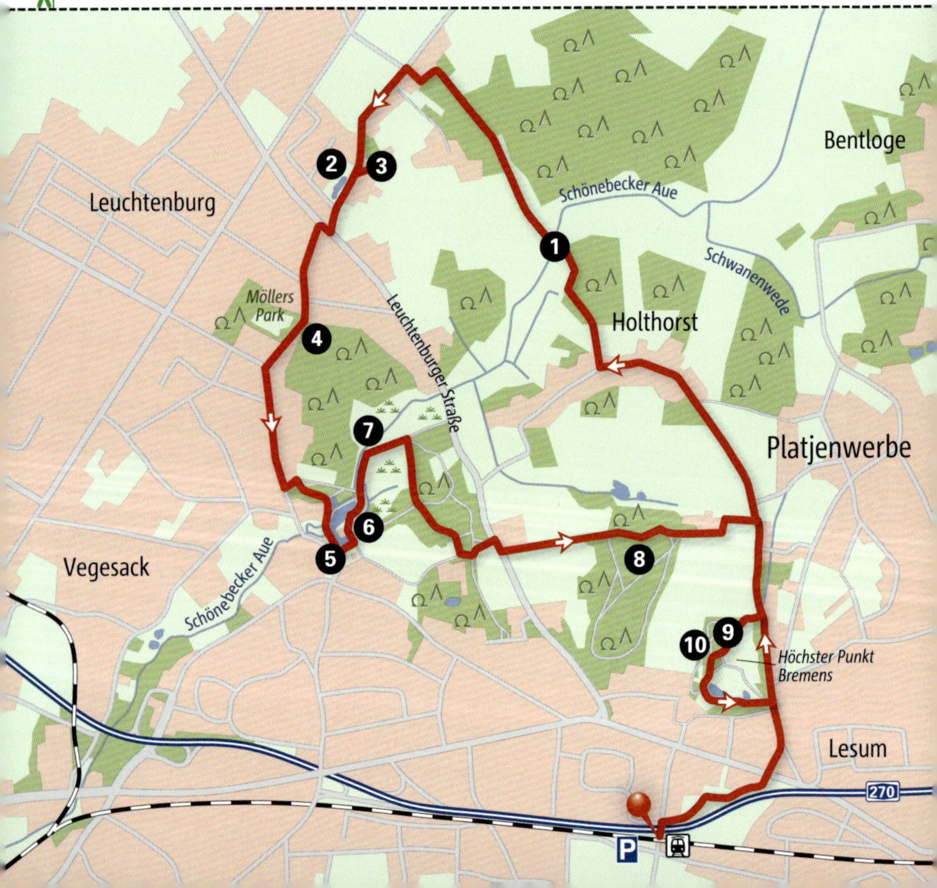

Entspannung ★★★★★

Genuss ★★★★★

Romantik ★★★★★

WIE & WANN:
Wald- und Feldwege, Straßen in der Stadt; ganzjährig begehbar, beste Wanderzeit: April bis Oktober

HIN & WEG:
Auto: Parkplatz am Bahnhof St. Magnus, Ulenweg, 28759 Bremen (GPS: 53.171317, 8.667942)
ÖPNV: VBN-Bahn Linie RS1, Haltestelle Bremen St. Magnus

ESSEN & ENTSPANNEN:
Bruns Garten ❸ Mühlenweg 14, 28790 Schwanewede, Tel. (04 21) 62 26 44, www.brunsgarten.de

ENTDECKEN & ERLEBEN:
Thüringer Weg ❶
Herrenhaus Leuchtenburg ❷
Bremer Ökologiestation ❹ www.oekologiestation-bremen.de
Schönebecker Mühle ❺
Schloss Schönebeck ❻ www.museum-schloss-schoenebeck.de
Schönebecker Auen ❼
Völlers Busch ❽
Friedehorstpark ❾
Seilgarten Lesum ❿ www.seilgarten-lesum.de

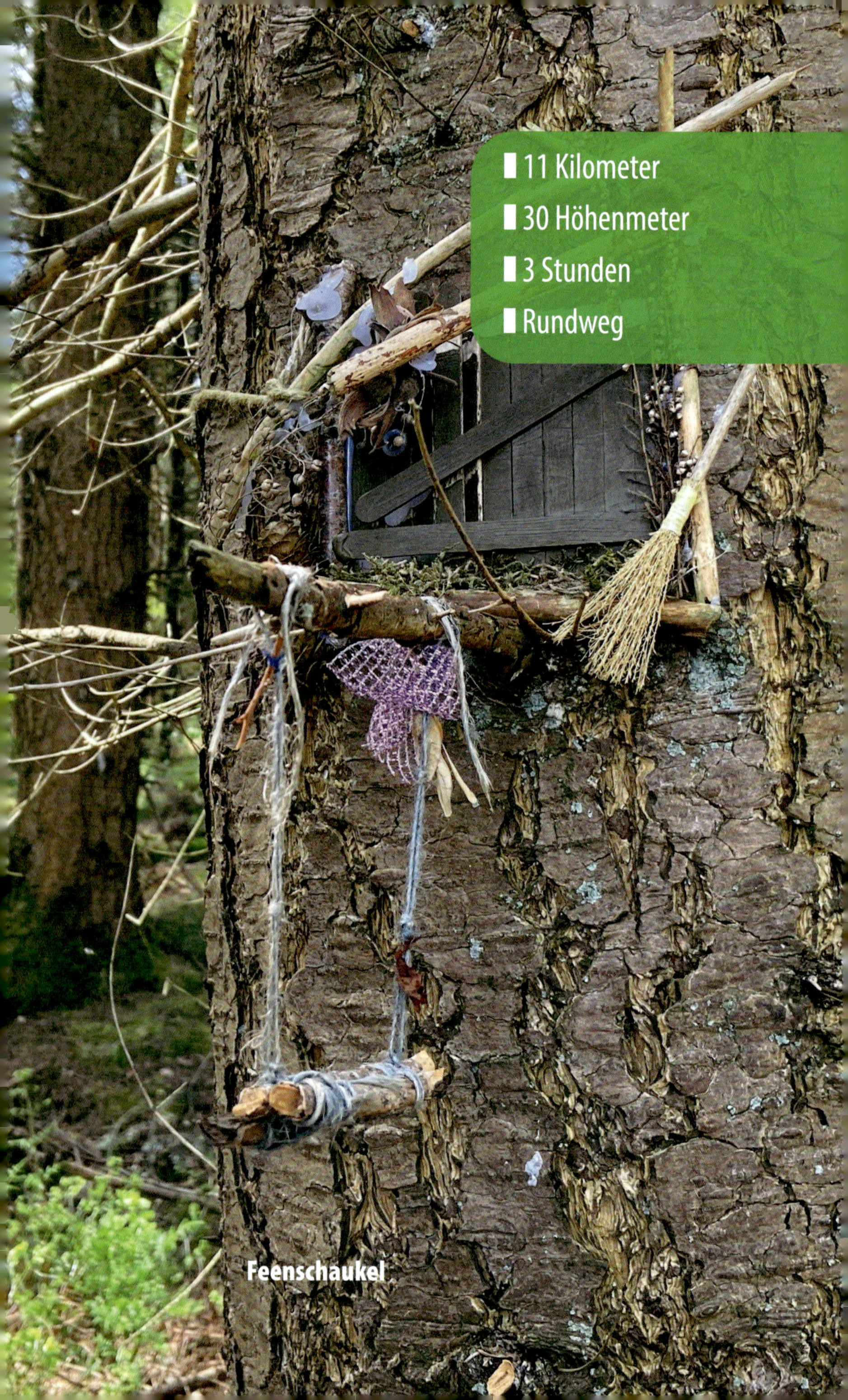

- 11 Kilometer
- 30 Höhenmeter
- 3 Stunden
- Rundweg

Feenschaukel

Abseits der Wege

Entdeckungen im Hegeler Wald

Im Norden der Wildeshauser Geest liegt der Hegeler Wald in unmittelbarer Nähe zum bekannteren Barneführer Holz. Westlich der Hunte gelegen, ist er sauber vom Barneführer Holz abgetrennt. Es gibt viele schöne Wege, die durch den Wald führen, und zwei geräumige Wanderparkplätze. Für diese Wanderung wählen wir den nördlichen Parkplatz aus, der etwas abseits von der Hauptstraße liegt.

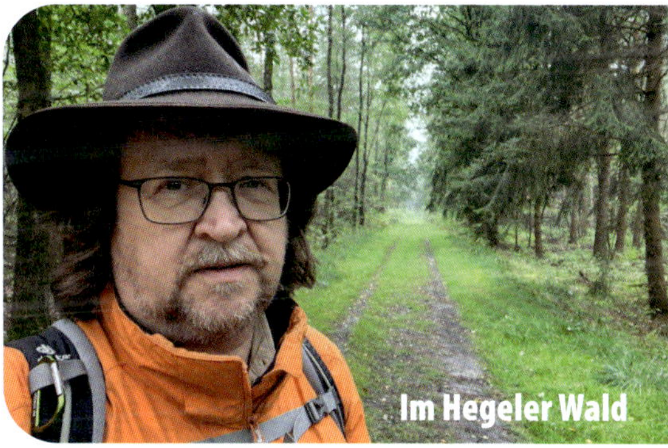

Im Hegeler Wald

Unser Rundweg führt uns über teilweise schmale Pfade durch den dichten Wald. Unterwegs besuchen wir ein Großsteingrab aus der Jungsteinzeit sowie ein Hügelgrab aus der Bronzezeit. Wir kommen auch durch das Naturschutzgebiet Döhler Wehe und machen eine Rast am zweiten Wanderparkplatz, wo es eine schöne Sitzgruppe gibt. Mitten im Wald liegt verborgen das Hegeler-Wald-Denkmal. Zu guter Letzt besuchen wir noch einen versteckten Teich, bevor wir wieder am Parkplatz ankommen.

Von unserem Startpunkt am **nördlichen Parkplatz** aus führt ein breiter Waldweg direkt hinein in den dichten Wald. Allerdings verlassen wir den Hauptweg nach 300 Metern schon wieder und biegen nach rechts ab auf einen schmaleren Pfad. An der zweiten Wegkreuzung geht es dann nach links. Wenig später liegt links im Wald ein verträumter kleiner **Teich** versteckt.

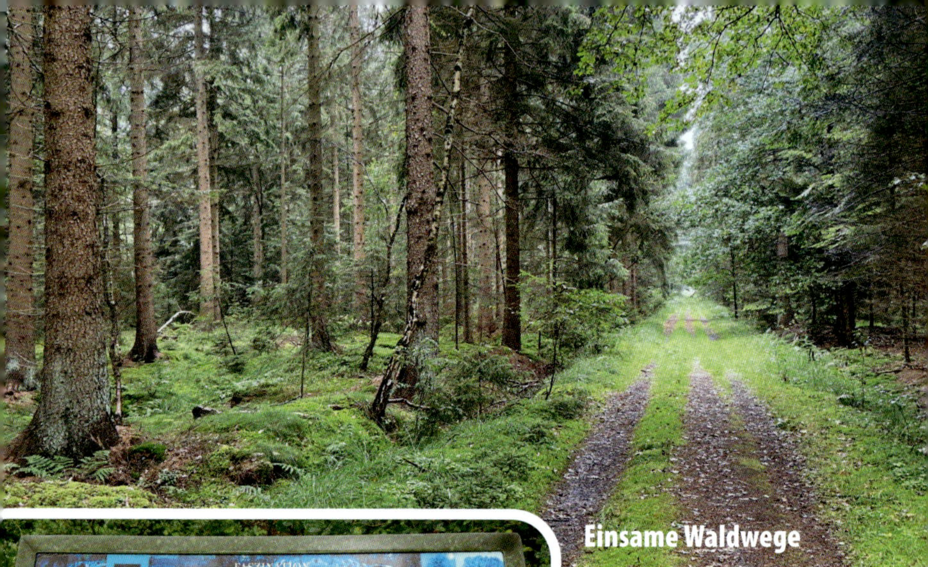

Einsame Waldwege

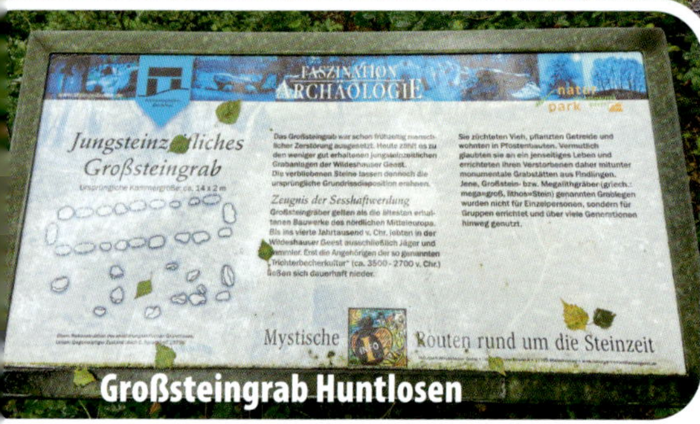

Großsteingrab Huntlosen

Wir folgen dem Zugangsweg, um dem einsam gelegenen Gewässer einen Besuch abzustatten.

Zurück auf dem Hauptweg geht es etwa 500 Meter weiter, fast bis zum Ende des Waldes. An einer Wegkreuzung biegen wir nach links ab und folgen dem Weg nach Süden. Vorbei an einer Gasförderanlage wandern wir weiter durch den Wald, bis wir die **Hegeler-Wald-Straße** erreichen. An der Straße nehmen wir für 150 Meter nach rechts den parallel verlaufenden Fußweg, bis zur Abzweigung auf der gegenüberliegenden Seite. Da tauchen wir wieder ein in den Wald.

Nach 550 Metern treffen wir auf eine große Waldkreuzung, an der wir uns links halten. Auf dem breiten Waldweg geht es 600 Meter weiter in Richtung Osten, bevor wir auf einem schmalen Pfad nach rechts einbiegen. Dieser Pfad bringt uns zum **Großsteingrab Huntlosen** ❶ aus der Jungsteinzeit. Es liegt links des Weges und ist gut gekennzeichnet. Wie üblich bei solchen Gräbern gibt es eine Tafel mit weiteren Informationen zur Geschichte. Das ursprünglich 2 mal 14 Meter große Steingrab ist etwa 3000 Jahre alt.

In der Wildeshauser Geest gibt es eine Vielzahl an ***Großsteingräbern*** *in verschiedenen Größen, verteilt in der Region. Wer mehr über die Gräber erfahren möchte, folgt am besten der „Straße der Megalithkultur" für eine erlebnisreiche Reise durch die Zeitgeschichte.*

Für die Seele

Im Vergleich zum nahen, teilweise überlaufenen Barneführer Holz genießen wir hier die Ruhe und tanken frische Energie für den Alltag.

Nach dem Besuch am Steingrab geht es weiter auf unserem Pfad. Schon wenig später lichtet sich der Wald. Wir stehen vor einem Feld. Rechts von uns sehen wir einen Wegweiser, der sowohl auf das soeben besuchte Steingrab aus der Jungsteinzeit hinweist wie auch auf das vor uns liegende **Hügelgrab** ❷ aus der Bronzezeit. Dieses liegt mitten im Feld, ist etwas zugewachsen, aber dennoch deutlich erkennbar.

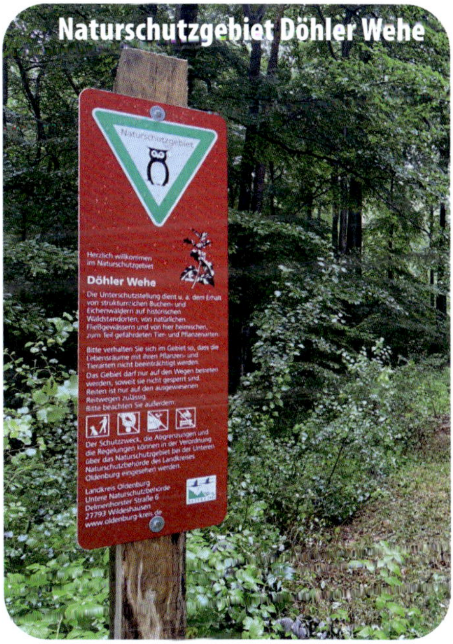

Naturschutzgebiet Döhler Wehe

Geradeaus geht es auf dem grasbewachsenen Feldweg, während das Hügelgrab rechts von uns liegt. Dieser Weg bringt uns schließlich zu einem quer verlaufenden Schotterweg, auf den wir nach links, vorbei an Feldern und Wiesen, abzweigen. Vor uns im Wald liegt das **Naturschutzgebiet Döhler Wehe** ❸. Am Waldrand angelangt, geht es für 50 Meter nach rechts an der Straße entlang, um dann nach links wieder in den dichten Wald einzutauchen.

Nach 300 Metern auf dem breiten Waldweg nehmen wir den zweiten nach rechts abzweigenden Pfad und verlassen damit den Hauptweg. Wir tauchen tiefer in den Wald ein, während uns der Pfad leicht hinab in das Tal des kleinen Bachs **Sieke** führt. Dahinter geht es wieder leicht hinauf. Dem vor uns liegenden Weg folgen wir dann nach links. Dieser Pfad schlängelt sich

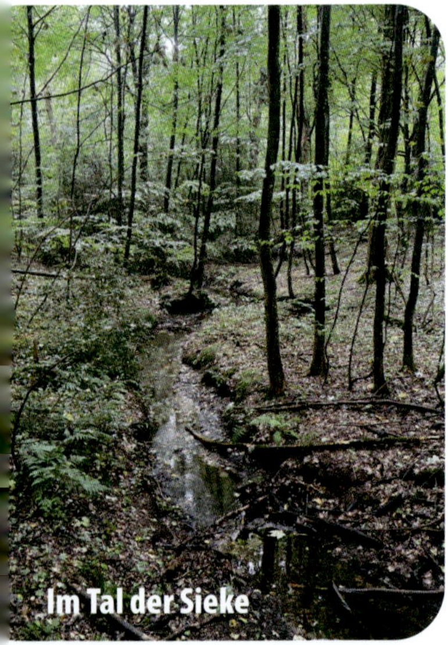

Im Tal der Sieke

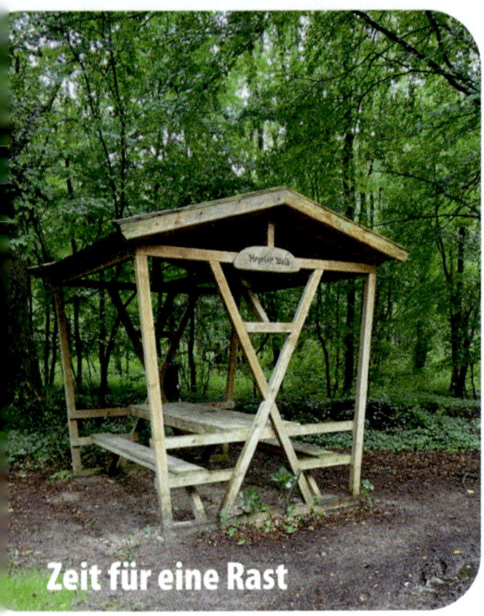

Zeit für eine Rast

verträumt durch den Wald, vorbei an alten umgestürzten Bäumen. Schließlich macht der Weg einen Linksbogen und wir erreichen erneut die Sieke, die wir wieder überqueren.

So erreichen wir wieder den breiten Hauptweg, auf dem wir anfangs in diesen Wald gelangt sind. Etwas weiter links von uns führt auf der gegenüberliegenden Seite ein weiterer Weg vom Hauptweg ab, in den wir jetzt einbiegen. Nach 200 Metern erreichen wir eine Kreuzung mitten im Wald. Wir wenden uns nach links, um nach 300 Metern eine Weggabelung zu erreichen. Hier halten wir uns rechts. Der Pfad macht nun einen Rechts- und einen weiteren Linksbogen.

Am Ende des Weges erreichen wir eine Schranke. Dahinter befindet sich der zweite, bereits erwähnte Wanderparkplatz und damit unser **Picknickplatz ❹.** Eine schöne, überdachte Sitzgruppe mit Tisch lädt uns ein, hier ein wenig zu verweilen und den mitgebrachten Proviant zu genießen. Rechts neben unserem Picknickplatz steht ein Gedenkstein der Revierförsterei von 1972, auf dem vermerkt ist, welche Bäume damals angepflanzt wurden.

Nachdem wir uns gestärkt haben, geht es anfangs entlang der **Hegeler-Wald-Straße** nach rechts in Richtung Huntlosen und dann nach 100 Metern nach links in den Wald hinein. An der ersten Kreuzung im Forst biegen wir erneut links ab, bis zur nächsten Wegkreuzung. Dort geht es nach rechts und wir folgen dem breiten Waldweg in Richtung Nordosten. Alternativ gibt es einen schönen, versteckten Pfad rechts von uns, quer durch den Wald. Dieser ist jedoch nicht sofort erkennbar.

Nach 350 Metern auf dem breiten Waldweg sehen wir auf der linken Seite ein Hinweisschild zum nahen **Hegeler-Wald-Denkmal ⑤.** Das steinerne Monument erinnert an den Gründer dieses Waldes, eine Tafel liefert uns Wissenswertes. Gegenüber dem Denkmal stehen zwei Bänke, die zu einer kurzen Pause einladen, um uns an August Hegeler zu erinnern. Dann geht es weiter, auf und ab auf schmalem Pfad durch den Wald.

Den quer vor uns verlaufenden Waldweg kreuzen wir und folgen dem Pfad, der leicht hinab verläuft. Nach einem leichten Rechtsbogen geht es weiter geradeaus auf schwingendem Waldboden durch den dichten Wald. Nach 300 Metern erreichen wir einen weiteren quer verlaufenden Waldweg, in den wir nun nach rechts abbiegen. Weitere 250 Meter später halten wir uns an der Wegkreuzung links.

An der nächsten Kreuzung geht es erst einige Meter nach links, dann auf der gegenüberliegenden Seite

August Hegeler *war ein Oldenburger Bankdirektor. Er ließ diesen Wald im 19. Jahrhundert anlegen. Das Denkmal erinnert an seine Verdienste für die Aufforstung, nachdem das ursprüngliche Heidegrundstück nach einem Brand 1878/1879 zerstört wurde.*

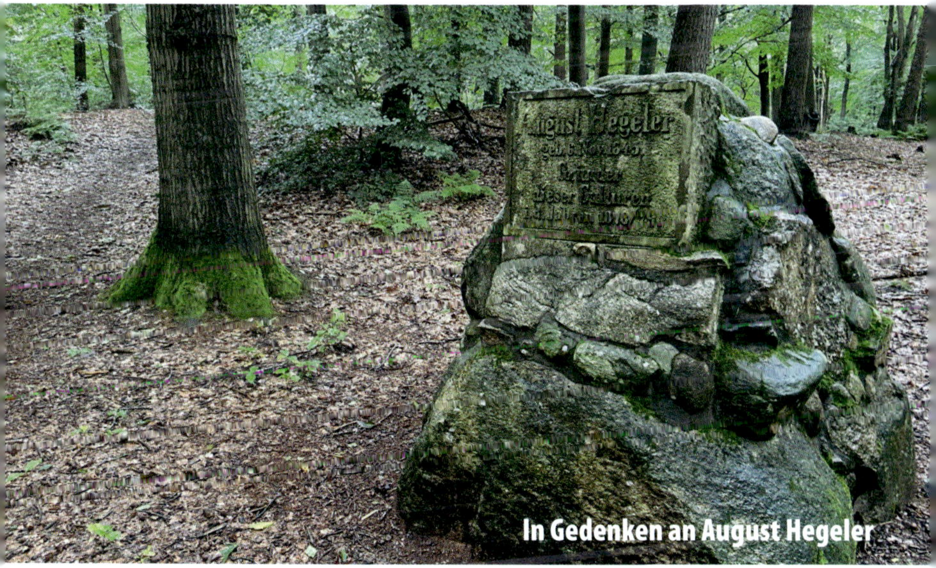

In Gedenken an August Hegeler

nach rechts in den Wald hinein. 150 Meter später lädt auf der rechten Seite ein schöner kleiner **Teich** zum Verweilen ein. Ein schmaler Pfad führt um den Tümpel herum. Wir nehmen uns eine kleine Auszeit am Ufer und halten Ausschau nach Wasservögeln.

Nachdem wir am Teich frische Energie getankt haben, geht es zum Endspurt unserer Wanderung. Wir bleiben auf dem Weg bis zur nächsten Wegkreuzung, an der wir uns nun links halten. Jetzt geht es nur noch geradeaus, bis wir die Landstraße **Zum Döhler Wehe** erreichen. Auf dem breiten, grünen Randstreifen geht es für 200 Meter nach links zurück zum Wanderparkplatz. Dort endet unsere Rundwanderung durch diese relativ einsamen Wälder mit ihrer würzigen Waldluft.

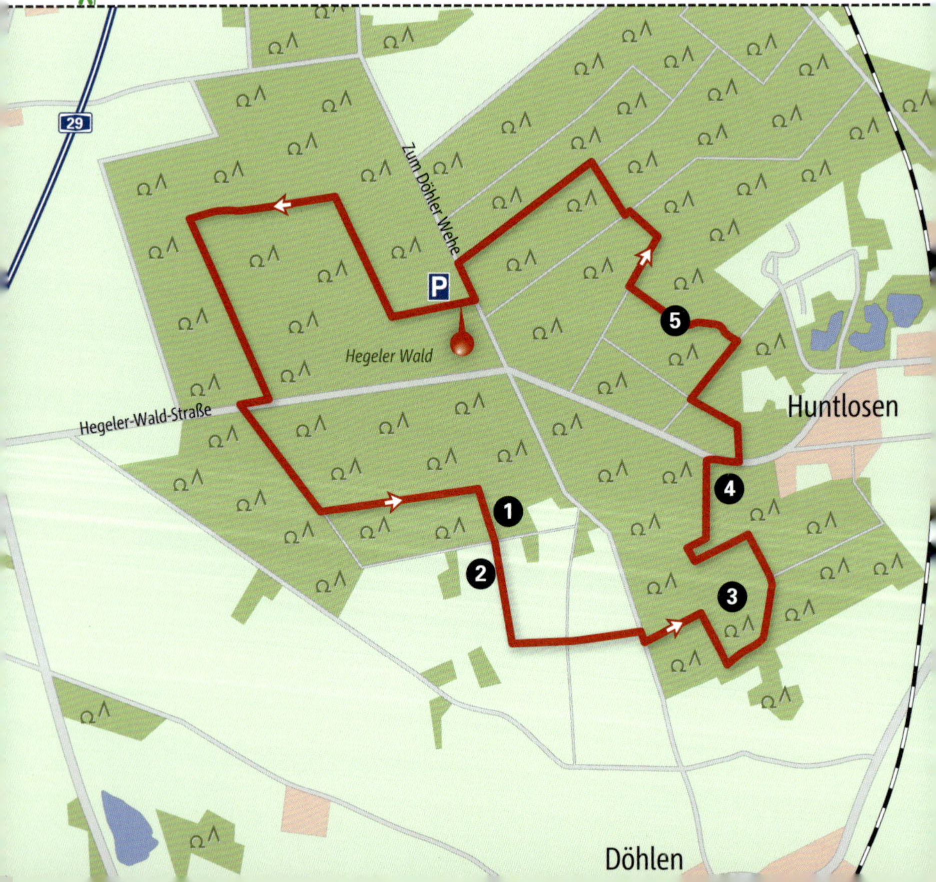

Alles auf einen Blick

Entspannung ✱✱✱✱✱
Genuss ✱✱✱
Romantik ✱✱✱

WIE & WANN:
Einsame Wald- und Feldwege, teils schmale Pfade; ganzjährig begehbar, beste Wanderzeit: April bis Oktober

HIN & WEG:
Auto: Wanderparkplatz an der Straße Zum Döhler Wehe, 26197 Großenkneten (GPS: 52.992163, 8.234243)
ÖPNV: keine direkte Anbindung an die Strecke

ESSEN & ENTSPANNEN:
Bitte an Rucksackverpflegung denken!

ENTDECKEN & ERLEBEN:
Großsteingrab Huntlosen ❶
Hügelgrab ❷
Naturschutzgebiet Döhler Wehe ❸
Picknickplatz ❹
Hegeler-Wald-Denkmal ❺

Berthold-Lindemann-Weg

- 8,2 Kilometer
- 10 Höhenmeter
- 2 Stunden
- Rundweg

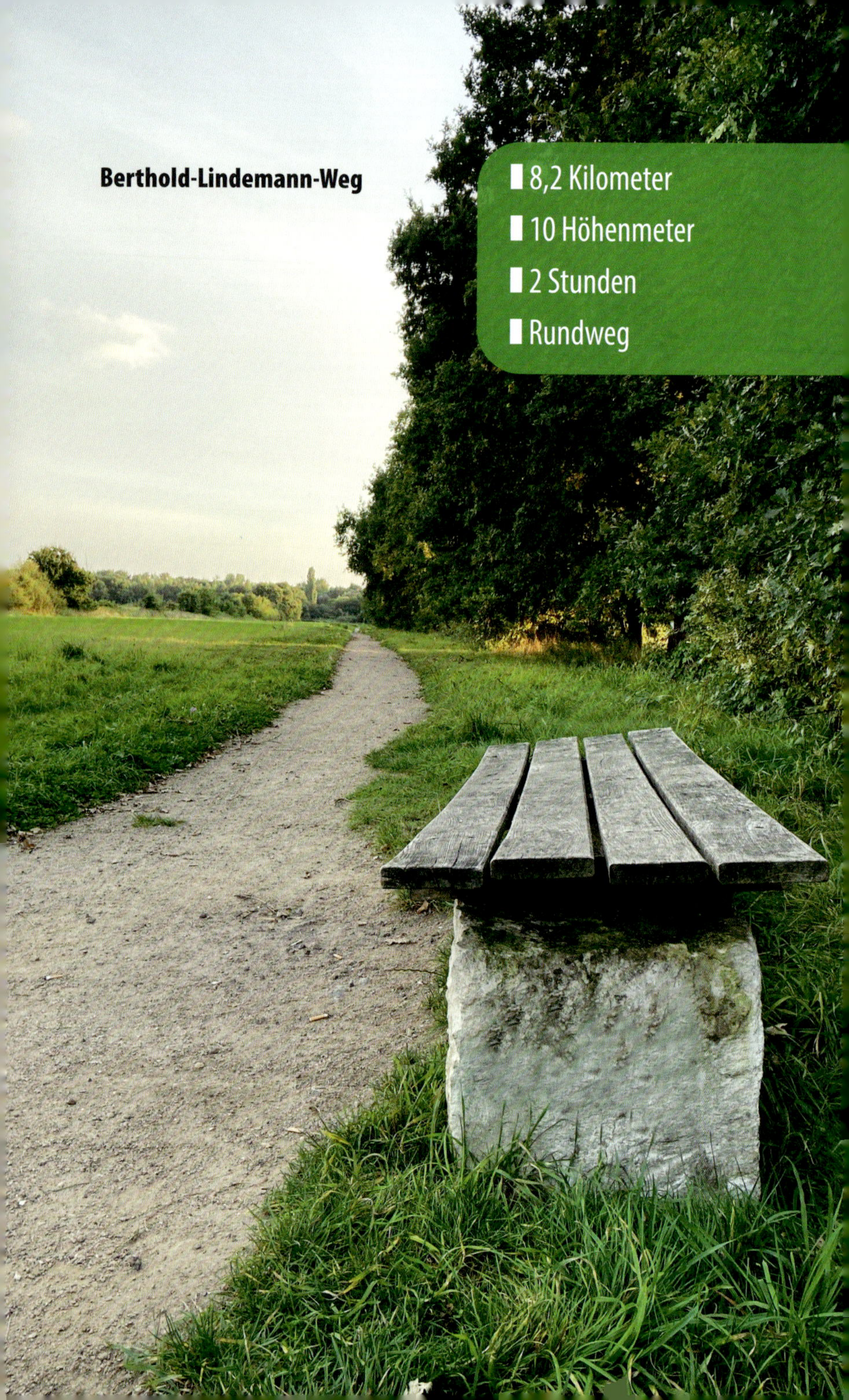

Die Feldmark

Das freie Feld in Osterholz

Auf dieser Wanderung haben wir das Gefühl, auf dem Land zu sein. Und doch bleiben wir mitten in der Stadt. Es geht rund um die Osterholzer Feldmark, die teilweise als Landschaftsschutzgebiet ausgewiesen ist.

Unser Ausgangspunkt ist dabei die Endstation der Straßenbahnlinie 1 am **Bahnhof Bremen-Mahndorf.** Hier kreuzen sich zwei wichtige Bahnverbindungen, sodass wir unterwegs die Möglichkeit haben, vorbeifahrende Züge zu beobachten. Anreisende aus dem Bremer Umland können hier direkt aus dem Regionalzug aussteigen.

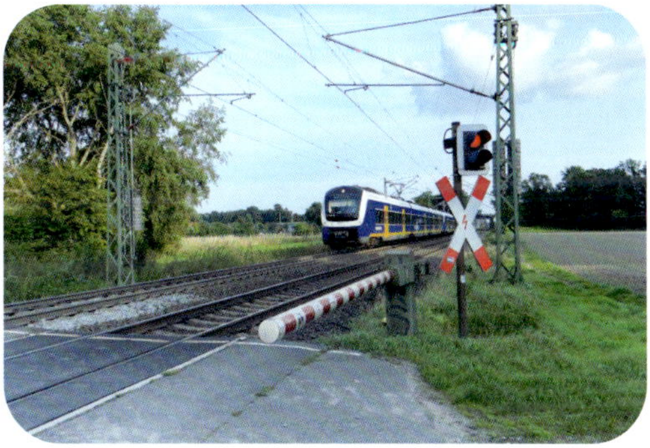

Vom Parkplatz aus folgen wir der Straße **Ehlersdamm** in Richtung Norden unter der Bahnlinie hindurch. Dann zweigen wir sogleich nach links auf einen Fußweg ab und tauchen bereits in die Osterholzer Feldmark ein. Dieses knapp 10 Hektar große Gelände wird noch weitgehend landwirtschaftlich genutzt und ist damit kein Baugrund. Dieses Kleinod inmitten der Stadt wollen wir umrunden.

Unser Weg führt anfangs immer am Bahndamm entlang, vorbei am Eisenbahnkreuz und weiter bis zu einem einsamen, kleinen, aber beschrankten Bahnübergang. Dort bitte zur Sicherheit unbedingt auf die vorbeifahrenden Züge achten. Dann überqueren wir die Gleise und folgen dem Weg nach rechts in Richtung Wohngebiet.

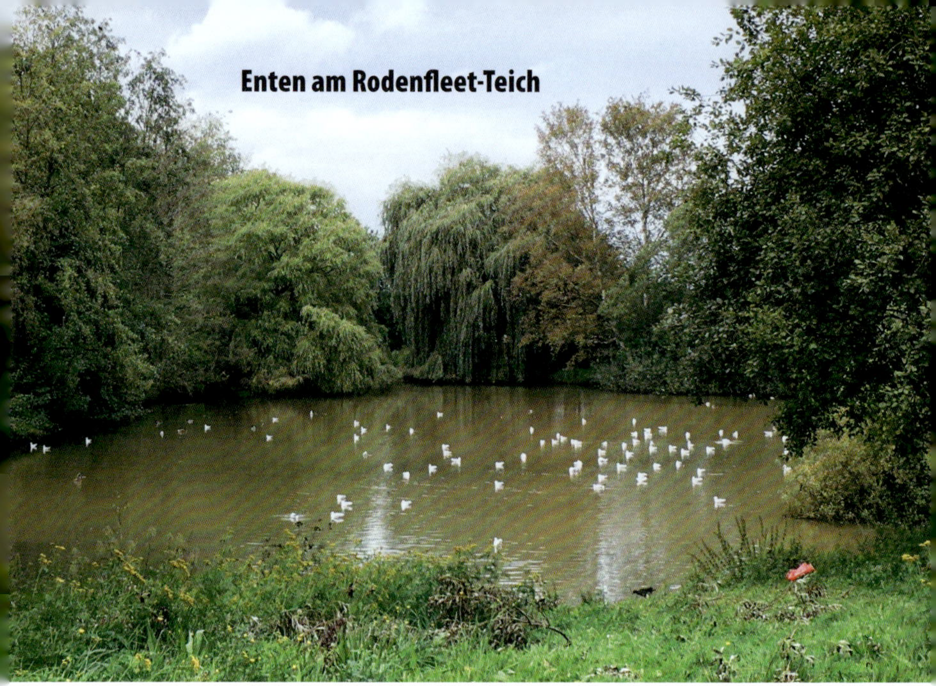

Enten am Rodenfleet-Teich

Vorbei an einigen Hochhäusern und Garagen erreichen wir einen kleinen See. Er geht über in den **Rodenfleet ❶,** einen Wasserlauf zwischen unserem Fußweg und der Bahnlinie. Hier können wir mit etwas Glück den Enten zuschauen, die ihren Jungen das Schwimmen beibringen. Vorbei am Gewässer erreichen wir die Herrmann-Osterloh-Straße. Wir halten uns dort rechts und bleiben auf dem parallel zu Straße und Rodenfleet verlaufenden Fuß- und Radweg.

Wir sind hier im wenig bekannten Bremer Stadtteil **Arbergen,** zwischen Hemelingen und Mahndorf gelegen. Links von uns sehen wir hinter den Bäumen mehrstöckige Häuser. Am Ende des Weges geht der Rodenfleet in den **Rodensee ❷** über. Dort gibt es einen kleinen Rastplatz mit Blick über den See. Wir wenden uns hier nach rechts und überqueren die kleine hölzerne Brücke. Der Weg verläuft weiter parallel zum See. An dessen Ende halten wir uns rechts, hinauf zur höher gelegenen Elisabeth-Selbert-Straße.

Die Straße führt uns nach rechts und wir überqueren auf diese Weise erneut die Bahngleise. Von oben

Für die Seele

Wir wandern auf einem einsamen Weg mitten durch die Osterholzer Feldmark. In dieser grünen Lunge des Bremer Ostens können auch wir durchatmen.

haben wir auch einen sehr schönen Blick über die vor uns liegende Osterholzer Feldmark. In Kombination mit einem vorbeifahrenden Zug ist das ein sehr schönes Fotomotiv. In solchen Oasen inmitten der Stadt, die nicht zugebaut werden, kann man gut abschalten und neue Energie tanken. Hinter der Brücke sehen wir bereits den Feldweg, der von der Straße nach rechts abzweigt. Wir folgen dem Weg, der zurück in Richtung der Bahngleise verläuft.

Dort angekommen geht es weiter nach links. Rechts von uns verlaufen jetzt, versteckt hinter dichtem Gebüsch, die Bahngleise. Gelegentlich können wir trotzdem einen vorbeifahrenden Zug sehen. Nach 350 Metern erreichen wir den **Berthold-Lindemann-Weg ❸**, der nach links abzweigt. Es ist der einzige

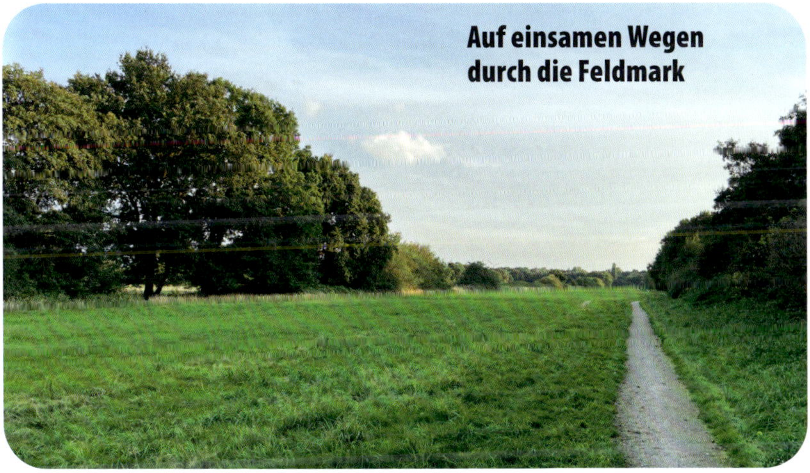

Auf einsamen Wegen durch die Feldmark

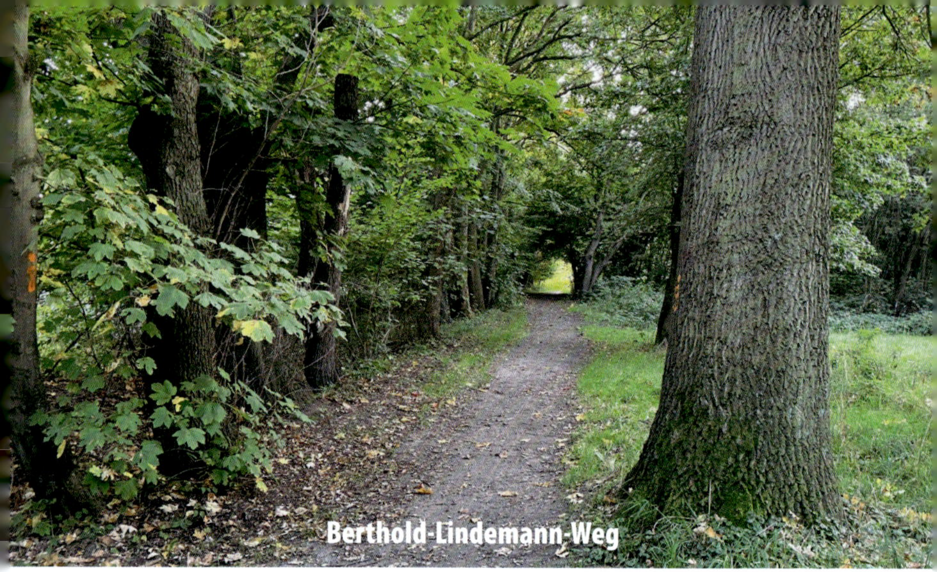

Berthold Lindemann *(1929–2014) war ein Osterholzer Chronist und Heimatforscher, der sich unter anderem für den Erhalt der Feldmark eingesetzt hat. 2013 erhielt er dafür das Bundesverdienstkreuz.*

Wanderweg, der durch die Feldmark hindurchführt. Alles andere sind landwirtschaftliche Wege und nicht für den öffentlichen Durchgang gedacht.

Der 1,3 Kilometer lange Wanderweg führt uns vorbei an kleinen Teichen, Baumgruppen und einer Spielwiese. Am nördlichen Ende erreichen wir die **Osterholzer Dorfstraße.** Unterwegs gibt es immer wieder vereinzelte Bänke, die zum Rasten und Verweilen einladen. Hier können wir mitten in der Stadt entspannen, ohne Ablenkung durch den üblichen Verkehr.

An der Osterholzer Dorfstraße angelangt, folgen wir dieser nach rechts. Neubausiedlungen mischen sich hier mit alten Bauernhäusern und Scheunen. Unterwegs gibt es zwei Möglichkeiten für eine Einkehr. Soll es eher Kaffee und Kuchen sein oder doch lieber etwas Herzhaftes?

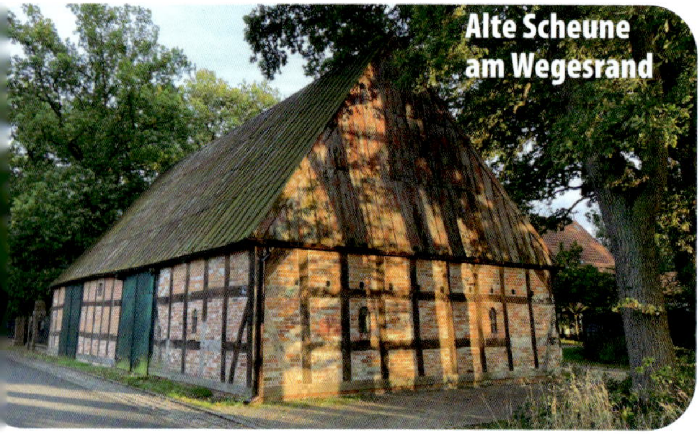

Die erste Möglichkeit für eine Einkehr bietet das kleine **Café Törtchen** ❹ links am Wegesrand. Im gemütlichen Interieur gibt es hier leckere hausgemachte Kuchen und guten Kaffee. Alternativ dazu findet sich wenig später auf der rechten Seite ein etwas rustikaleres Lokal im Country-Stil. **The Saloon** ❺ empfängt uns im alten Schimmelhof. Was passt besser auf diesem historischen Pferdehof als ein Gasthaus im Stil des Wilden Westens?

Das kleine ***Café Törtchen*** *liegt unscheinbar an der Osterholzer Landstraße. Innen ist es nostalgisch mit gemütlichen alten Sofas eingerichtet. Im Sommer lädt zudem der kleine Innenhof hinter der Mauer zu einer Pause ein.*

Wir verlassen das Pferdegestüt Schimmelhof seitlich zur Straße **Ehlersdamm.** Dort halten wir uns rechts. Nach 120 Metern erreichen wir den kleinen Holter Fleet, den wir kreuzen. Wir verlassen hier die Straße und folgen dem Weg nach links, parallel zum Fleet. Dabei können wir wahlweise den linken oder auch den rechten Weg am Wasserlauf nehmen. Kurz darauf kommen wir an ein kleines Wäldchen, in das wir nach rechts einbiegen. Diesen schönen kleinen Trail, der sich hier durch den Wald windet, hätten wir in der Stadt nicht erwartet. Am Ende des kleinen Pfades biegen wir auf dem Weg nach links ab, dem wir bis zur Straße **Beim Rethpohl** folgen.

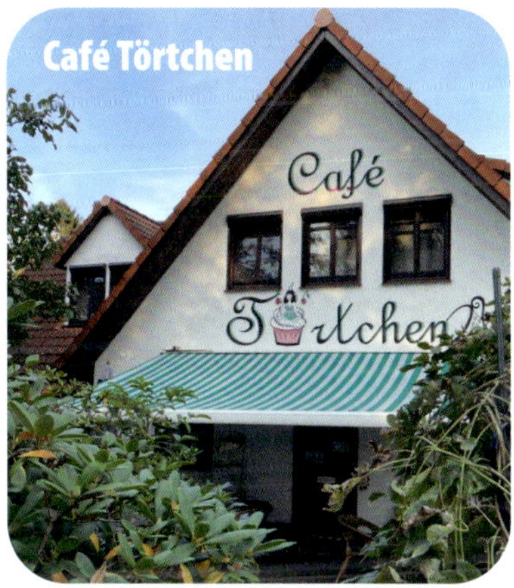

Café Törtchen

An der Straße geht es nach rechts, durch ein ruhiges Wohngebiet mit Einfamilienhäusern, bis zu einer Wiese auf der linken Seite mit einem Denkmal im Hintergrund. Wir überqueren die vor uns liegende Kreuzung. Die Straße hat jetzt einen neuen Namen und heißt **Langwedeler Straße.** Wir folgen ihr bis zum Wendehammer am Ende. Unterwegs macht sie dabei einmal einen Knick. Hinter der Wendeplatte verlassen wir das Wohngebiet und nehmen den Fußweg durch den kleinen Wald. Der Weg führt über den **Osterholzer Landwehr,** einen kleinen Bach. Wenig später lichtet sich der Wald und wir sehen vor uns bereits die Gleise der Straßenbahn.

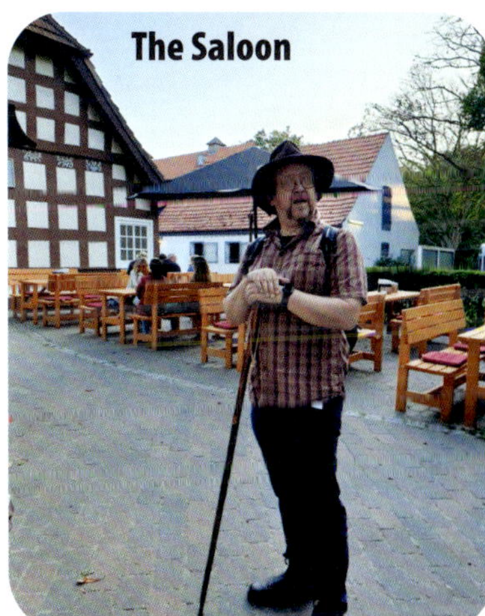
The Saloon

Auszeittour 6

> *Besonders schön ist diese Wanderung als **Abendwanderung.** An dieser Stelle haben wir dann einen letzten freien Blick über die vor uns liegende Osterholzer Feldmark und können von hier aus bei klarem Wetter den Sonnenuntergang beobachten.*

Jetzt geht es entlang der Gleise nach rechts, dabei passieren wir einen Kindergarten, bis zur Straße **Ehlersdamm,** die wir bereits vom Anfang der Wanderung her kennen. Wir wenden uns nach links, vorbei an einem Fahrradgeschäft, und sehen bereits die Bahnlinie, die oberhalb der Straße verläuft.

Wir wandern entlang der Straße unter den Bahngleisen hindurch, immer parallel zu den Straßenbahngleisen. Schließlich erreichen wir wieder den Startpunkt unserer Wanderung, die Endstation der Straßenbahnlinie 1 sowie den Parkplatz.

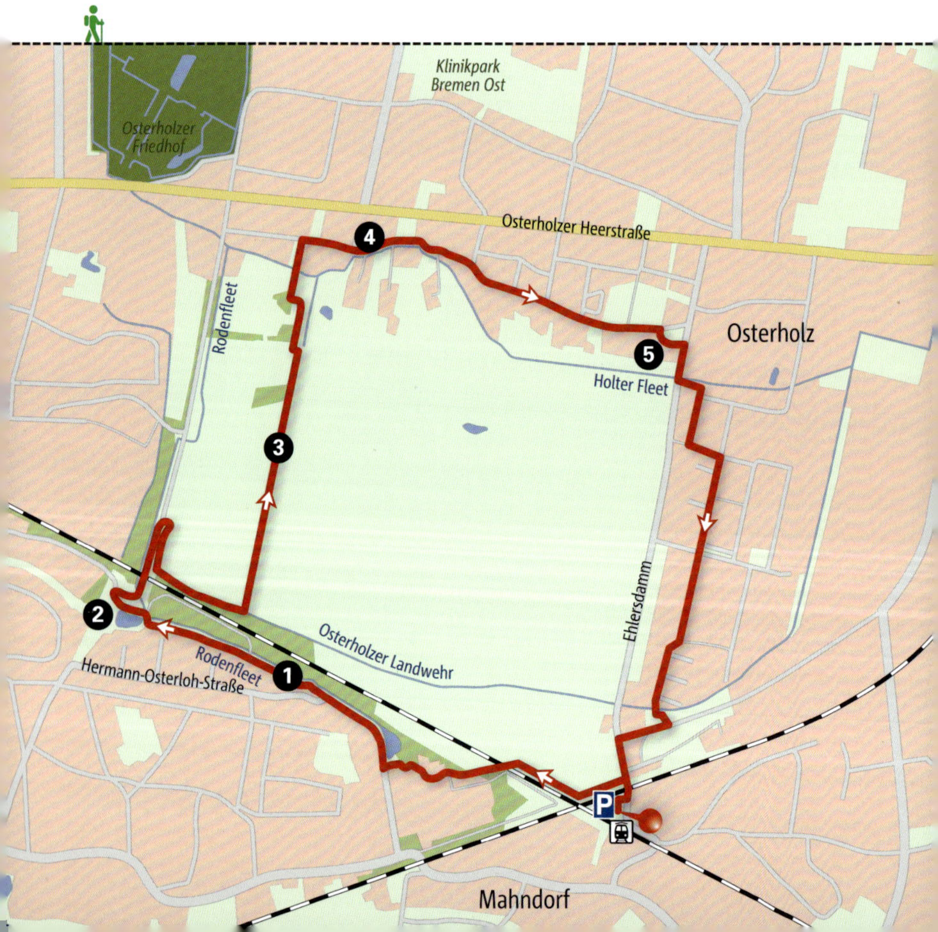

Entspannung ✱✱✱✱✱

Genuss ✱✱✱✱✱

Romantik ✱✱✱✱✱

WIE & WANN:
Parkwege, Straßen in der Stadt; ganzjährig begehbar, ideal als Abendwanderung, um den Sonnenuntergang zu genießen, beste Wanderzeit: April bis Oktober

HIN & WEG:
Auto: Parkplatz Mahndorfer Landstraße 28, 28307 Bremen (GPS: 53.040796, 8.944661)
ÖPNV: Straßenbahnlinie 1, Endstation Bremen Mahndorf, oder direkt mit dem Regionalzug aus Verden/Aller

ESSEN & ENTSPANNEN:
Café Törtchen ❹ Osterholzer Dorfstraße 38, 28307 Bremen, Tel. (04 21) 45 53 43, www.törtchen-cafefeldmark.de
The Saloon ❺ Osterholzer Dorfstraße 95, 28307 Bremen, Tel. (04 21) 48 52 70 23, www.thesaloon-bremen.de

ENTDECKEN & ERLEBEN:
Rodenfleet ❶
Rodensee ❷
Berthold-Lindemann-Weg ❸

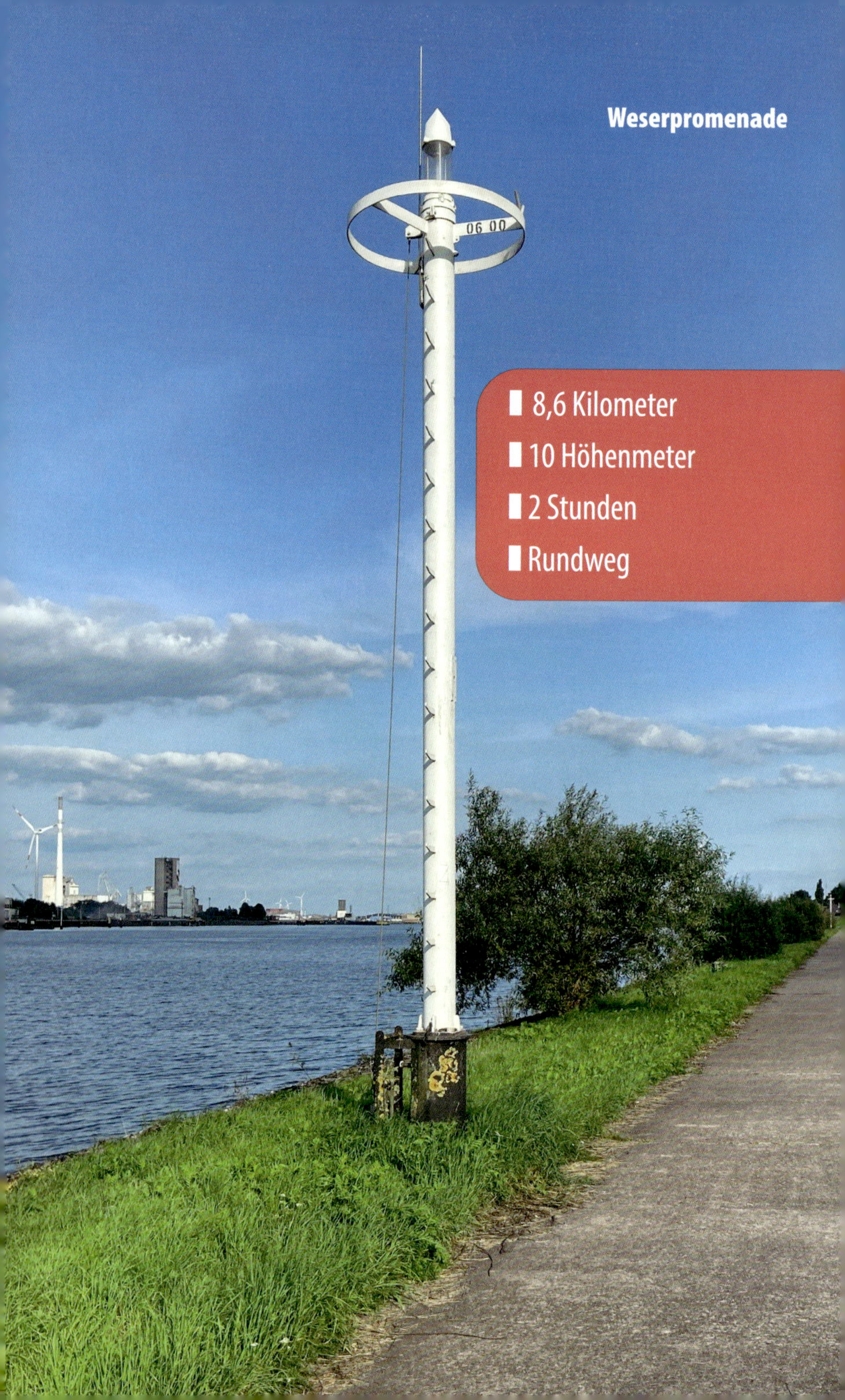

- 8,6 Kilometer
- 10 Höhenmeter
- 2 Stunden
- Rundweg

Diese kurze Wanderung führt uns nach Hasenbüren, einem kleinen Dorf am Rande der Stadt, das ebenfalls zu Bremen gehört. Es liegt direkt hinter dem Deich an der Weser, mit Blick auf die Hochöfen am gegenüberliegenden Ufer. Die Kulisse ist besonders eindrucksvoll in den Abendstunden, womit sich diese

Feuer und Wasser

Unterwegs in Niedervieland

Wanderung auch sehr gut als Abendwanderung eignet.

Wir starten unsere Wanderung am **Wassersporthafen Hasenbüren 1**. Er liegt direkt am Hasenbürener Deich westlich des kleinen Straßendorfes. Dort, am Ende der Straße, gibt es einen großen Parkplatz. Bevor es losgeht, lassen wir uns von den hier liegenden Booten beflügeln und beobachten sie bei der Ein- und Ausfahrt aus dem Hafen.

Der Weg vorbei an den Jachten zur Linken und den parkenden Autos zur Rechten bringt uns direkt ans Weserufer. Links von uns liegt jetzt die Hafenmauer, unser Weg führt nach rechts. Wir folgen dem befestigten Uferweg immer direkt am

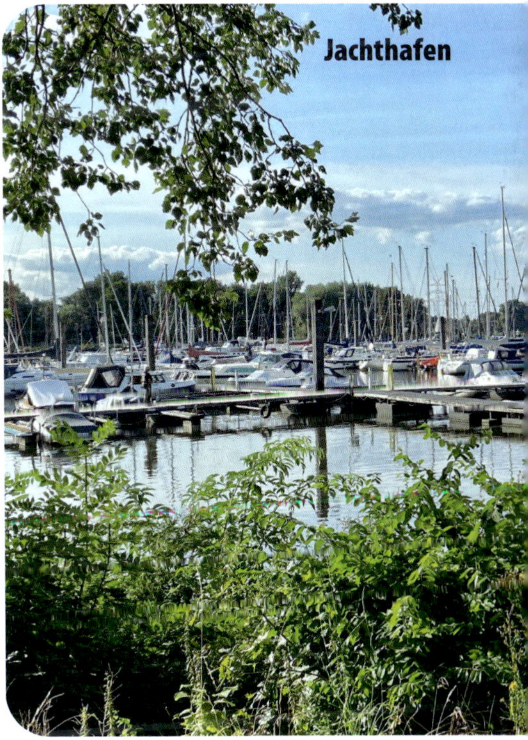

Jachthafen

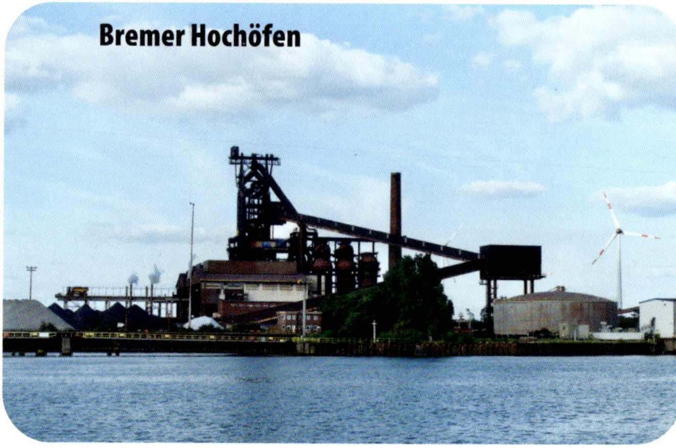

Die **Gezeiten** oder Tiden sind die Wasserbewegungen der Ozeane, ausgelöst durch die Gravitation von Mond und Sonne. An der Weser sind sie von der Nordsee bis zum Weserwehr in Bremen Hastedt spürbar. Der mittlere Tidenhub beträgt in Bremen knapp 4 Meter.

Die Bremer **Hochöfen** verarbeiten täglich bis zu 11.000 Tonnen Roheisen. 1954 wurde mit dem Bau der Anlage begonnen. 1959 wurde der erste der Hochöfen angeblasen. Weitere Anlagen kamen 1966 und 1973 dazu. Aktuell wird auf CO2-neutrale Produktion umgestellt.

Wasser entlang. Dabei beobachten wir die vorbeifahrenden Schiffe. Werktags sind dies meist große Pötte, die von der Nordsee kommend in den Bremer Industriehafen wollen. Am Wochenende sehen wir eher Ausflugsschiffe und schnittige Jachten, die zum Träumen einladen.

Wir sind hier an der Niederweser und damit abhängig von der Tide. Je nach Tidenstand ändert sich der Wasserstand der Weser und zeigt uns ein anderes Bild des Flusses.

Auf der gegenüberliegenden Uferseite stehen die **Bremer Hochöfen** ❷ für die Stahlerzeugung. Von unserem Weg aus haben wir einen guten Blick auf die Anlagen. Immer wieder legen Schiffe an und bringen neue Rohstoffe, die für die Stahlerzeugung benötigt werden. Da herrscht reges Treiben, da die Hochöfen rund um die Uhr in Betrieb sind. Feuer und Wasser liegen hier in friedlicher Koexistenz und geben unserer Wanderung den besonderen Touch.

Immer geradeaus verläuft unser Weg entlang der Weser. Gelegentlich stehen Bänke am Wegesrand, die zur Rast einladen. Dabei können wir den Anglern bei ihrem Hobby zusehen. Im weiteren Verlauf des Uferweges schweift unser Blick hinüber zum **Bremer Indus-**

triehafen. Über eine Schleuse geht es für die Schiffe, die hier aus aller Welt eintreffen, hinein in den sicheren Hafen. Wir folgen weiter unserem Weg, bis wir oberhalb am Deich einen kleinen Parkplatz sehen. Dort steht eine Infotafel, die auf die Geschichte von **Niedervieland** hinweist. Zu Niedervieland gehören die

Für die Seele

Eine Wanderung auf dem Deich am Rande der Großstadt ist ideal, um frische Luft und neue Energie zu tanken.

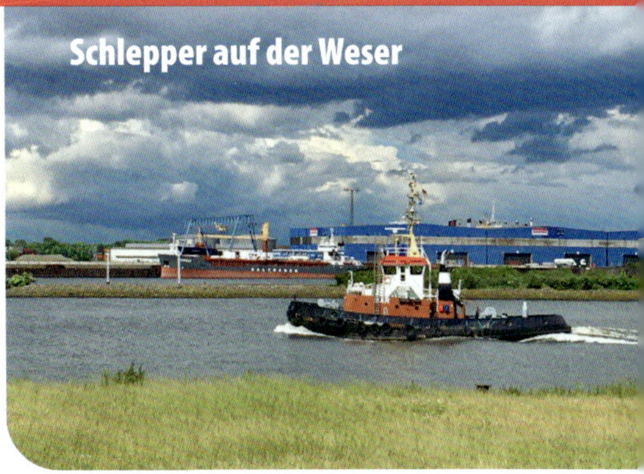
Schlepper auf der Weser

beiden ehemals eigenständigen Dörfer Seehausen und Hasenbüren, die heute beide Teile von Bremen sind. Die Geschichte der beiden Dörfer wird mit einigen alten Fotos veranschaulicht. Der kleine Parkplatz bietet sich auch als alternativer Startplatz an.

Oben vom Deich haben wir am **Aussichtspunkt Schlepperliegeplätze ❸** einen guten Blick hinüber in den Industriehafen und auf die Anlegestelle für die Schlepper. Mit etwas Glück können wir beobachten, wie sie eines der ankommenden Schiffe in den Hafen bugsieren.

Hinter dem Deich liegt Seehausen. Wir bleiben jedoch auf dem Deich, und es geht für uns auf diesem Weg zurück in Richtung Hasenbüren. Auf die Weise haben wir erneut die Gelegenheit, das gegenüberliegende Ufer zu beobachten, oder wir lassen unsere Blicke einfach über die Weser schweifen und träumen dabei von einer eigenen Fahrt auf dem Fluss.

In Hasenbüren angelangt erreichen wir den **Weser Utkiek ④.** Früher war hier ein beliebtes Ausflugslokal und wir genießen den schönen Blick von der Terrasse über die Weser. Wenig später verlässt der Weg den Deich und wir erreichen Hasenbüren. Vorbei an sehenswerten alten Bauernhäusern kommen wir zum **Glockenstein ⑤.** Der Stein stammt aus dem Jahr 1357 und steht unter Denkmalschutz. Eine Tafel informiert über die Geschichte, und eine Sitzgruppe lädt zu einer gemütlichen Rast ein. Dabei können wir versuchen, die Schriftzeichen auf dem Stein zu entschlüsseln.

Kurz hinter dem Glockenstein verlassen wir das Dorf wieder auf dem nach rechts ab-

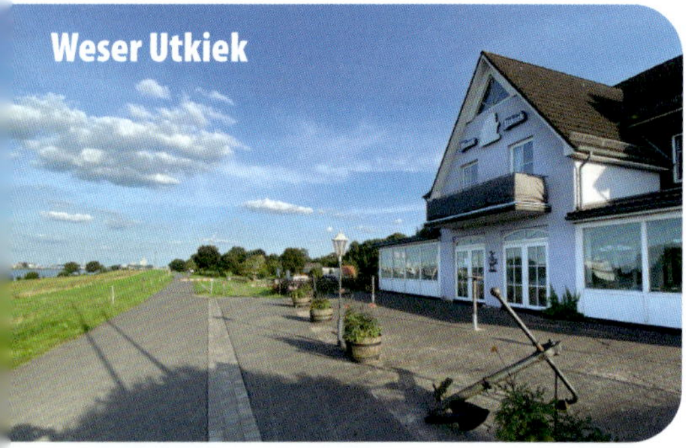

Weser Utkiek

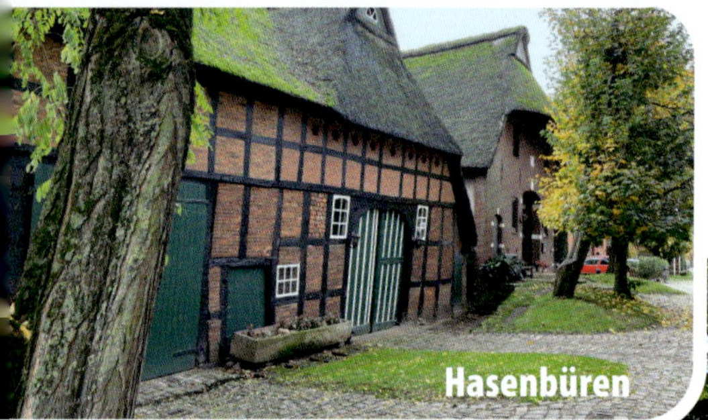

Hasenbüren

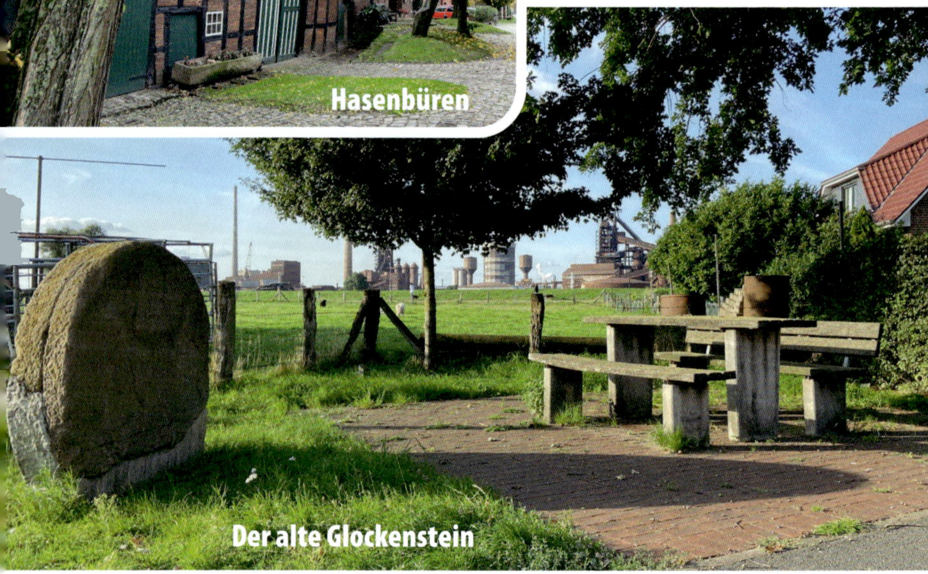

Der alte Glockenstein

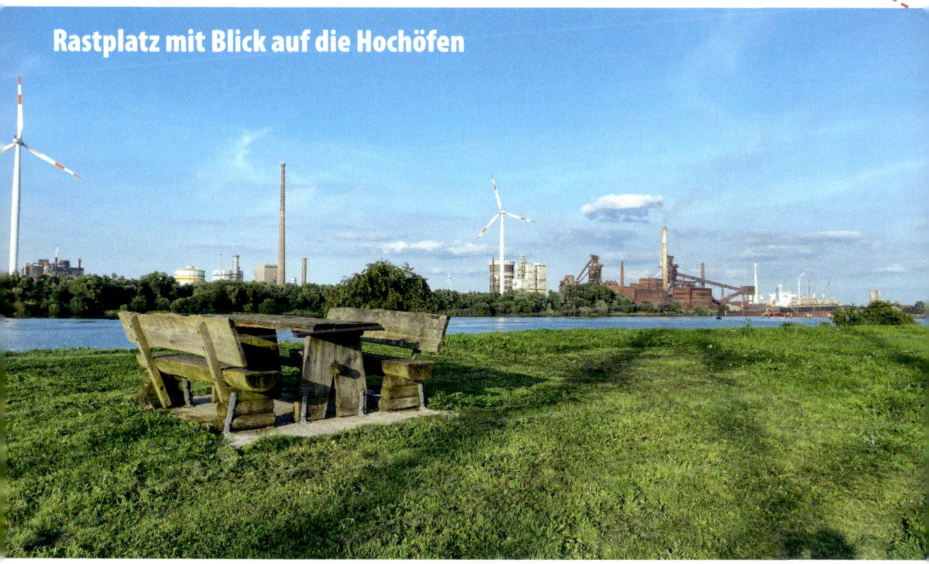

Rastplatz mit Blick auf die Hochöfen

zweigendem Weg in Richtung Wald. Es geht vorbei an einer Rinderweide, dahinter liegt der Deich. Der kleine **Wald** vor uns ist eine willkommene Abwechslung bei unserer Wanderung, die bislang nur auf befestigten Wegen verlief. Nur wenige Waldwege führen durch dieses Gehölz.

Etwa in der Mitte des Waldes kommen wir an eine Wegkreuzung. Dort wenden wir uns nach rechts und wandern in Richtung Weserdeich. Am vor uns quer verlaufenden Wiesenweg halten wir uns dann links. Wenig später erreichen wir den Deich und folgen dem befestigten Deichweg weiter nach links. Dabei genießen wir den weiten Blick über die Weser.

Kurz vor Ende dieses Weges erreichen wir auf dem Deich einen schönen **Picknickplatz** ❻ mit einer hölzernen Sitzgruppe inklusive Tisch. Wenn wir Proviant dabeihaben, bietet sich dieser Platz jetzt für eine kleine Auszeit an, bevor wir nach der nächsten Biegung des Weges bereits den Jachthafen erreichen. Diese Stelle ist besonders am Abend sehr schön, da wir hier einen

*Der **Glockenstein** aus graurotem Sandstein wurde hier 1929 aufgestellt. Auf der Vorderseite ist das Relief einer Glocke abgebildet. Die Jahreszahl 1357 ist noch zu erkennen. Auf der Rückseite sind verwitterte Zeichen in gotischen Minuskeln zu sehen.*

ausgezeichneten Blick über die Weser haben. Dabei können wir die vorbeifahrenden Schiffe und die beleuchteten Hochöfen beobachten. Neben der Sitzgruppe gibt es eine weitere Tafel mit interessanten Informationen rund um Niedervieland. Auf dieser Tafel geht es vor allem um den Weserdeich, die Sturmflutgefahr und den Hafenausbau.

Nach unserem Picknick mit Blick über die Weser folgen wir dem abzweigenden Weg bis zur Straße. Rechts von uns liegt unterhalb des Deiches bereits der Parkplatz, an dem wir heute aufgebrochen sind. Wer mag, kann noch in der nahen **Gaststätte am Wassersporthafen 7** einkehren und die Wanderung bei einem guten Essen ausklingen lassen.

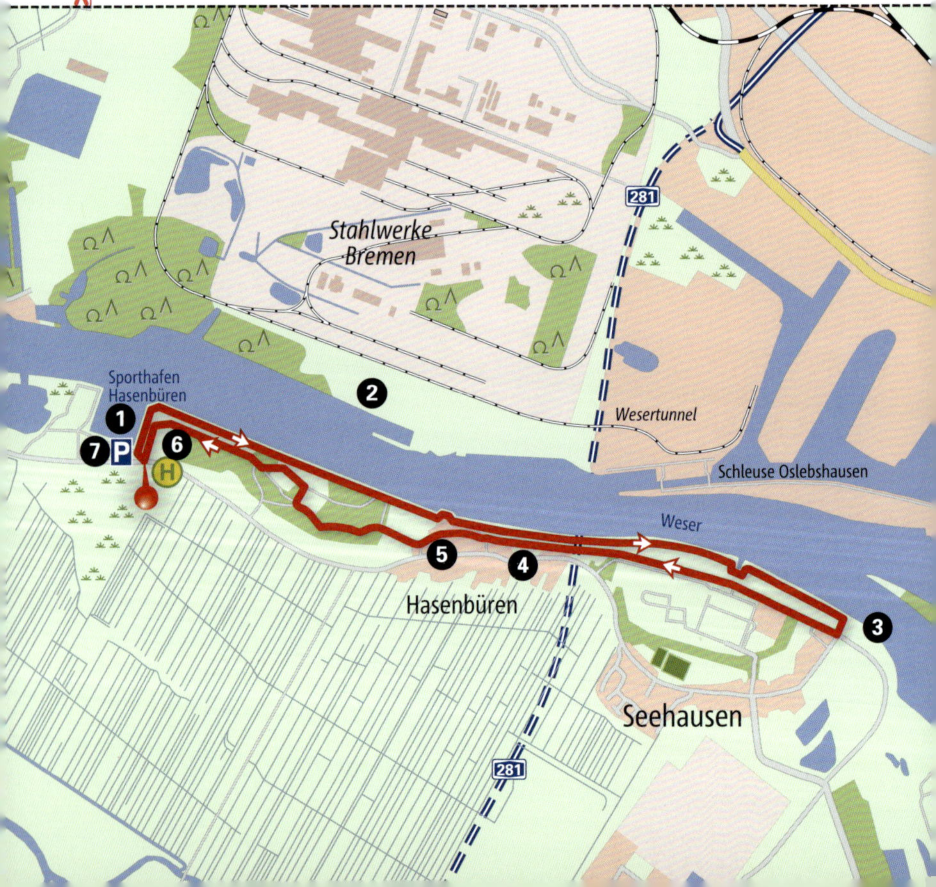

Alles auf einen Blick

WIE & WANN:
Deich, Ufer- und Waldwege, weitgehend Asphalt; ganzjährig begehbar, ideal als Abendwanderung wegen der beleuchteten Hochöfen am Weserufer, beste Wanderzeit: April bis Oktober

Entspannung ✱✱✱✱✱
Genuss ✱✱✱✱✱
Romantik ✱✱✱✱✱

HIN & WEG:
Auto: Parkplatz am Wassersporthafen Hasenbüren, Hasenbürener Deich, 28197 Bremen (GPS: 53.121864, 8.668010)
ÖPNV: Buslinie 62, Endstation Hasenbüren Jachthafen

ESSEN & ENTSPANNEN:
Für unterwegs an Rucksackverpflegung denken!

Gaststätte am Wassersporthafen ❼ Hasenbürener Umdeich, 28197 Bremen, Tel. (04 21) 54 87 03 06, www.wassersporthafen-hasenbüren.de

ENTDECKEN & ERLEBEN:
Wassersporthafen Hasenbüren ❶
Bremer Hochöfen ❷
Aussichtspunkt Schlepperliegeplätze ❸
Weser Utkiek ❹
Glockenstein ❺
Picknickplatz am Deich ❻

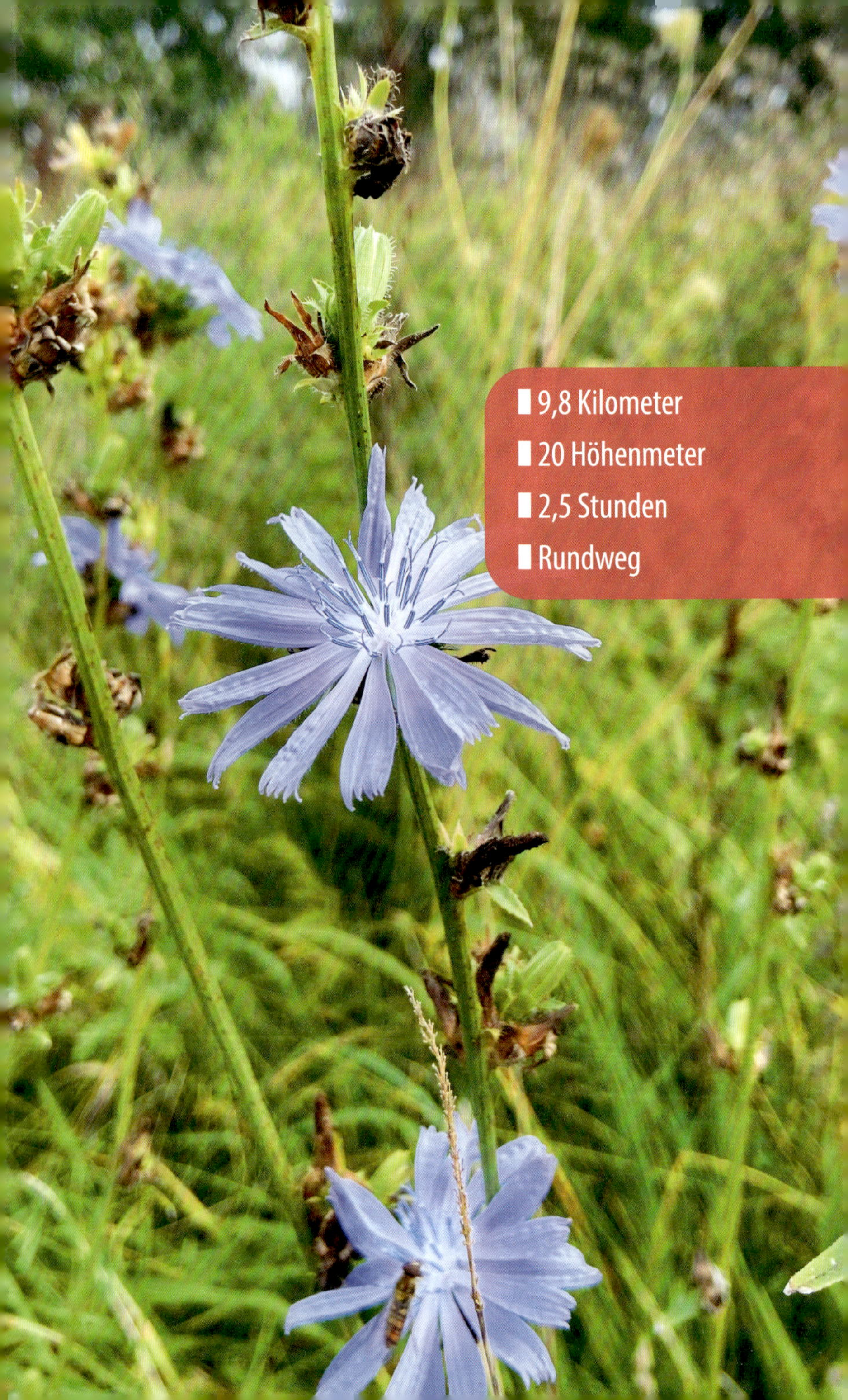

- 9,8 Kilometer
- 20 Höhenmeter
- 2,5 Stunden
- Rundweg

Der Park Links der Weser stellt als Naherholungsgebiet zwischen Huchting und Grolland das Gegenstück zum Bremer Bürgerpark dar, der auf der rechten Weserseite liegt. Die Grünanlage wurde 1976 von engagierten Bürgern in Grolland, Huchting und der Neustadt gegründet. Im südlichen Teil der Wanderung

Wiesenpanorama

Durch den Park Links der Weser

nähern wir uns dem Flughafen Bremen. Unterwegs können wir von zahlreichen Aussichtshügeln die Blicke über das Marschland schweifen lassen und die Weite der Landschaft genießen.

Im Gegensatz zum stark bewaldeten Bürgerpark verläuft der Park Links der Weser durch endlose Wiesen entlang dem Lauf der Ochtum. Viele Wege führen durch die Marsch. Unterwegs gibt es mehrere Fußgängerbrücken, um über die Ochtum zu wechseln. An den Zugangspunkten zum Park gibt es außerdem großformatige Tafeln, die über die Wege der Anlage informieren. Leider ist der Park durch die B 75 zweigeteilt, neben der auch die Straßenbahn verkehrt. Allerdings müssen wir die Straße nicht überqueren, die Wege führen unter der Straße hindurch.

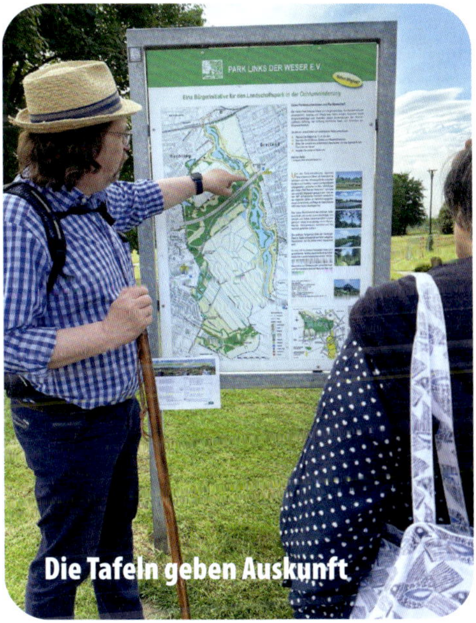

Die Tafeln geben Auskunft

Panoramatour 8

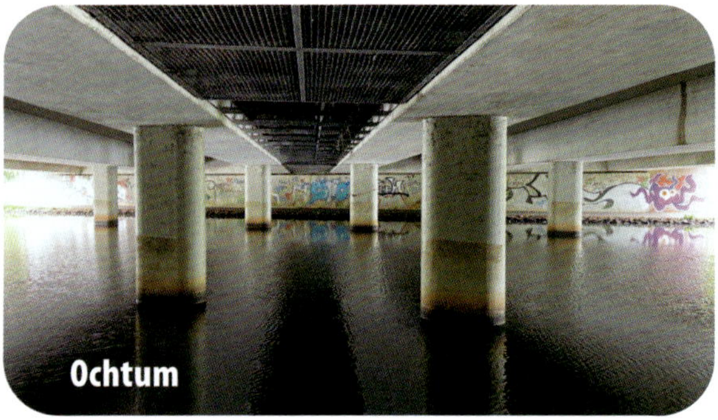

Ochtum

Wir starten unsere Rundwanderung an der Straßenbahnhaltestelle **Nörderländer Straße.** Unterhalb der B 75 gibt es auch einen Parkplatz. Schräg gegenüber liegt der **Grollander Krug ❶,** hier steht auch die erste Tafel mit allen Informationen zum Park Links der Weser. Die Einkehr im Gasthaus heben wir uns für den Abschluss der Wanderung auf. Im Sommer bietet sich ein Besuch im großen Garten an.

Nach dem Studium der Parkkarte verlassen wir die Straße und folgen dem asphaltierten Weg auf dem Deich in Richtung Norden. Der Weg verläuft zwischen grünen Wiesen hindurch. Links von uns haben wir immer wieder einen Blick auf die **Ochtum,** rechts auf eine Weide mit Wasserbüffeln.

Vor uns sehen wir die Bahnlinie, die Bremen mit Oldenburg verbindet. Unser Weg führt bequem unter der Bahnlinie hindurch. Wenig später erreichen wir die Straße **Wardamm,** die über die Ochtum führt. Wir nutzen die Brücke, um die Ochtum zu überqueren. Dann geht es wieder zurück gen Süden. Die Ochtum liegt jetzt links von uns. Wir folgen dem Grollander Deich, bis dieser sich gabelt. Hier biegen wir nach rechts ab, folgen dem **Großen Brahmhorstweg** und entfernen uns von der Ochtum. Der Weg führt uns, vorbei an zwei Schutzhütten, durch das Marschland.

*Das ehemals tidebeeinflusste, nasse **Marschland** wurde bereits im 12. Jahrhundert durch die Anlage von Deichen und Gräben landwirtschaftlich nutzbar gemacht. Heute prägen Wiesen und Weiden die Landschaft. Weite Teile sind Wiesenvogelschutzgebiet.*

Hinter der zweiten Schutzhütte liegt links von uns der erste **Aussichtshügel ❷** auf unserer Wanderung, der im Winter auch gerne als Rodelberg genutzt wird. Wir folgen dem ansteigenden Weg und genießen die Aussicht. Auf der anderen Seite geht es wieder hinab. Dem vor uns liegenden Weg folgen wir nach links, vorbei an einem kleinen, lauschigen See der **Huchtinger Fleet** zur

Rechten. Langsam nähern wir uns der B 75, die hinter einem grünen Schutzwall verläuft. Am Querweg geht es für uns nach links. Dieser Weg bringt uns, vorbei an einer weiteren Schutzhütte, zurück zur Ochtum.

Kurz vor dem Fluss sehen wir eine Brücke, die über die Ochtum führt. Wir halten uns jedoch rechts und

Für die Seele

Inmitten der grünen Marschwiesen treffen wir immer wieder auf kleine Aussichtshügel mit schönem Panoramablick über die vor uns liegenden Wiesen.

nehmen die Unterführung unter der B 75. Der Weg bringt uns ganz nah an den Fluss heran.

Nach 150 Metern taucht auf der rechten Seite ein kleiner Hügel mit einer Bank und einem Gedenkstein auf. Das ist der **Aussichtshügel Hermann Allmers 3.** Von oben haben wir einen guten Blick auf die kleinen, südwestlich liegenden Seen. Hermann Allmers war ein deutscher Schriftsteller des 19. Jahrhunderts, der vor allem in Norddeutschland für seine Werke über die Marschlandschaft bekannt war.

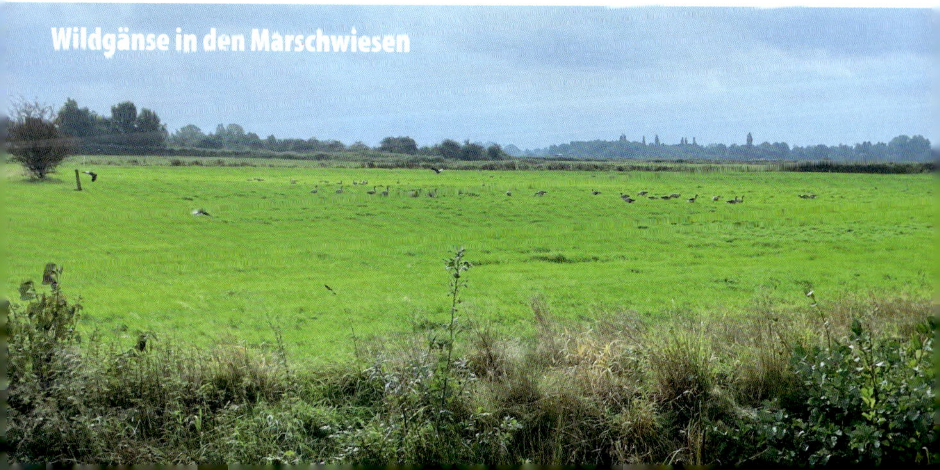
Wildgänse in den Marschwiesen

Panoramatour 8

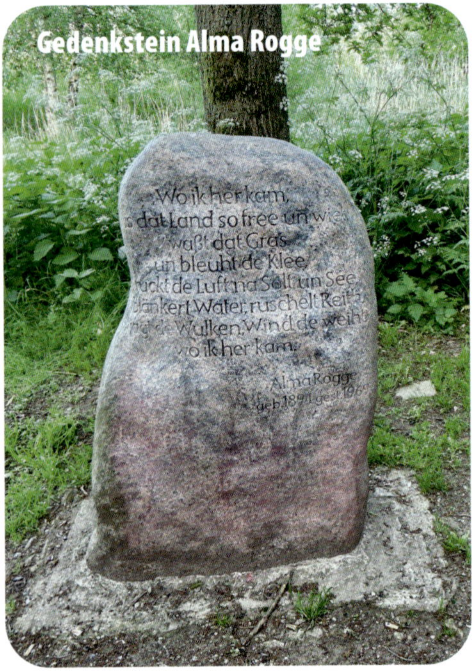

Gedenkstein Alma Rogge

Wenig später zweigt ein Weg nach rechts ab und es geht erneut in die Marsch hinein. Wir folgen dem **Achterfeldweg** und kommen an mehreren Bänken mit guter Panoramasicht und einer weiteren Schutzhütte vorbei. Interessant ist auch der 2010 entstandene **Naturerlebnisraum Gräserne Paradiese** ❹ auf der rechten Seite. Das sehr informative Projekt wurde von Schülern aus Grolland initiiert und ist nicht nur für mitwandernde Kinder spannend.

Wenig später stoßen wir auf den **Aussichtshügel Alma Rogge** ❺ auf der linken Seite. Neben dem Gedenkstein mit einem ihrer Gedichte haben wir hier eine schöne Aussicht über die sich vor uns ausbreitenden Marschwiesen.

Alma Rogge
(1894–1969) war eine bekannte norddeutsche Schriftstellerin, die ihre Gedichte, Romane und Bühnenstücke oft in niederdeutscher Sprache verfasste. Eines ihrer Bühnenstücke, „Twee Kisten Rum", wurde sogar am Hamburger Ohnsorg Theater aufgeführt.

Der Weg führt wenig später vorbei an mehreren kleinen Teichen. Nach links zweigt über eine hölzerne Brücke der Annemarie-Löhmann-Weg ab, den wir jedoch nicht weiter beachten. Wir folgen unserem Weg geradeaus und erkennen rechts von uns hinter den Bäumen das **Roland-Center,** an dem auch die Endstation der Straßenbahn liegt. An der nächsten Wegkreuzung informiert eine weitere Tafel über die Parkwege. Hier biegen wir nach links ab. Vorbei an einer Pferdeweide sehen wir bereits eine weitere Schutzhütte. Davon gibt es hier im Park jede Menge, was bei unbeständigem Wetter sehr hilfreich sein kann. Die Wiesen neben dieser Schutzhütte werden im Winter auch als Eislauffläche genutzt.

An der Schutzhütte biegen wir nach rechts ab und nach wenigen Metern gleich wieder nach links. Dieser Weg bringt uns zum Huchtinger Fleet. Vorher wollen wir jedoch einen Abstecher durch den kleinen Wald **Hoher Horst** machen. Am Querweg angekommen halten wir uns links und folgen dem Weg bis zum Ende des kleinen Waldes. Dort steht eine sehenswerte, uralte **Buche 6.** Zudem lädt eine Bank zu einer Rast ein. Unser Blick schweift vor uns in die Ferne über grüne Marschwiesen bis zum Bremer Flughafen.

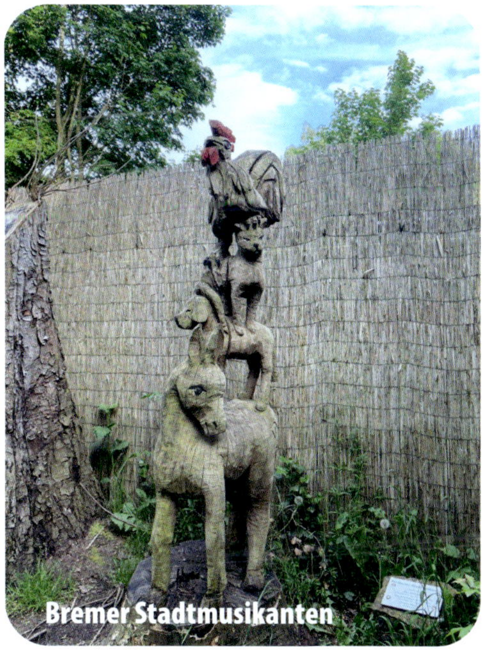
Bremer Stadtmusikanten

Wer hier keinen freien Platz findet, erhält wenig später noch eine Chance. Auf der linken Seite wartet eine weitere Bank, ebenfalls mit grandiosem Panoramablick. Der Weg führt durch den kleinen Wald – vorbei an einer weiteren Schutzhütte, wie könnte es anders sein – und dann wieder zurück. Am Querweg halten wir uns rechts, bis wir erneut den Weg an den Wiesen erreichen, auf dem wir gerade gekommen sind. Diesmal biegen wir nach links ab. Nach knapp 100 Metern erreichen wir die Stelle, an der wir auf dem Hinweg von rechts kamen.

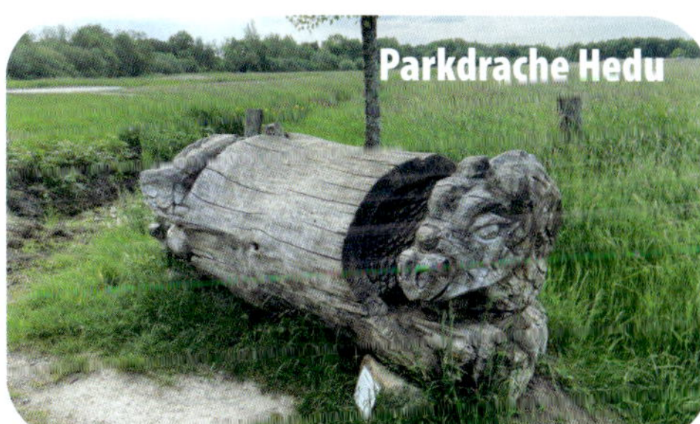
Parkdrache Hedu

Jetzt geht es für uns geradeaus weiter auf einem **naturkundlichen Weg.** Links und rechts des Weges informieren uns Tafeln über die Namen der verschiedenen Bäume. An diesem Gehölzpfad gibt es zudem zwei interessante **Skulpturen.** Wir kommen vorbei an einer hölzernen Version der Bremer Stadtmusikanten und dem Parkdrachen Hedu. Beides sehr schön geschnitzt. Über eine Brücke erreichen wir dann den **Naturerlebnisbereich**

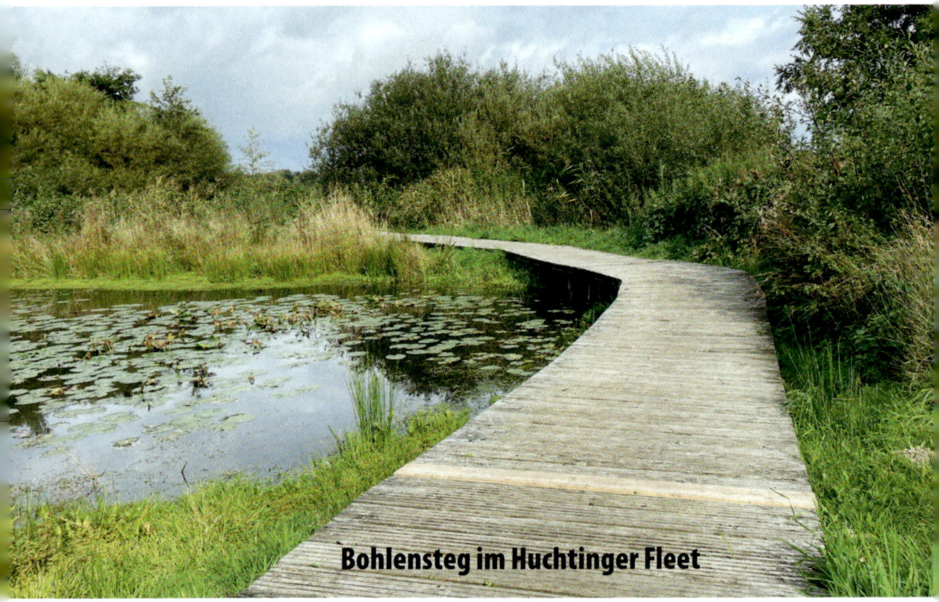

Bohlensteg im Huchtinger Fleet

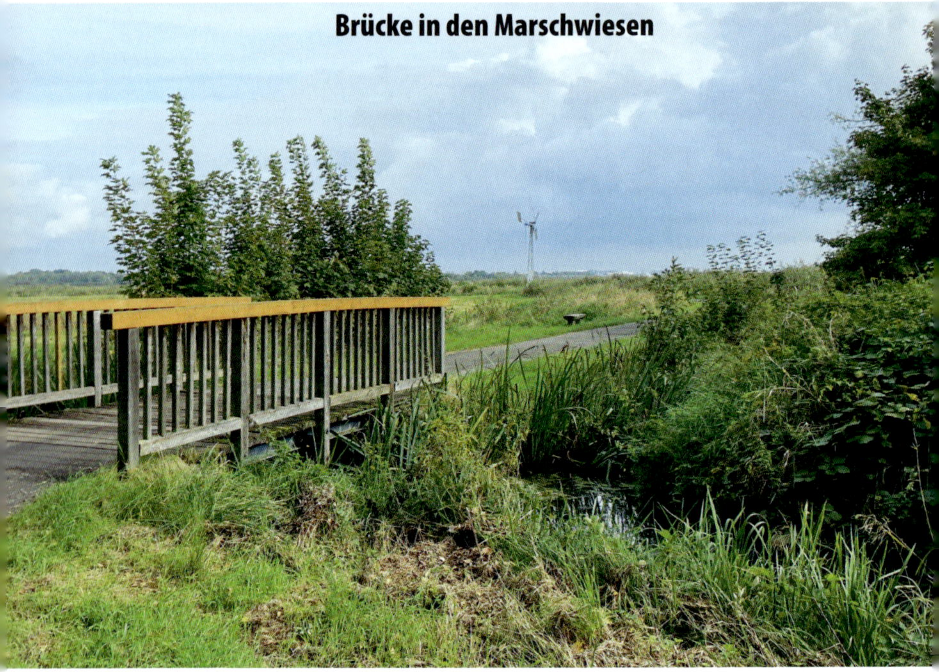

Brücke in den Marschwiesen

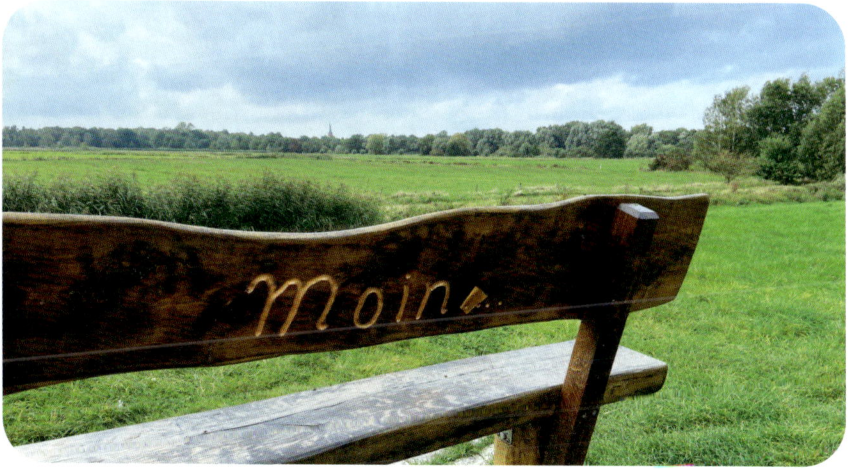

Huchtinger Fleet 7. Der Weg verläuft über einen idyllischen Holzbohlenweg und schlängelt sich vorbei an mehreren hier angelegten Teichen. Einige Bänke laden zu einer Pause ein, um Vögeln, Insekten und Fröschen zuzuschauen.

Nach diesem beschaulichen Abschnitt müssen wir dem Weg einfach nur folgen und wir erreichen den **Aussichtshügel Heulandsweg 8.** Erneut haben wir einen guten Panoramablick über die Marschwiesen bis hinüber zum Flughafen. Wieder unten angelangt, geht es wenig später nach rechts über eine kleine Brücke. Vorbei an einem kleinen Windrad erreichen wir wieder die Schutzhütte an der Eislauffläche. Wir bleiben auf unserem Weg und folgen diesem geradeaus vorbei an den Wiesen. Hinter einer Linkskurve, an der erneut zwei Bänke zu einer Rast einladen, geht es gleich wieder nach rechts ab.

Der **Heulandsweg** bringt uns geradeaus zur Ochtum, die wir ja schon lange nicht mehr gesehen haben. Kurz vor dem Deich eine letzte Schutzhütte. Auf dem Deich haben wir noch einmal einen guten Panoramablick über die Marschwiesen zur Linken und in Richtung Flughafen zur Rechten. Wenig später verlassen

*Das **Huchtinger Fleet** verläuft am Übergang zum höher gelegenen Huchtinger Geest-Gebiet. Im Südosten erstreckt sich der kleine, als Hoher Horst bezeichnete Wald, ebenfalls ein Stück Geest in diesem Parkgelände.*

wir den Deich und folgen dem Weg nach rechts über die Ochtumbrücke. Am gegenüberliegenden Ufer halten wir uns links. Vorbei am Gedenkstein für die Opfer eines Flugzeugabsturzes aus dem Jahr 1966 folgen wir dem **Grollander Deich.**

Schließlich erreichen wir den Achterfeldweg. Links ist eine weitere Brücke über die Ochtum zu sehen. Wir halten uns jedoch rechts und verlassen wenig später den Park. An der Norderländer Straße biegen wir links ab und stehen wenig später an der Haltestelle, an der wir unsere Wanderung begonnen haben. Zum Abschluss bietet sich jetzt ein Besuch im nahen Restaurant Grollander Krug an, bevor wir die Heimreise antreten.

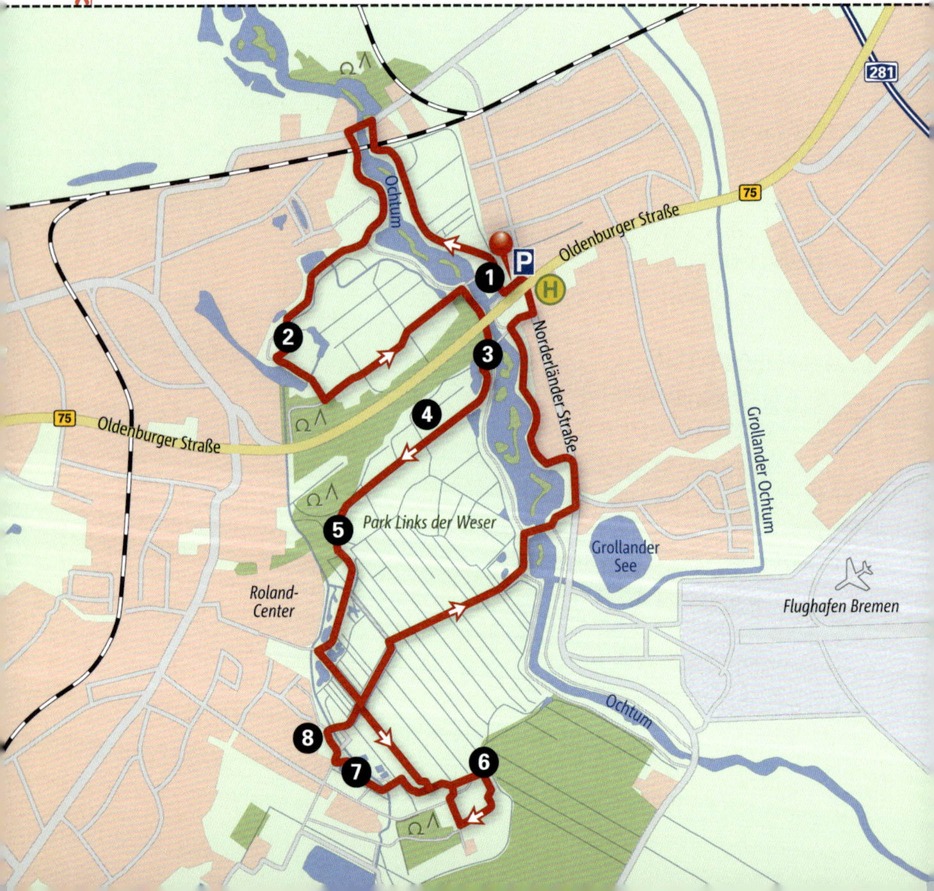

Alles auf einen Blick

WIE & WANN:
Parkwege, Straßen in der Stadt; ganzjährig begehbar, aufgrund der zahlreichen Schutzhütten auch bei unbeständigem Wetter geeignet, beste Wanderzeit: April bis Oktober

Entspannung ✱✱✱✱✱
Genuss ✱✱✱✱✱
Romantik ✱✱✱✱✱

HIN & WEG:
Auto: Parkplatz unter Hochstraße Oldenburger Straße, 28259 Bremen (GPS: 53.058477, 8.758523)
ÖPNV: Straßenbahnlinien 1 und 8, Haltestelle Norderländer Straße

ESSEN & ENTSPANNEN:
Grollander Krug ❶ Emslandstraße 30, 28259 Bremen, Tel. (04 21) 51 46 20, www.hotel-robben.de

ENTDECKEN & ERLEBEN:
Aussichtshügel Rodelberg ❷
Aussichtshügel Hermann Allmers ❸
Naturerlebnisraum Gräserne Paradiese ❹
Aussichtshügel Alma Rogge mit Gedichtstein ❺
Alte Buche ❻
Naturerlebnisbereich Huchtinger Fleet ❼
Aussichtshügel Heulandsweg ❽

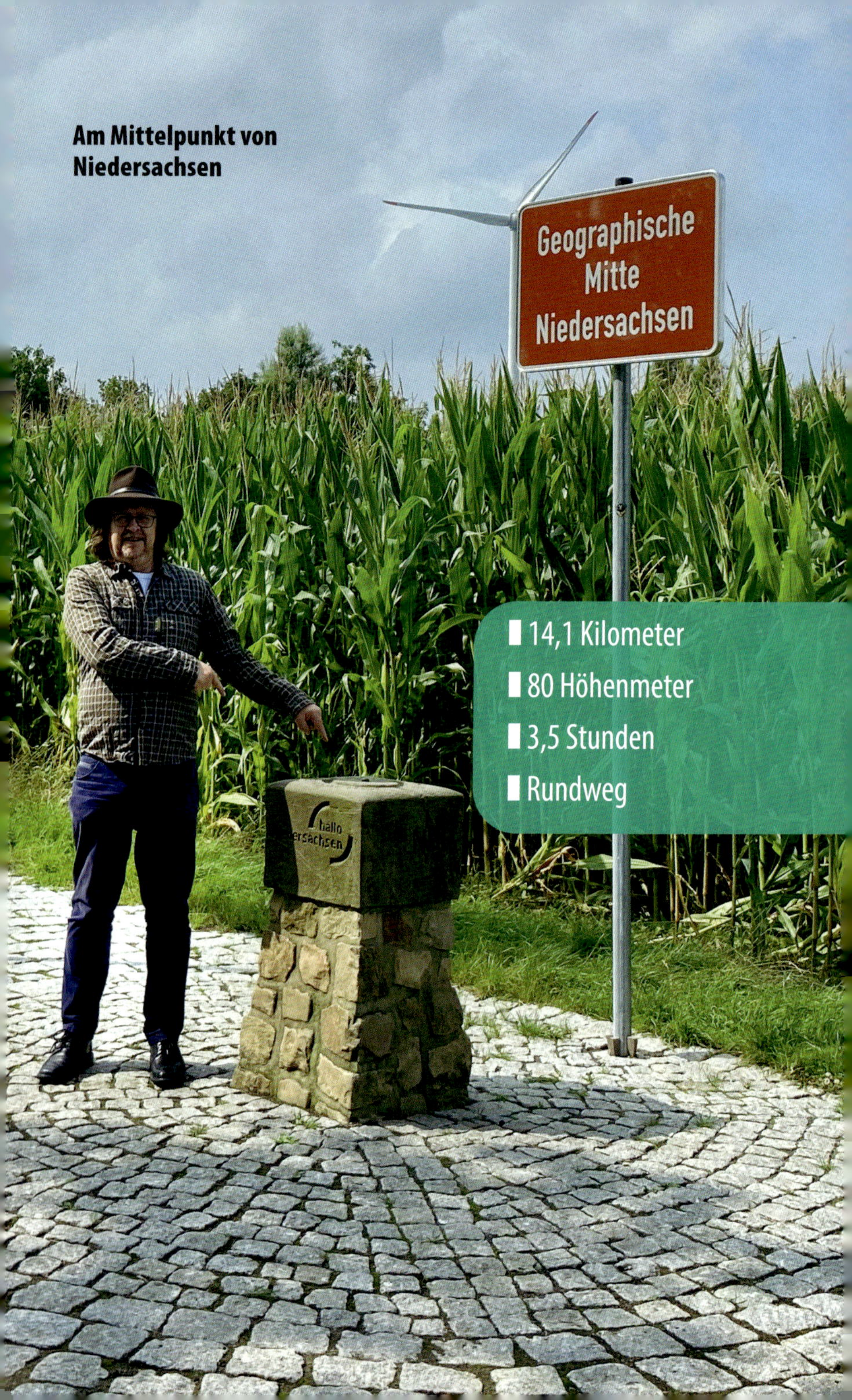

Am Mittelpunkt von Niedersachsen

- 14,1 Kilometer
- 80 Höhenmeter
- 3,5 Stunden
- Rundweg

Diese Rundwanderung führt uns zum geografischen Mittelpunkt von Niedersachsen. Das allein wäre ja schon ein Highlight. Aber ganz in der Nähe gibt es eines der besten Hofcafés der Gegend. Dort werden Tortenträume wahr. Doch alles der Reihe nach.

Ausgangspunkt unserer Rundwanderung ist der Wanderparkplatz am **Bahnhof Sellingsloh ①.** Dieser kleine, verträumte Bahnhof im Wald wird von der Museumsbahn Kaffkieker angefahren. Der Bahnhof ist nicht an den öffentlichen Nahverkehr angeschlossen. Hinter dem geräumigen Wanderparkplatz orientieren wir uns an der angebrachten Tafel über das Waldgebiet Sellingsloh und wenden uns dann nach rechts in den Wald.

Die Museumsbahn ***Kaffkieker*** *ist ein historischer Schienenbus, der im Sommer zwischen Syke und Eystrup verkehrt. Die eingesetzten Triebwagen stammen aus den Jahren 1956 und 1959. Bei geschickter Planung ist im Sommer die An- und Abreise per Museumsbahn möglich.*

Tortenträume

Die Mitte von Niedersachsen

Der Weg führt uns auf und ab auf breiten Waldwegen. So erreichen wir nach 400 Metern die **Burkhardtshöhe ②,** die höchste Erhebung im Sellingsloh. Wir verlassen hier den breiten Hauptweg und folgen dem schmalen Pfad nach rechts, der sich hin und her durch den dichten Wald schlängelt. Die höchste Erhebung von 76 Metern liegt jetzt links von uns. Weiter geht es in leicht hügeliger Landschaft. Rechts von uns wird dabei immer wieder der Blick auf die grünen Wiesen freigegeben. Inmitten dieses Grüns verläuft

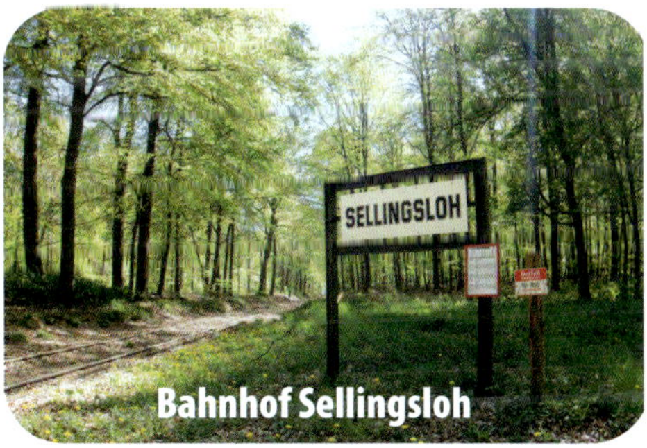

Bahnhof Sellingsloh

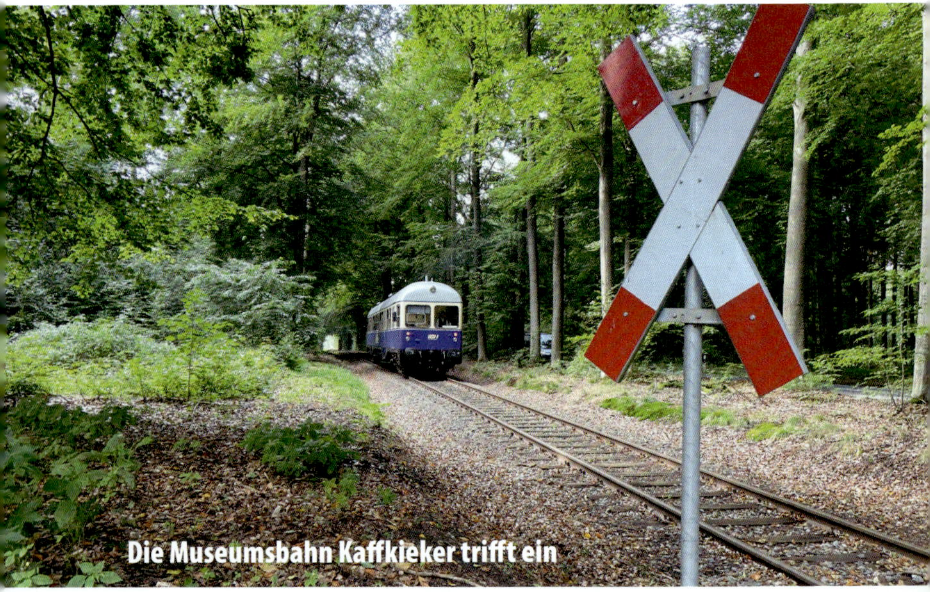

Die Museumsbahn Kaffkieker trifft ein

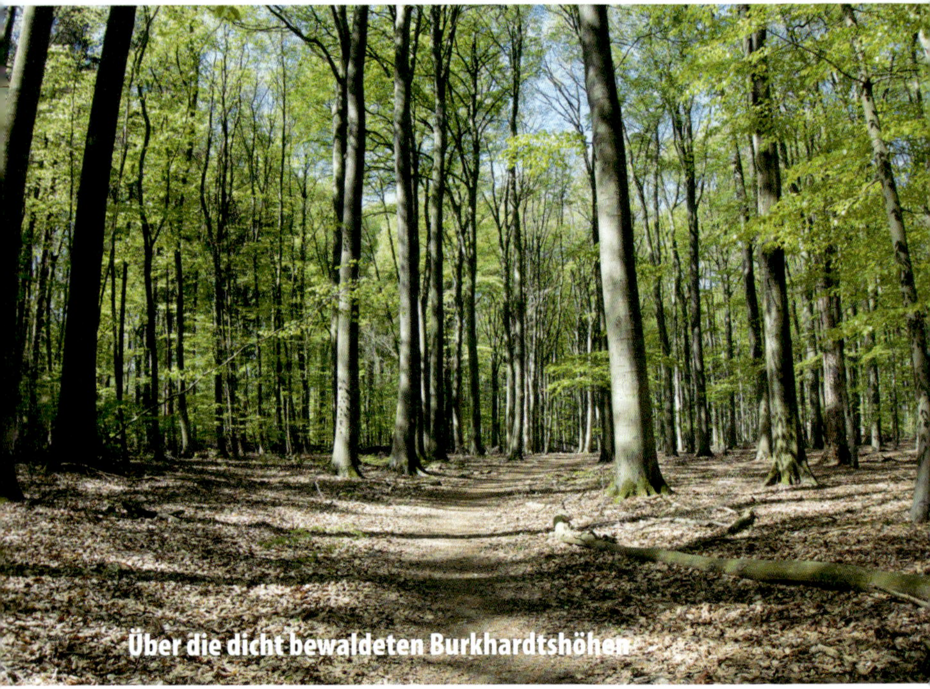

Über die dicht bewaldeten Burkhardtshöhen

auch die Strecke der Museumsbahn. Mit etwas Glück erhaschen wir einen Blick auf einen vorbeifahrenden Museumszug.

Nach etwa 400 Metern durch den Wald treffen wir auf einen Querweg, dem wir nach rechts folgen. Nach 100 Metern biegen wir jedoch gleich wieder nach links ab. Dieser Weg macht wenig später einen Linksbogen und führt weitere 600 Meter in Richtung Westen durch den Wald. So geht es immer nah am Waldrand entlang in Richtung **Gehlbergen.** An der nächsten Gabelung halten wir uns rechts und erreichen schließlich die Landstraße.

Wir überqueren die Straße und folgen dem parallel verlaufenden Fuß- und Radweg nach links. Nach

Für die Seele

Die geografische Mitte von Niedersachsen liegt bei Hoyerhagen und ist mit einem Stein und einer Flagge markiert. Ein Picknickplatz lädt dort zum Träumen ein.

600 Metern entlang der Straße zweigt ein Weg nach rechts ab, an dessen Ecke eine Bank steht. Hier verlassen wir die Landstraße und kreuzen wenig später die Bahngleise der Museumsbahn. Die Beobachtung der hier vorbeifahrenden alten Züge ist wie eine kleine Zeitreise. Wir folgen dem Weg weiter vorbei an bewirtschafteten Feldern bis zum **Hauptkanal,** der Bruchhausen-Vilsen mit Hoya verbindet und für den ordnungsgemäßen Wasserhaushalt in der Region sorgt.

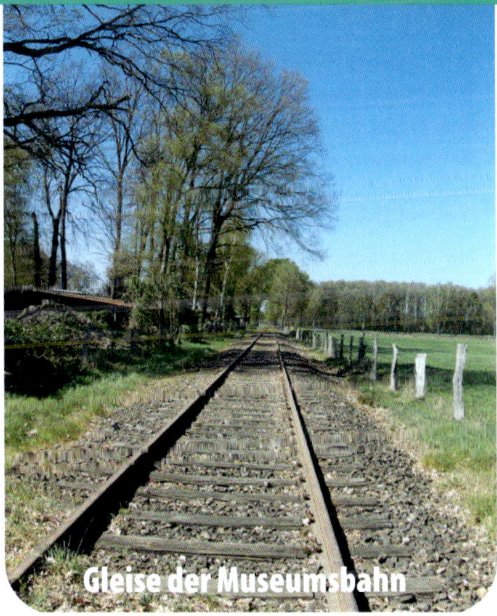

Gleise der Museumsbahn

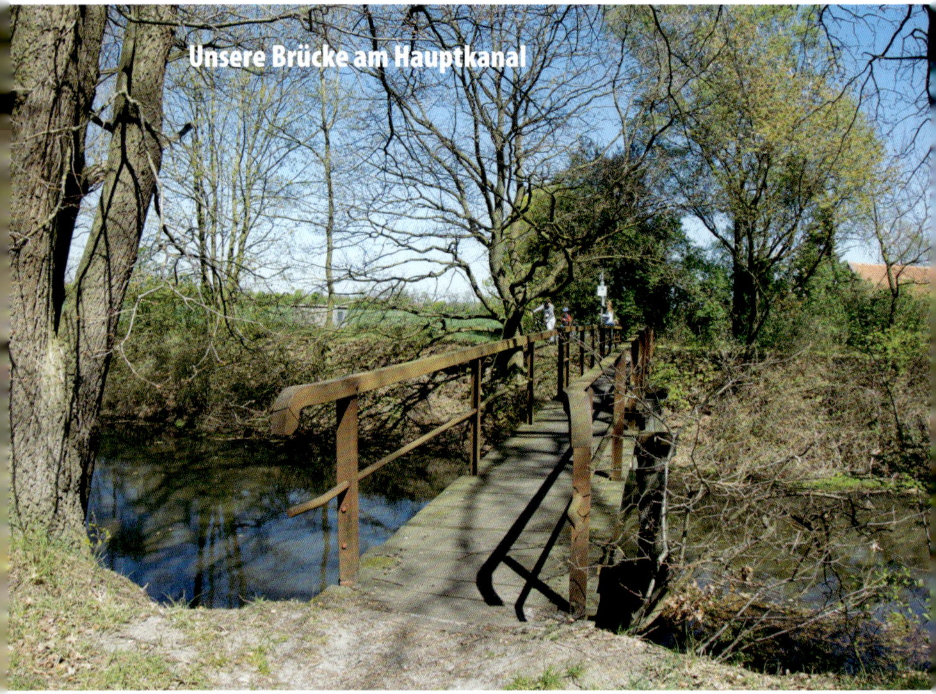

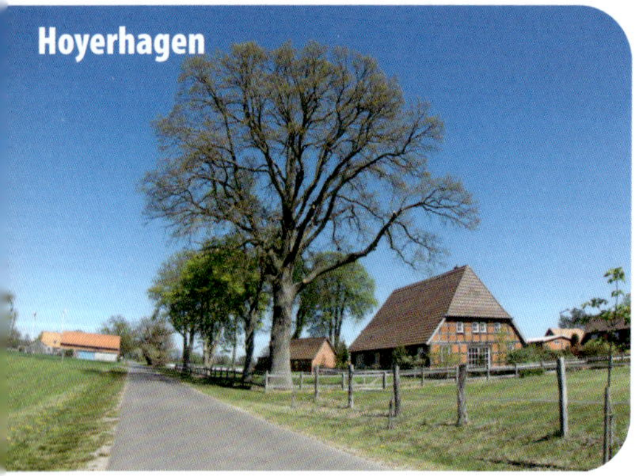

Wir überqueren den Kanal über eine **alte Brücke** ❸ mit Holzplanken. Keine Angst, die Brücke ist stabil. Unser Weg führt hinter der Brücke auf der gegenüberliegenden Seite nach rechts am Kanal entlang. Anfangs ist es noch ein asphaltierter Weg. An einer frei stehenden Scheune zweigt die Straße nach links und rechts ab, wir nehmen den Weg geradeaus an der Scheune vorbei.

Vor uns liegt nun ein schmaler Pfad. Im Gänsemarsch geht es direkt am Kanal entlang, bis wir die nächste Brücke und damit eine Straße erreichen. Unterwegs haben wir die Möglichkeit, die Vogelwelt am Wasser zu erkunden. An der nächsten Brücke verlassen wir den Kanal und folgen der Straße nach links. Wir sind auf der Straße **Rotenbrande.** An einer Weggabelung sehen wir das erste Schild, das zum geografischen Mittelpunkt von Niedersachsen weist. Es sind noch 1,4 Kilometer, vorbei an schönen, verstreut liegenden Bauernhöfen. Der Weg dorthin ist gut ausgeschildert.

Die **Geografische Mitte Niedersachsens** **4** ist bereits von Weitem zu sehen. Nach ein paar Biegungen der Straße erkennen wir schon die Flagge vor uns. Diese ist jedoch nicht immer gehisst. Aber auch ohne die Flagge kann eigentlich niemand diesen besonderen Punkt verfehlen.

*Der **Mittelpunkt** wurde von den Kartografen des Landesamts für Geoinformation und Landesvermessung Niedersachsen (LGLN) experimentell anhand einer Karte des gesamten Landesgebiets ermittelt. Im Mai 2003 wurde der Punkt unter Mitwirkung des NDR eingeweiht.*

Am geografischen Mittelpunkt sehen wir einen gravierten Stein, ein Hinweisschild sowie die Flagge und die „Zentral Bank“, gesponsert von einem bekannten Finanzunternehmen. Außerdem befindet sich dort ein schöner Findling. Gegenüber gibt es einen bequemen Rastplatz, der erst vor Kurzem renoviert wurde, und eine kleine Schutzhütte. Dieser Platz bietet sich für eine Pause an, auch wenn es nicht mehr weit ist bis zum Hofcafé in Hoyerhagen. Für kurze Zeit sollte man hier auf jeden Fall verweilen und den Geist dieses besonderen Ortes in sich aufnehmen.

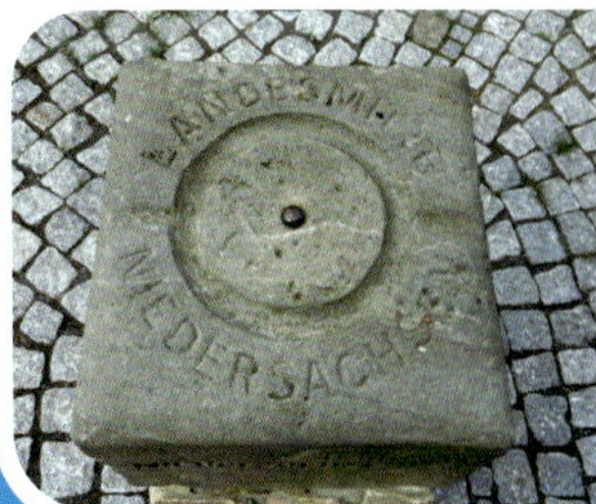

Nach dem bisherigen Verlauf der Wanderung und dem Besuch am Mittelpunkt Niedersachsens haben wir uns nun eine Stärkung verdient. Dazu geht es jetzt zum Hofcafé. Wir folgen dem Weg zurück zur Kreuzung, an der wir nun nach links abzweigen. Der befestigte Wirtschaftsweg macht nach 300 Metern einen Rechtsbogen. Nach weiteren 500 Metern erreichen wir einen quer

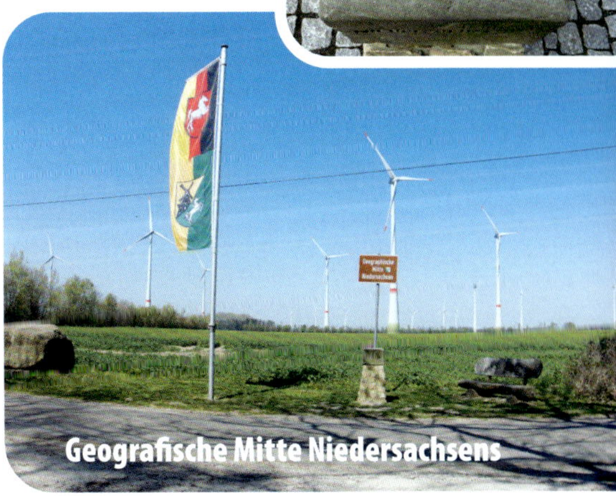

Geografische Mitte Niedersachsens

Tortenfans fühlen sich im ***Bauerngarten Hofcafé*** *in Hoyerhagen wie im Paradies. Ob Apfelkuchen, Käse-Sahne oder eine der vielen anderen süßen Spezialitäten – alle werden aus regionalen Zutaten vor Ort frisch zubereitet. Aber auch Herzhaftes ist hier im Angebot.*

verlaufenden Weg, dem wir nach links folgen. Nach 1 Kilometer sind wir mitten in **Hoyerhagen,** dem kleinen Dorf in der Mitte von Niedersachsen. An der Kreuzung in der Ortsmitte geht es schräg rechts gegenüber weiter auf der Straße **Zum Burbrink.**

Nach 300 Metern liegt das **Bauerngarten Hofcafé** 5 links von uns. Uns erwartet dort ein wunderschönes, mit vielen Details gestaltetes Hofensemble. Innen ist das Café modern eingerichtet mit kleinen Nischen unter offenem Gebälk. Im Sommer steht natürlich der große Garten im Mittelpunkt. Auf den verschiedenen Terrassen sowie überall im großen Garten verteilt gibt es versteckte Sitzplätze unter Bäumen, die zum Träumen und Genießen einladen. Jeder findet hier mit Sicherheit seinen Lieblingsplatz. Die Gastgeber und das überaus freundliche Personal verwöhnen uns mit Kaffee und Kuchen, sodass wir wieder frische Energie tanken, bevor wir aufbrechen zum Endspurt unserer Wanderung.

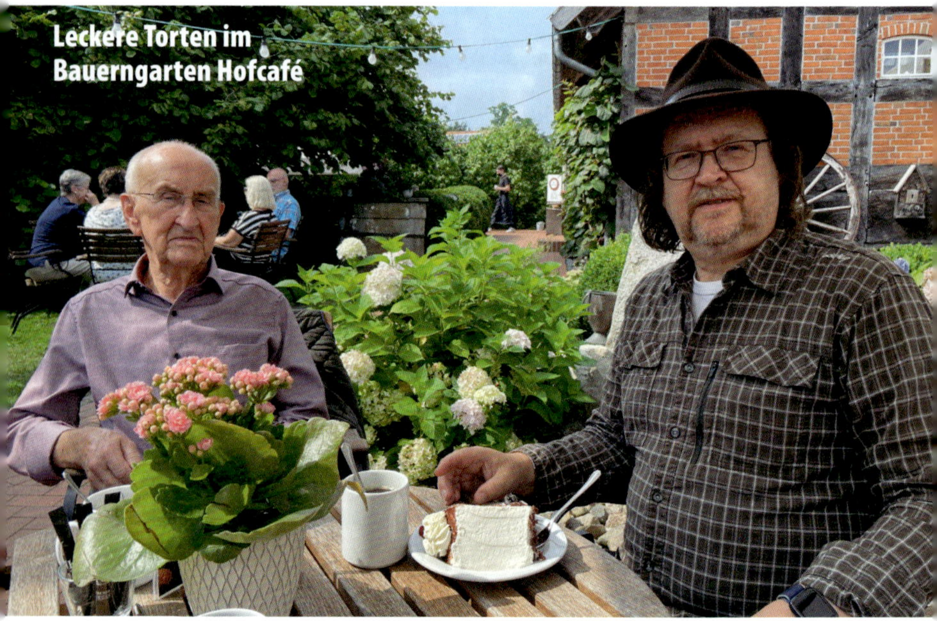
Leckere Torten im Bauerngarten Hofcafé

Highlights sind hier die leckeren, hausgemachten Torten, die nie zur Neige gehen, auch wenn noch so viele Gäste kommen. Alle sind ein echter Genuss und die Auswahl fällt schwer. Für Liebhaber von Torten ist dies ein ganz besonderer Ort. Da lohnt es sich, die Wanderung öfter zu machen.

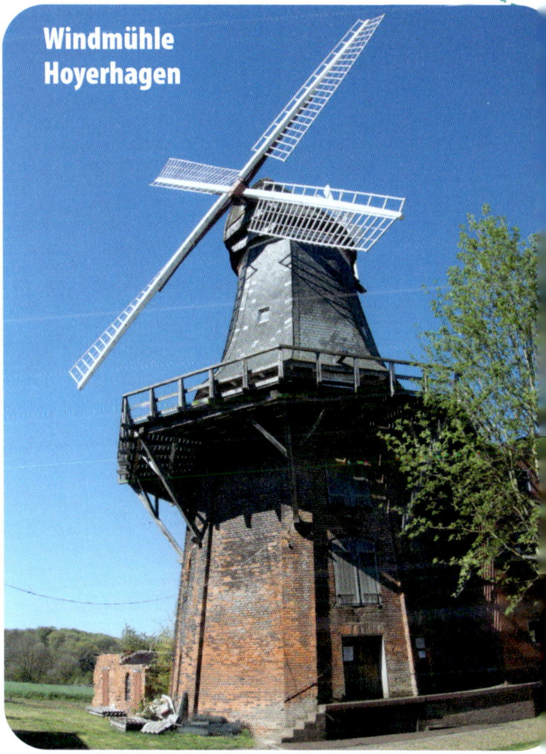

Windmühle Hoyerhagen

Wer mag, kann hier auch übernachten. Die Familie stellt auf ihrem Hofensemble ein Ferienhaus und ein Apartment zur Vermietung bereit. Dann kann diese Wanderung natürlich auch direkt vom Hof aus starten.

Hier fällt es schwer, sich von dem schönen Platz zu trennen. Doch ein letzter Höhepunkt dieser Wanderung wartet noch auf uns. Also verlassen wir schweren Herzens den idyllischen Bauerngarten und folgen der Straße geradeaus aus dem Ort heraus. Nach 400 Metern kommen wir an eine Kreuzung, an der wir uns rechts halten. Zwischen zwei Höfen hindurch führt die Straße in einem großen Linksbogen zur Straße **Am Moorgraben.** Dort halten wir uns rechts und sehen links von uns bereits die nahe Windmühle. An der Dorfstraße angelangt, wenden wir uns erneut nach links und kurz darauf taucht links der Zugang zur

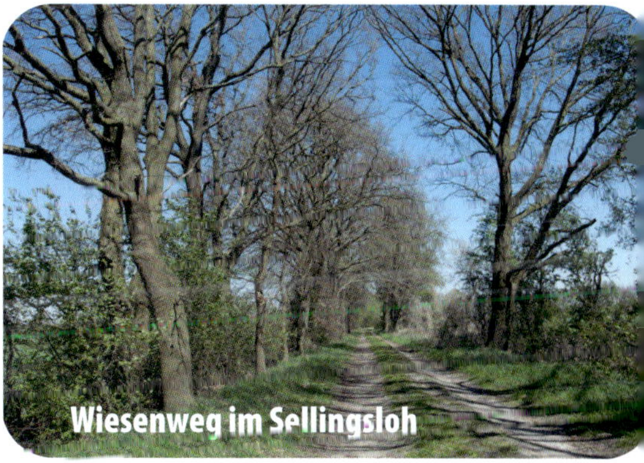

Wiesenweg im Sellingsloh

Bei der **Windmühle** in Hoyerhagen handelt es sich um eine dreigeschossige Galerie-Holländer-Windmühle aus dem Jahr 1866. Sie wurde 1983 restauriert. Die ursprünglich installierte Technik ist jedoch nur noch zum Teil vorhanden.

Windmühle Hoyerhagen 6 auf, der wir einen Besuch abstatten wollen.

Nach diesem Stopp an der Windmühle geht es zurück auf die Dorfstraße, der wir weiter nach links folgen. Hinter dem Hauptkanal, den wir ja bereits kennen, wenden wir uns nach rechts. Der Weg verläuft vorbei an Wiesen und Feldern. Zwischendurch geht es teilweise durch kleine Waldabschnitte, die bereits zum nahen Sellingsloh gehören.

Wir bleiben auf diesem abwechslungsreichen Weg, bis wir die Hauptstraße erreichen. Gegenüber der Straße sehen wir bereits das Schild des Bahnhofs Sellingsloh. Dahinter liegt der Parkplatz, an dem wir unsere Rundwanderung begonnen haben.

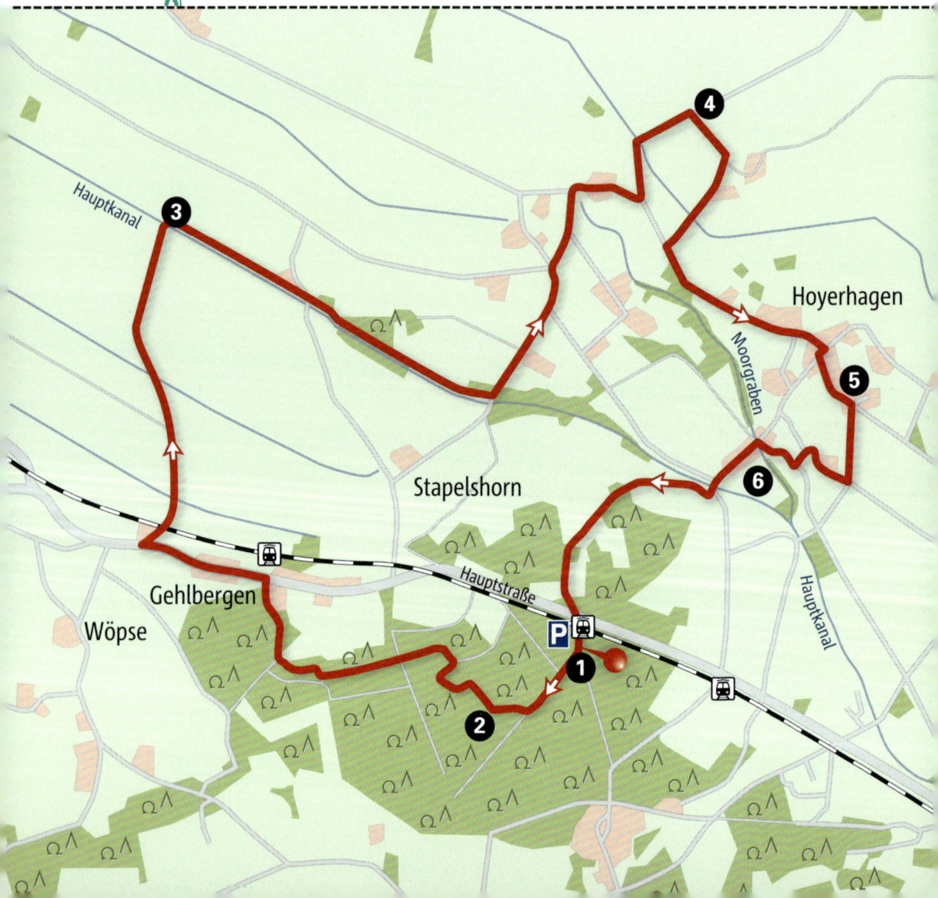

Alles auf einen Blick

WIE & WANN:
Wald- und Feldwege, kurze Abschnitte auf Asphalt; ganzjährig begehbar, für einen Besuch im Bauerngarten am besten einen Sonntag wählen, beste Wanderzeit: April bis Oktober

HIN & WEG:
Auto: Wanderparkplatz Bahnhof Sellingsloh an der L 330, 27318 Hoyerhagen (GPS: 52.816775, 9.066839)
ÖPNV: keine direkte Anbindung an die Strecke

ESSEN & ENTSPANNEN:
Bauerngarten Hofcafé ❺ Zum Burbrink 3, 27318 Hoyerhagen, Tel. (0 42 51) 6 73 49 00, www.bauerngarten-hoyerhagen.de

Entspannung ★★★★☆
Genuss ★★★★★
Romantik ★★★☆☆

ENTDECKEN & ERLEBEN:
Bahnhof Sellingsloh ❶ Museumsbahn Kaffkieker, Tel. (0 42 51) 9 35 50, www.vgh-hoya.de/bahn/kaffkieker.html
Burkhardtshöhe ❷
Holzbrücke am Kanal ❸
Geografischer Mittelpunkt Niedersachsens ❹
Windmühle Hoyerhagen ❻

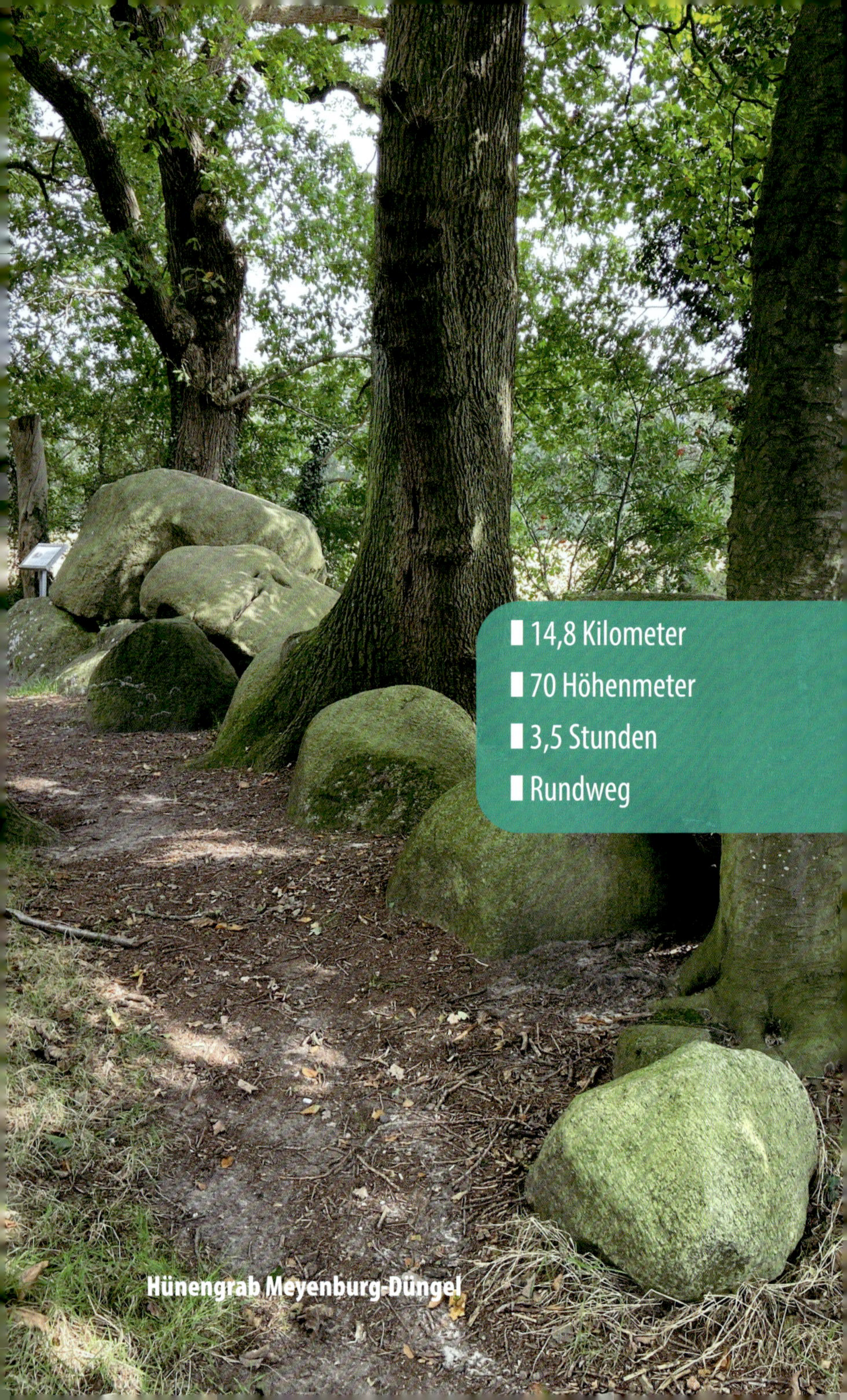

- 14,8 Kilometer
- 70 Höhenmeter
- 3,5 Stunden
- Rundweg

Hünengrab Meyenburg-Düngel

Nördlich von Bremen liegt bei Schwanewede das malerische Dorf **Meyenburg.** Das Geestdorf mit seiner kopfsteingepflasterten Dorfstraße und seinen reetgedeckten Häusern lädt zu einer Zeitreise ein. Der Name des Ortes kommt von dem alten Rittergut am Nordende des Dorfes. Aber auch die alte Wassermühle am Mühlenteich zeugt von bedeutender wirtschaftlicher Vergangenheit.

Neben einem Bummel durch das alte Dorf erwarten uns unterwegs mehrere Steingräber, die wir besuchen werden. Der Weg verläuft weitgehend durch dichten Wald, wobei wir immer wieder Plätze ansteuern, an denen wir die Aussicht über die weite Geestlandschaft genießen können.

*Die ursprüngliche **Wassermühle** wurde bereits Anfang des 14. Jahrhunderts erbaut. 1856 wurde das alte Mühlengebäude abgerissen und durch ein neues ersetzt. Bis 1970 wurde in der Meyenburger Wassermühle noch gemahlen, dann gab der letzte Müller den Betrieb auf.*

Spuren der Vorzeit

Die Hünengräber bei Meyenburg

Wir starten unsere Rundwanderung mitten in Meyenburg an der **Wassermühle 1.** Zwischen der alten Mühle, die noch funktionstüchtig ist, und dem Café gibt es einen kleinen Parkplatz. Am Ende der Wanderung können wir dann im Café am Mühlenteich den leckeren Kuchen genießen.

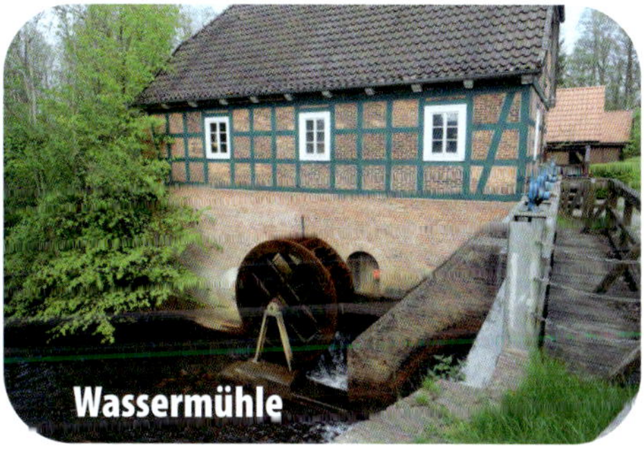
Wassermühle

Vom Parkplatz aus folgen wir anfangs der Straße **Mühlendamm** am Mühlenteich entlang nach Süden. Es geht vorbei an einem großen Mühlstein und der alten Wassermühle. Beim Anblick des sich drehenden Mühlrads tanken wir Kraft und

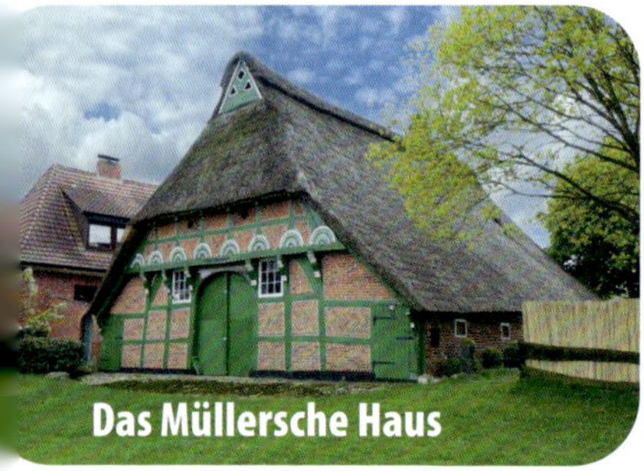
Das Müllersche Haus

denken an vergangene Zeiten. An den ersten Höfen angelangt, wenden wir uns bei der ersten Möglichkeit nach rechts. Über Vor den Höfen erreichen wir die Straße Butendoor. Auf der linken Seite sehen wir wenig später das **Müllersche Haus ②.** Es ist bereits über 300 Jahre alt und an seinem Giebel reich verziert.

An der von links kommenden Hauptstraße angelangt, sehen wir rechts von uns einen Bücherschrank. Hier können wir nach interessanter Lektüre stöbern. Geradeaus erreichen wir den **Meyenburger Damm.** Links und rechts des Weges liegen viele schöne, reetgedeckte, alte Bauernhäuser. Wenn wir nicht aufpassen, schaffen wir heute nur eine Dorfwanderung, was aber auch nicht schlimm wäre.

Wir erreichen die **Kirche St. Luciae ③,** die ursprünglich im Jahr 1415 erbaut wurde. Der heutige Kirchturm wurde 1752 errichtet und das Kirchenschiff 1857. Eine der beiden Glocken stammt tatsächlich noch aus dem Jahre 1512. Ein Besuch der Kirche lohnt damit auf jeden Fall.

Hinter der Kirche erreichen wir das **Meyenburger Melkhus ④.** Für eine Rast ist es eigentlich noch zu früh. Aber wir haben die Möglichkeit, uns hier zu stärken

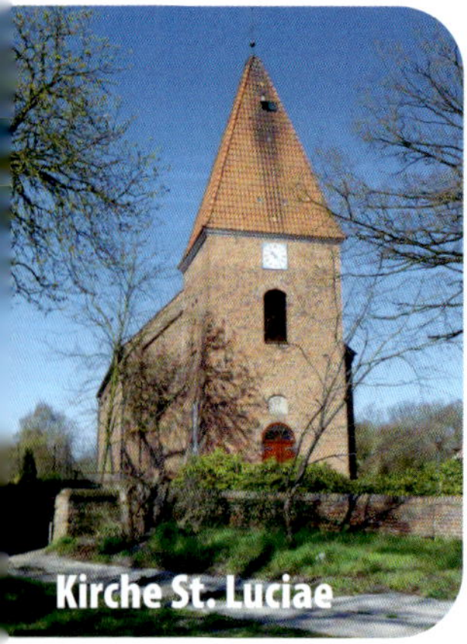
Kirche St. Luciae

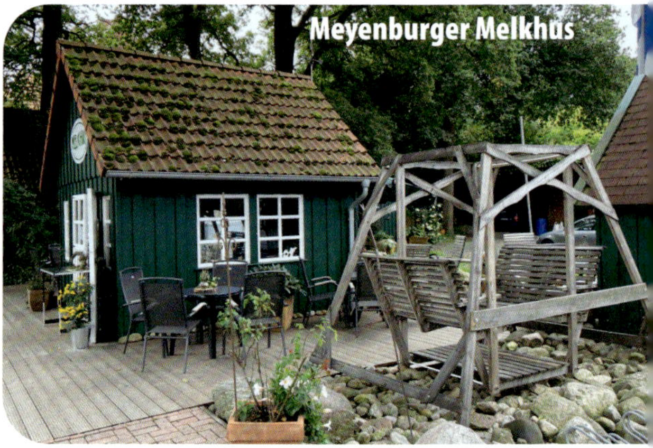
Meyenburger Melkhus

oder unseren Proviant aufzufüllen. Dann geht es weiter entlang der nostalgischen, kopfsteingepflasterten Straße, vorbei an vielen schönen, alten Bauernhäusern. Die Straße biegt schließlich nach rechts ab. Vor uns liegt die Einfahrt zum alten **Rittergut Meyenburg 5.** Eine Besichtigung ist leider nicht möglich. Von außen können wir jedoch einige Blicke auf Burg und Garten erhaschen.

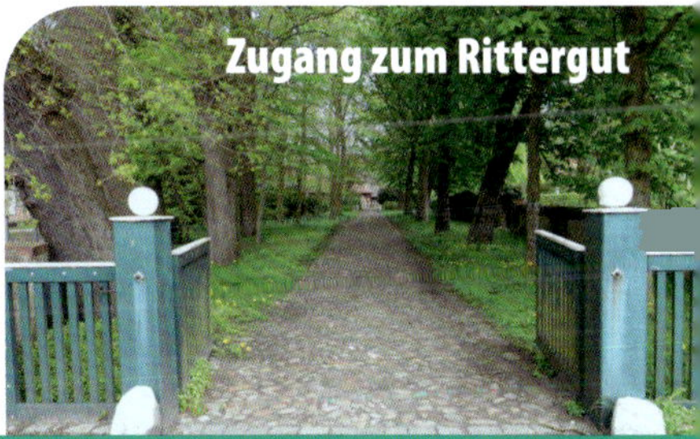

Zugang zum Rittergut

Vorbei am Rittergut folgen wir der **Uthleder Straße** nach rechts bis zur ersten Abzweigung, hier biegen wir erneut nach rechts ab. Die kleine Nebenstraße An der Zehntscheune verläuft entlang einer Siedlung. Nach einer Biegung zeigt ein Schild

Für die Seele

Rund um Meyenburg gibt es noch sechs Hünengräber aus der Jungsteinzeit. Wir besichtigen drei davon auf unserer Zeitreise durch den Düngel bei Meyenburg.

nach rechts zur Wassermühle. Wer also nur einen Rundgang durch das Dorf machen möchte, kann hier nach rechts abbiegen und die Tour im Café am Mühlenteich bei Kaffee und Kuchen ausklingen lassen.

Ansonsten geht es weiter der Straße **Mühlendamm** nach links folgend, immer am Rande der Siedlung entlang. Rechts von uns Weiden und ein weiter Blick über die leicht hügelige Geest. Vorbei an einer Infotafel mit Rastplatz verlassen wir das Dorf. Sobald die Straße nach links abbiegt, folgen wir dem sandigen Weg geradeaus in den Wald hinein. Wir sind jetzt auf dem **Seedorfer Weg.**

*Das alte **Rittergut** war ursprünglich eine Wasserburg aus dem 14. Jahrhundert, erbaut auf Eichenpfählen mitten im Moor. Das Gut ist immer noch im Besitz der Gründerfamilie von Wersebe und wird noch heute landwirtschaftlich genutzt.*

Immer wieder lichtet sich der Wald, dann stehen die Bäume wieder dichter. Hinter einer kleinen

Lichtung weist ein verwittertes Schild nach links zu einem alten **Soldatenfriedhof.** Dort sind russische und serbische Gefallene aus dem Ersten Weltkrieg bestattet. Wer möchte, macht einen Abstecher zum kleinen Friedhof.

Wir folgen weiter dem breiten Waldweg bis zu einer Wegkreuzung, an der der breite Weg endet. Hier folgen wir dem schmalen Waldweg geradeaus. Dieser bringt uns zu einer befestigten Straße, in die wir nach rechts abbiegen. Sie führt uns zur nahen Autobahn, welche wir auf einer Brücke überqueren. Auf der anderen Seite erreichen wir wenig später den **Steilen-Hof.** Der Wanderweg führt mitten über den einsam gelegenen Hof.

Hinter dem Hof geht es anfangs wieder durch Wald, bis dieser sich nach links öffnet. Nach einer Linkskurve wartet auf der rechten Seite ein **Picknickplatz 6** mit Sitzgruppe und Tisch. Bei dem mitgebrachten Proviant genießen wir die Aussicht und lassen es uns gutgehen.

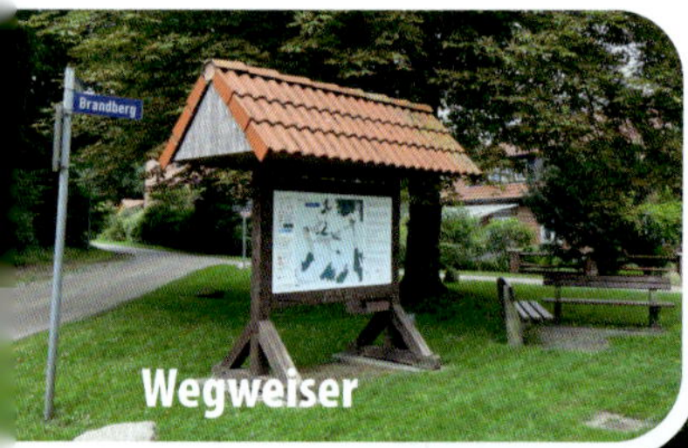

Wegweiser

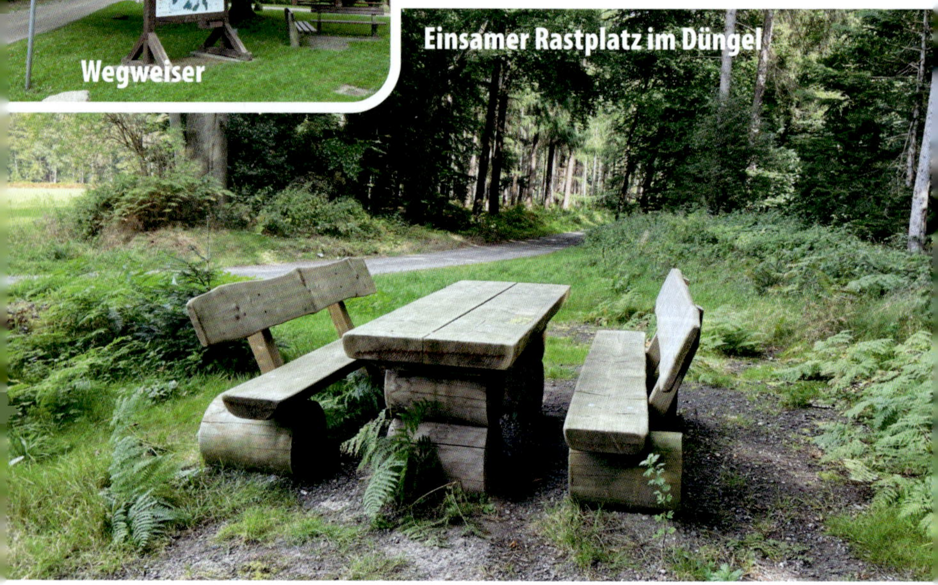
Einsamer Rastplatz im Düngel

Weiter geht es durch Wald und Flur bis nach **Lehnstedt.** Kurz vor dem Dorf liegt auf der linken Seite eine weitere Sitzgruppe mit Tisch, für den Fall, dass die andere Bank belegt ist, können wir hier Platz nehmen. In Lehnstedt halten wir uns zunächst links: vor uns ein kleiner Parkplatz, dahinter eine Wiese. Mitten auf dieser Wiese steht unter Lindenbäumen das **Hünengrab Lehnstedt ❼.**

__Hünengrab__ ist die volkstümliche Bezeichnung für die Großsteingräber der Steinzeit bestehend aus Findlingen. Der Begriff kommt aus dem Niederdeutschen und bedeutet Riese. Rund um Bremen gibt es viele dieser Zeitzeugen.

Nach dem Besuch des Steingrabs verlassen wir Lehnstedt in südöstlicher Richtung auf der Straße **Am Steingrab.** Nach 800 Metern liegt rechts inmitten der Felder ein weiteres Steingrab. Ein grasbewachsener Weg führt zum **Hünengrab Braakheide ❽.** Es maß ursprünglich 6,5 Meter in der Länge, heute müssen wir es in unserer Fantasie ergänzen. Die Sitzgruppe davor lädt uns zu einer Rast ein, bevor wir unser nächstes Etappenziel ansteuern.

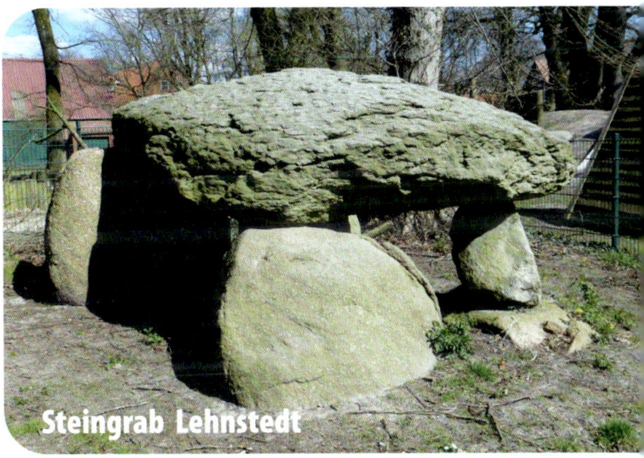
Steingrab Lehnstedt

Zurück auf der Heiner Straße folgen wir dieser weiter. Sie macht einen Linksbogen und wir erreichen schließlich Heine. Im Dorf wenden wir uns auf der Hagener Straße nach rechts und erreichen am Ende des Dorfes **Tanjas Melkhus ❾.** Neben den üblichen Melkhus-Produkten gibt es hier auch hausgemachtes Speiseeis. Dieses kann sowohl vor Ort genossen als auch mitgenommen werden. Wir genießen hier eine Auszeit bei Tanja und lassen uns von ihren Eiskreationen inspirieren.

In den niedersächsischen __Melkhüs__ laden die Landfrauen zu einer Rast ein. Sie bieten lokale Milchprodukte, aber vielfach auch Kaffee und Kuchen an. Tanja Kühne produziert Bauernhofeis in verschiedenen Geschmacksrichtungen und verkauft es direkt im Melkhus.

Nach einer ausgiebigen Pause geht es weiter. Wir folgen der **Hagener Straße** geradeaus aus dem Dorf heraus, vorbei an Feldern und Weiden zum vor uns liegenden Wald. Auf einem breiten Waldweg geht es

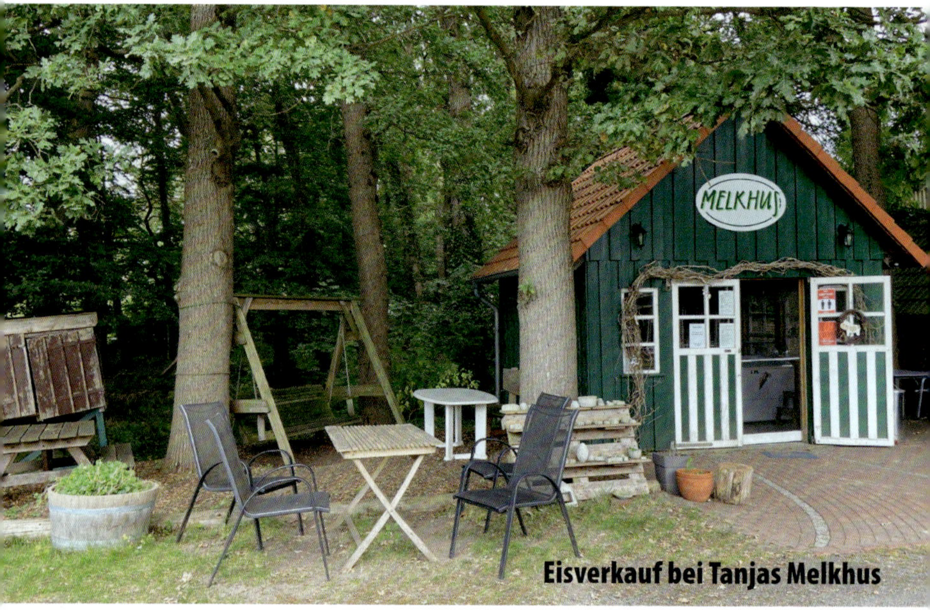

Eisverkauf bei Tanjas Melkhus

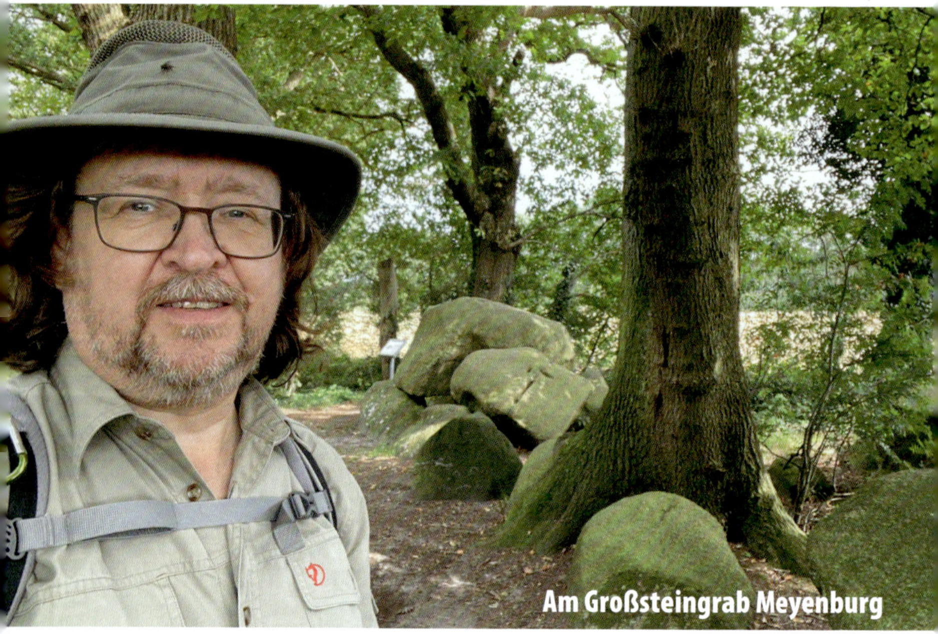
Am Großsteingrab Meyenburg

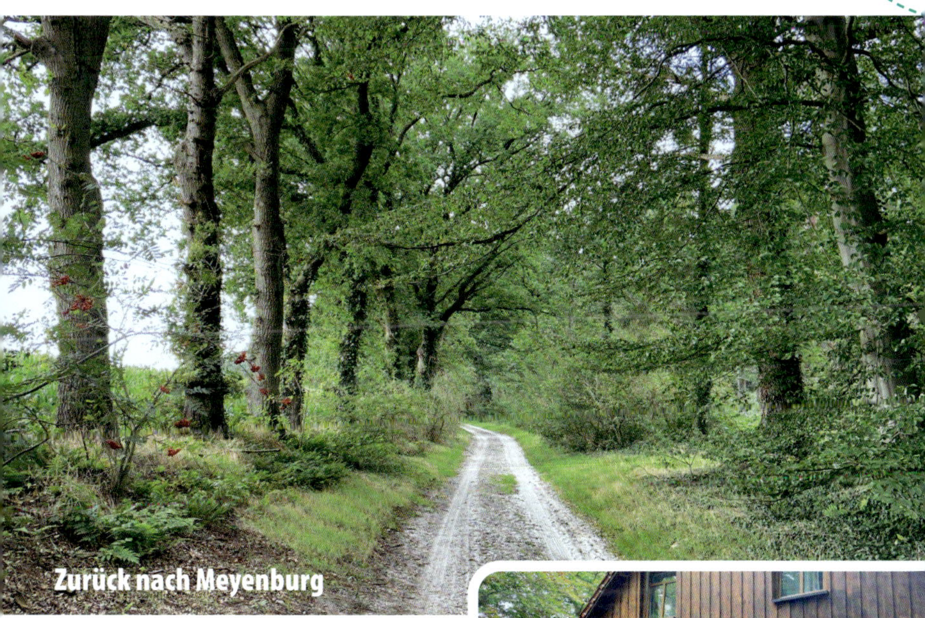

Zurück nach Meyenburg

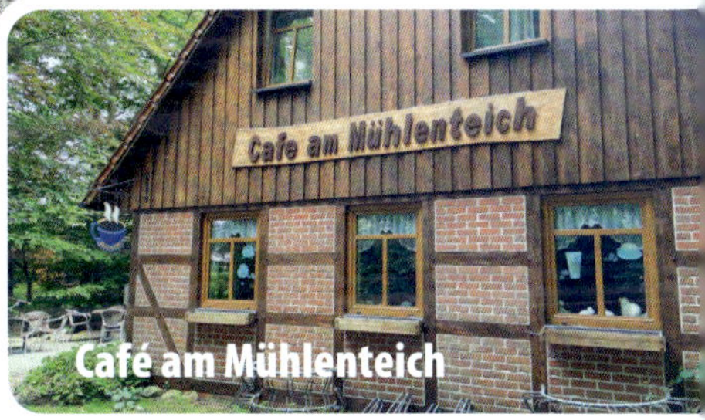

Café am Mühlenteich

durch Wald und Flur bis zur Meyenburger Straße. Wir wenden uns dort nach links und folgen der befestigten Straße durch den **Düngel**, so der Name dieses Waldes.

Vorbei am **Forsthaus Düngel ⑩** erreichen wir erneut die Autobahn, welche wir auch hier über eine Brücke überqueren. Kurz vor der Autobahn sehen wir bereits ein Hinweisschild zum Mühlencafé, an dem wir gestartet sind. Wir nähern uns also langsam dem Ende unserer Wanderung.

Vorher besuchen wir aber noch ein weiteres Highlight, nämlich ein besonders schönes Steingrab. Etwa 100 Meter hinter der Autobahn verlassen wir die Straße und folgen dem sandigen Waldweg halbrechts in den Wald hinein. Dieser bringt uns direkt zum **Hünengrab Meyenburg-Düngel ⑪.** Die Anlage besteht aus 21 Findlingen und ist 11 Meter lang. Eine Bank lädt auch hier zum Verweilen ein. Ein schöner Platz, um ein letztes Mal Energie zu tanken und den Blick über die Landschaft schweifen zu lassen.

Irgendwann müssen wir uns von diesem schönen Ort trennen und folgen ein letztes Mal dem Waldweg, bis nach 300 Metern ein Weg nach links in die Felder abzweigt. Dieser bringt uns nach **Brakland,** einem Ortsteil von Meyenburg. Vorbei an einer Mischung aus Wohnhäusern und alten Bauernhöfen folgen wir der Straße, welche schließlich den Meyenburger Mühlengraben überquert. Später zweigt der **Mühlendamm** nach rechts ab und bringt uns zurück zum Ausgangspunkt, dem Parkplatz an der Wassermühle. Als Abschluss unserer Wanderung belohnen wir uns nun mit Kaffee und Kuchen im **Café am Mühlenteich ⑫.**

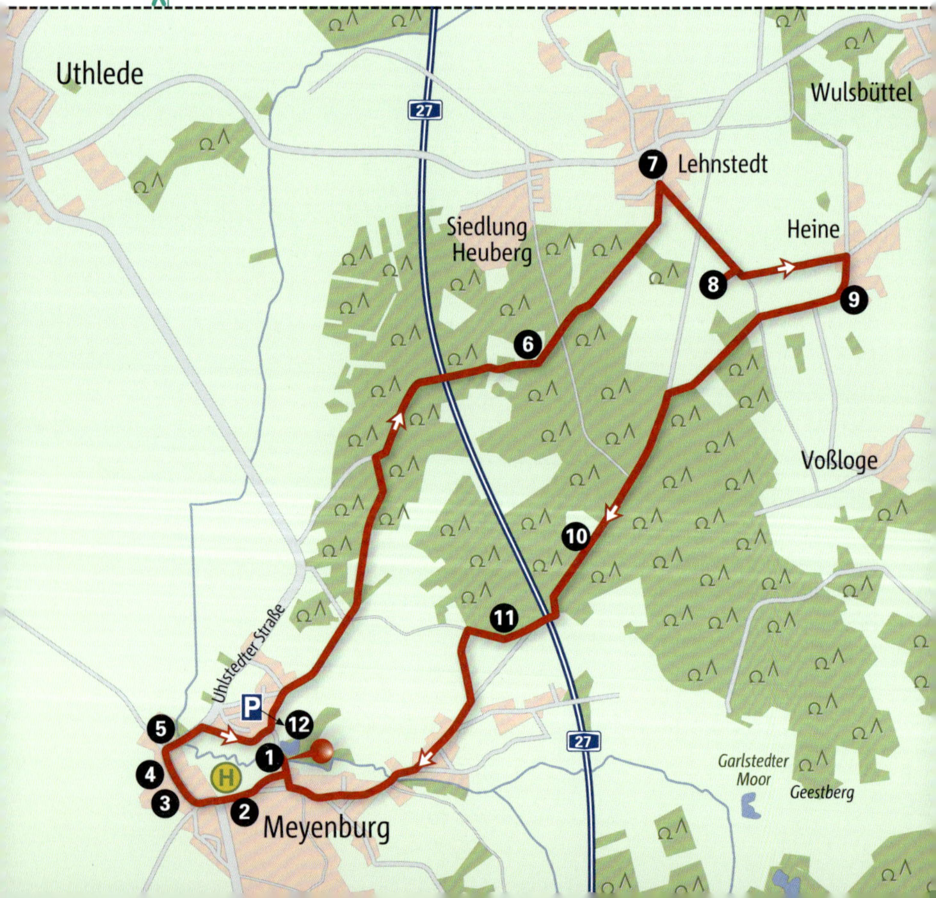

Alles auf einen Blick

WIE & WANN:
Wald- und Feldwege, Kopfsteinpflaster in Meyenburg; ganzjährig begehbar, beste Wanderzeit: April bis Oktober

HIN & WEG:
Auto: Café am Mühlenteich, Mühlendamm 4B, 28790 Schwanewede (GPS: 53.275284, 8.604750)
ÖPNV: Buslinie 644 oder 677, Haltestelle Meyenburg (Schwanewede)

ESSEN & ENTSPANNEN:
Meyenburger Melkhus ❹ Meyenburger Damm 13, 28790 Schwanewede, Tel. (0 42 09) 15 69
Tanjas Melkhus ❾ Hagener Straße 1, 27628 Wulsbüttel-Heine, Tel. (0 47 95) 95 45 14, www.tanjas-bauernhofeis.de

Entspannung ✱✱✱✱✱
Genuss ✱✱✱✱✱
Romantik ✱✱✱✱✱

Café am Mühlenteich ⓬ Mühlendamm 4B, 28790 Schwanewede, Tel. (0 42 09) 9 31 41 14, www.muehlenteich.net

ENTDECKEN & ERLEBEN:
Wassermühle Meyenburg ❶
Müllersches Haus ❷
Kirche St. Luciae ❸
Rittergut Meyenburg ❺
Picknickplatz ❻
Hünengrab Lehnstedt ❼
Hünengrab Braakheide ❽
Forsthaus Düngel ❿
Hünengrab Meyenburg-Düngel ⓫

Der Barkenhof

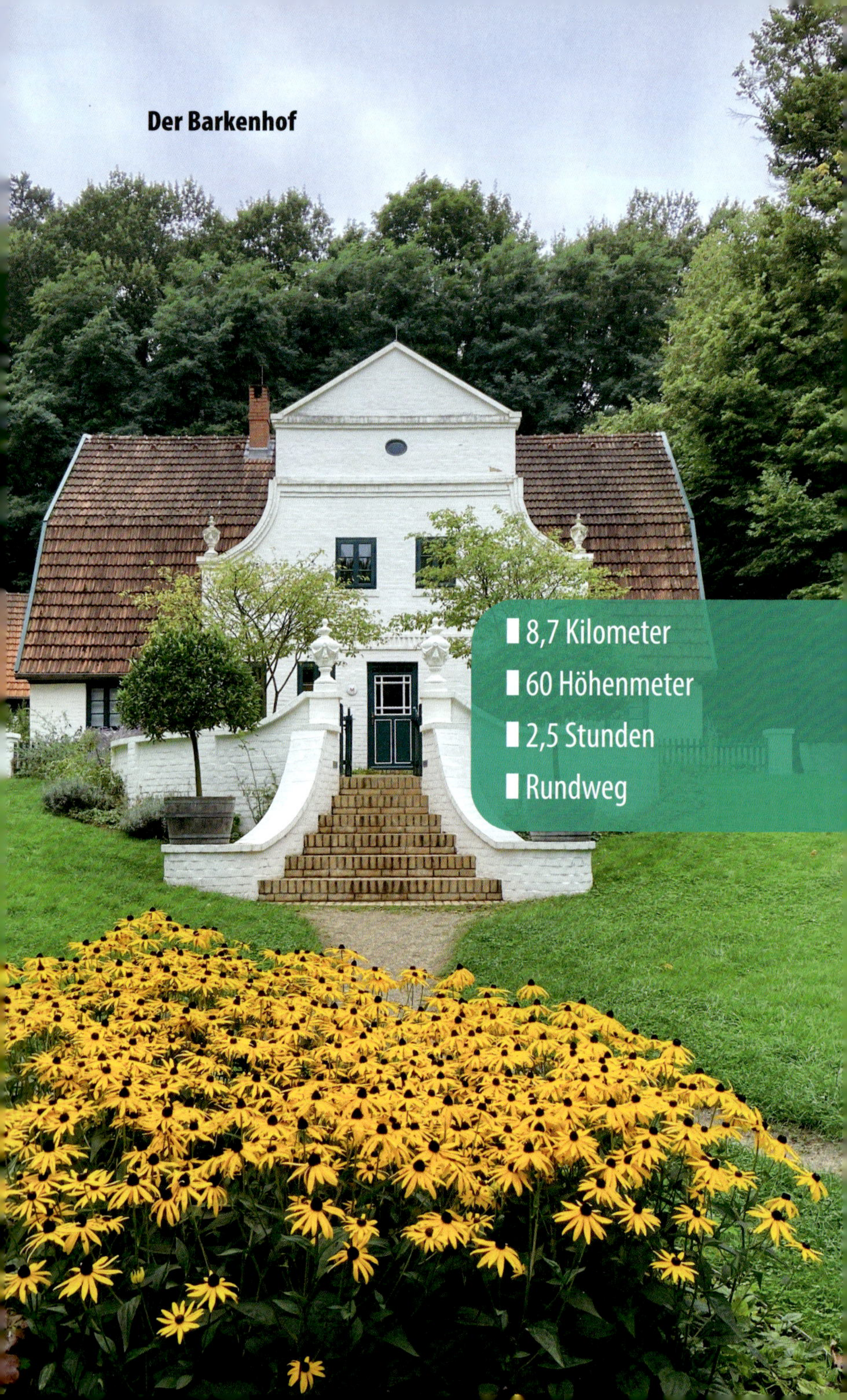

- 8,7 Kilometer
- 60 Höhenmeter
- 2,5 Stunden
- Rundweg

Bei dieser Wanderung dreht sich alles um Kunst und Kunsthandwerk, das in Worpswede eine lange Tradition hat. Davon zeugen heute noch seine vielen Galerien, Museen und Kunstwerke im öffentlichen Raum, die wir im gesamten Ort antreffen. Worpswede ist eigentlich ein Gesamtkunstwerk. Viele bekannte Künstlerinnen und Künstler haben hier gewirkt. Das sieht man an jeder Ecke. Diese Wanderung lässt sich also beliebig variieren, verlängern oder auch verkürzen.

Unsere kleine Rundwanderung durch den Ort beginnt am großen Parkplatz an der **Bergstraße.** Wie alle Parkplätze am Ort ist er gebührenpflichtig. Ganz in der Nähe liegt auch eine Bushaltestelle, Worpswede ist von Bremen aus bequem per Bus erreichbar.

Das Künstlerdorf

Rund um Worpswede

Vom Parkplatz aus wenden wir uns gen Süden, vorbei am „Lachenden Buddha", einer Bronzefigur von Bernhard Hoetger, zur **Großen Kunstschau** und dem angrenzenden **Kaffee Worpswede 1.** Für einen Besuch im Café ist es wohl noch zu früh. Aber wie wäre es mit einem Besuch nach der Wanderung, als Belohnung zum Abschluss?

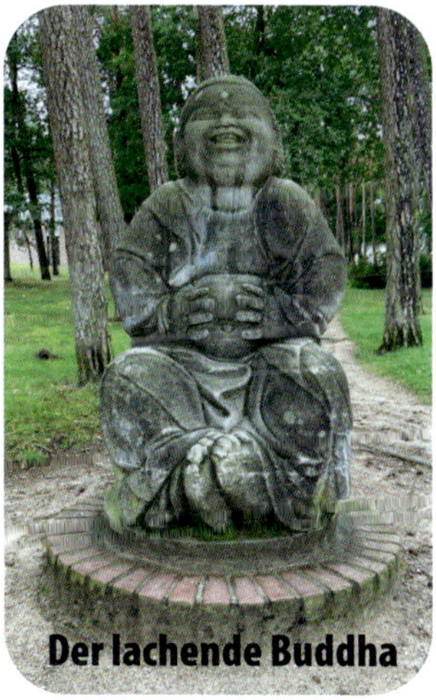
Der lachende Buddha

Doch zunächst halten wir uns, vorbei an verschiedenen Skulpturen, links auf dem Weg zwischen den beiden Gebäuden. Hinter dem Café treffen wir auf eine schöne Büste, ebenfalls gestaltet von Bernhard Hoetger. Im angrenzenden Park halten wir uns rechts und folgen dem Weg durch den kleinen Wald.

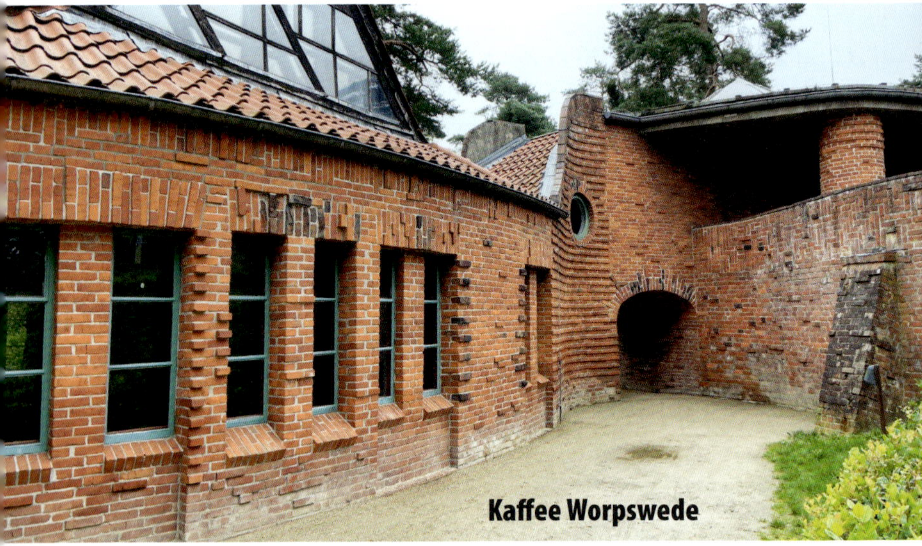

Kaffee Worpswede

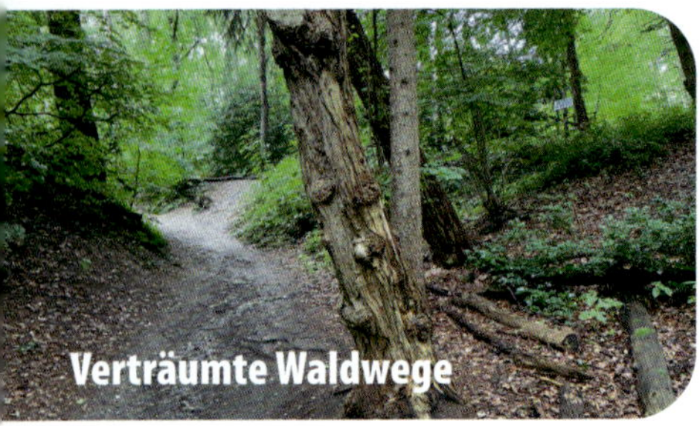

Verträumte Waldwege

Nach 200 Metern sehen wir auf der rechten Seite ein skurriles Gebäude, das einer **Käseglocke** ❷ ähnelt. Das ist auch der Name dieses 1926 vom Schriftsteller Edwin Koenemann erbauten Wohnhauses. Heute ist die Käseglocke ein Museum und kann besichtigt werden. Nach dem Besuch geht es weiter auf unserem Weg durch den kleinen Wald immer in Richtung Süden, bis zum berühmten **Barkenhoff** ❸, dem ehemaligen Wohnhaus von Heinrich Vogeler. Das Wohngebäude mit seiner Freitreppe in den Garten ist ein beliebtes Fotomotiv. Aber auch der Besuch im angrenzenden Heinrich-Vogeler-Museum ist lohnenswert.

Für uns geht es jetzt wieder zurück durch den Wald in Richtung Norden. Der Weg führt vorbei am kleinen Parkplatz, nach gut 100 Metern halten wir uns an einer Wegkreuzung links. An den nächsten Abzweigungen wählen wir immer den rechten Weg, bis wir, vorbei an einem einsamen Tisch mit Bank, zum

Johann Heinrich Vogeler *(1872–1942) war ein vielseitig begabter Künstler und wurde vor allem durch seine Werke aus der Jugendstilzeit bekannt. Er gehörte zur ersten Künstlergeneration in Worpswede und führte den Barkenhoff als sozialistische Künstlerkommune.*

Roseliusstein ④ kommen. Der mächtige Kalkstein wurde zu Ehren von Ludwig Roselius errichtet, der ein großer Mäzen der Worpsweder Kunstszene war.

Vorbei am Roseliusstein wird der Weg schmaler und endet schließlich an der **Marcusheide.** Dahinter geht es vorbei an einem Spielplatz zur Hembergstraße, welche wir überqueren. Auf der gegenüberliegenden Seite folgen wir der Straße **Im Schlat.** Die Straße führt in großem Bogen hinüber zur Findorffstraße. Etwa auf halber Strecke machen wir einen Besuch in einem Museum am Wegesrand. Im **Haus im Schluh** ⑤ sind wir wieder auf den Spuren von Heinrich Vogeler und seiner Frau Martha. Unter anderem können wir Martha Vogelers Wohnhaus und ein Webereihaus besichtigen.

Der Bremer ***Ludwig Roselius*** *(1874–1943) war Gründer von Kaffee HAG und Mitentwickler des ersten koffeinfreien Kaffees. Als großer Kunstmäzen unterstützte er in Worpswede unter anderem Bernhard Hoetger beim Bau der Großen Kunstschau und dem Niedersachsenstein.*

Für die Seele

Mitten im Teufelsmoor liegt das alte Künstlerdorf Worpswede. Wir wandern quasi durch ein bewohntes Freilichtmuseum mit viel Kunst und schönen Cafés.

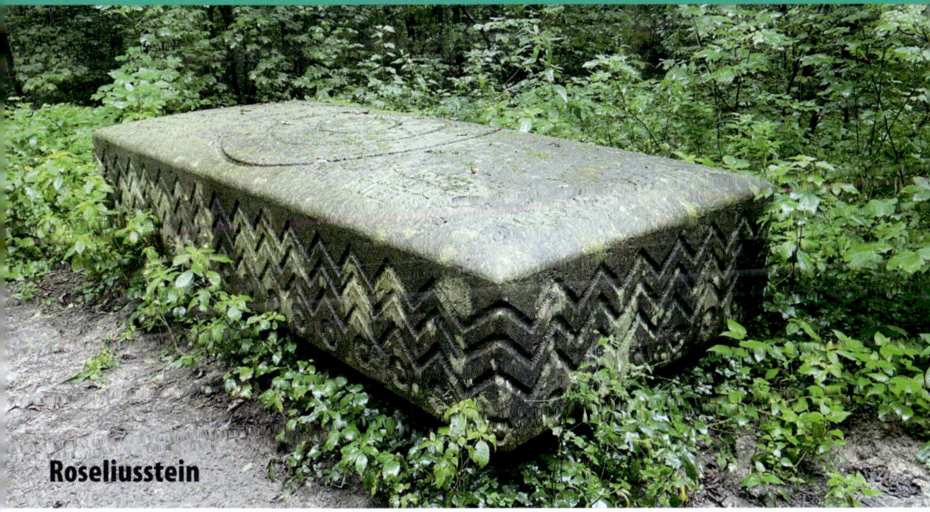

Roseliusstein

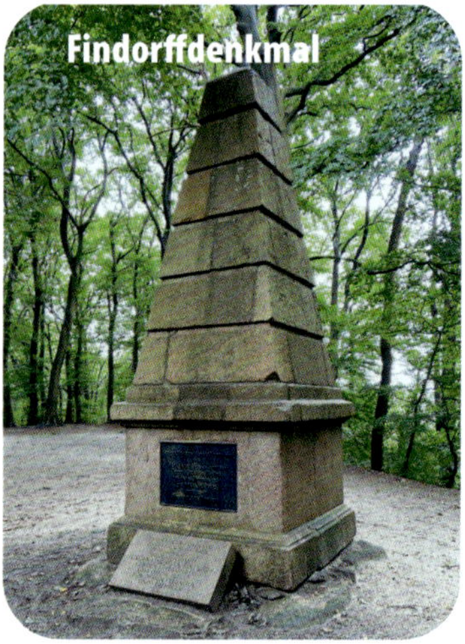
Findorffdenkmal

Nach dem Besuch im Museum geht es weiter bis zur **Findorffstraße.** Auf der gegenüberliegenden Seite folgen wir dem Fußweg, der uns vorbei an weiteren Skulpturen und an einer Brücke an den Ortsrand bringt. Wo der Weg schließlich nach rechts abzweigt, lohnt ein Blick nach links. Im Garten des Anwesens stehen diverse Skulpturen aus Metall, teils sehr extravagant. Dann folgen wir dem Weg nach rechts, der uns zum **Hans-am-Ende-Weg** bringt. Nach rechts biegen wir nach 50 Metern gleich wieder nach rechts ein. Am Ende der Straße führt ein Fußweg – der Georg-Tappert-Weg – geradeaus zur Brücke, die wir bereits vorher gesehen haben.

Über die Brücke geht es durch das Wohngebiet zur Straße **Vor Weyerdeelen.** Dort wenden wir uns nach links und folgen der Straße bis zur ersten Möglichkeit, nach rechts abzubiegen. Es geht über die Gleise des

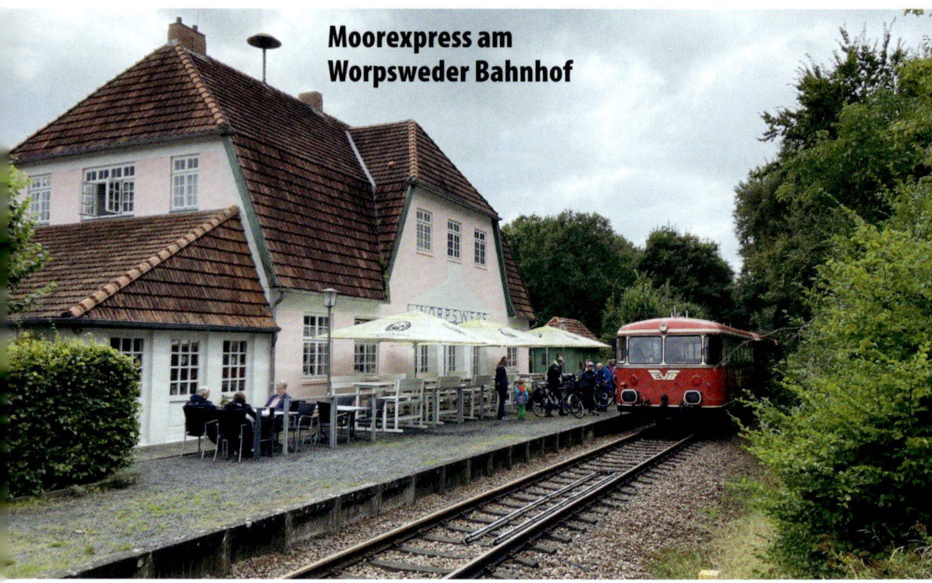
Moorexpress am Worpsweder Bahnhof

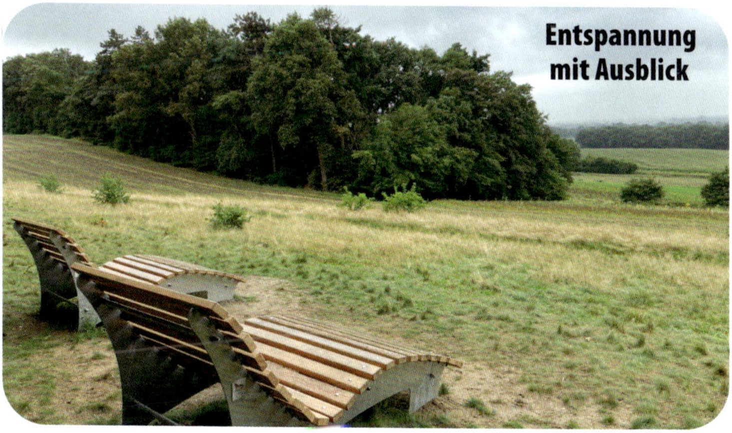

Moorexpress und bei der nächsten Möglichkeit wieder nach links. An der Straße In den Wieschen angelangt, sehen wir vor uns das Worpsweder Schwimmbad. Wir halten uns links und erreichen den **Worpsweder Bahnhof 6.** Im alten Bahnhofsgebäude ist heute ein gutes Restaurant untergebracht, welches empfehlenswert für einen Stopp ist. Mit etwas Glück kommt auch der **Moorexpress** vorbei, der im Sommer zwischen Bremen und Stade verkehrt.

Gut gestärkt nach dem Besuch im Restaurant geht es weiter entlang der Bahnhofstraße. Vorbei am **Atelier Eufe-Altenstein** mit seinen Tierskulpturen im Garten erreichen wir das **Rathaus 7** mit der Dorfglocke. An der Kreuzung halten wir uns rechts und erreichen wieder die Findorffstraße. Links an der Ecke liegt das **Dorfcafé Worpswede 8** mit kleinem Garten. Es geht über die Straße, am Anfang des Parkplatzes folgen wir dem Aufstieg zum **Findorffstein 9.** Der Willi-Ohler-Weg bringt uns über Stufen hinauf zur Anhöhe.

Vom Gedenkstein folgen wir weiter dem **Willi-Ohler-Weg.** Der Wald lichtet sich und nach rechts haben wir einen fantastischen Blick in die Ferne. Mehrere Bänke laden zu einer Pause ein. Auf der rechten Seite stehen in den Wiesen sogar einige **Liegebänke.** Hier

*Im Sommer kann der **Moorexpress** zur Anreise nach Worpswede genutzt werden. Die Fahrt durch das Teufelsmoor ist ein besonderes Erlebnis. Die Tickets sollten jedoch rechtzeitig gebucht werden, da die Fahrten mit den alten Triebwagen sehr beliebt sind.*

***Jürgen Christian Findorff** (1720–1792) war ab 1771 königlicher Moorkommissar und trug maßgeblich zur Gründung zahlreicher Dörfer in Moorgebieten zwischen Bremervörde, Osterholz und Ottersberg bei. Viele Kanäle zum Verschiffen von Torf gehen auf ihn zurück.*

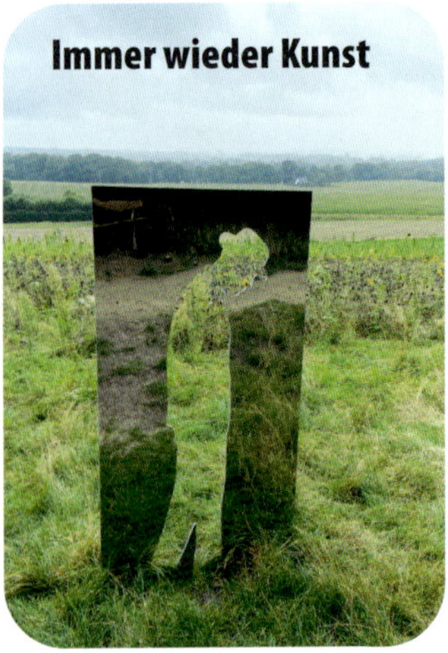

Immer wieder Kunst

können wir vollkommen entspannen und die Ruhe genießen. Unser Blick schweift dabei über die Wiesen zum nahen Teufelsmoor. Wenig später zweigt der Weg nach rechts ab zu einem kleinen Waldstreifen, den wir durchqueren. Auf der anderen Seite sind weitere Bänke mit Fernsicht am Waldrand aufgestellt. Aber auch **Skulpturen** können wir in den Wiesen entdecken.

Entlang des Liesel-Oppel-Weges geht es zum **Niedersachsenstein ⑩.** Dieser liegt rechts von uns in einem Waldstück. Das steinerne Denkmal wurde ebenfalls von Bernhard Hoetger entworfen. Leider ist es baufällig. Die Dimensionen dieses großen Bauwerks können aber auch so wahrgenommen werden. Der Niedersachsenstein wurde als Mahnmal zu Ehren der Gefallenen im Ersten Weltkrieg errichtet. Es stellt einen Vogel dar, der sich zum Himmel erhebt.

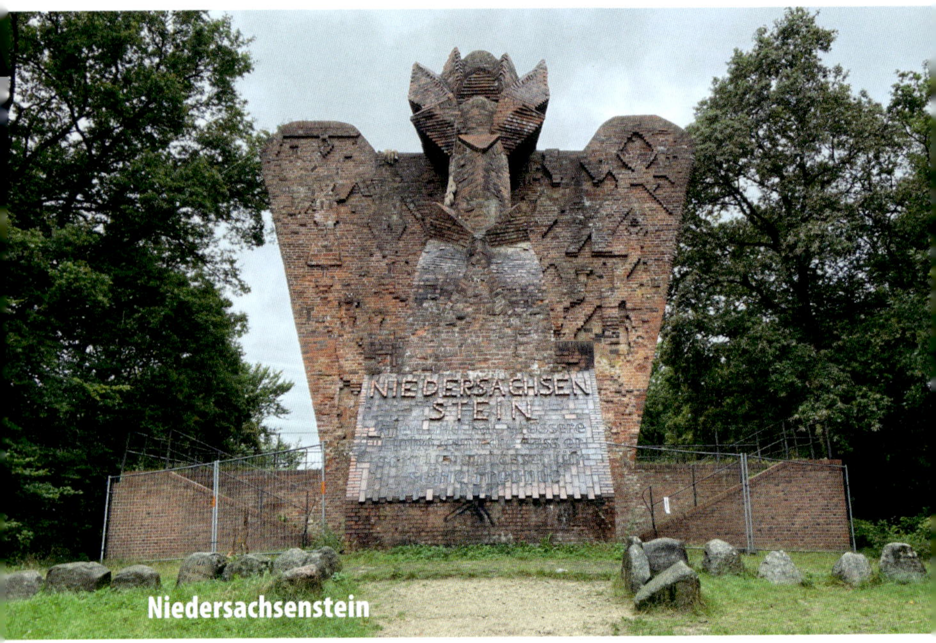

Niedersachsenstein

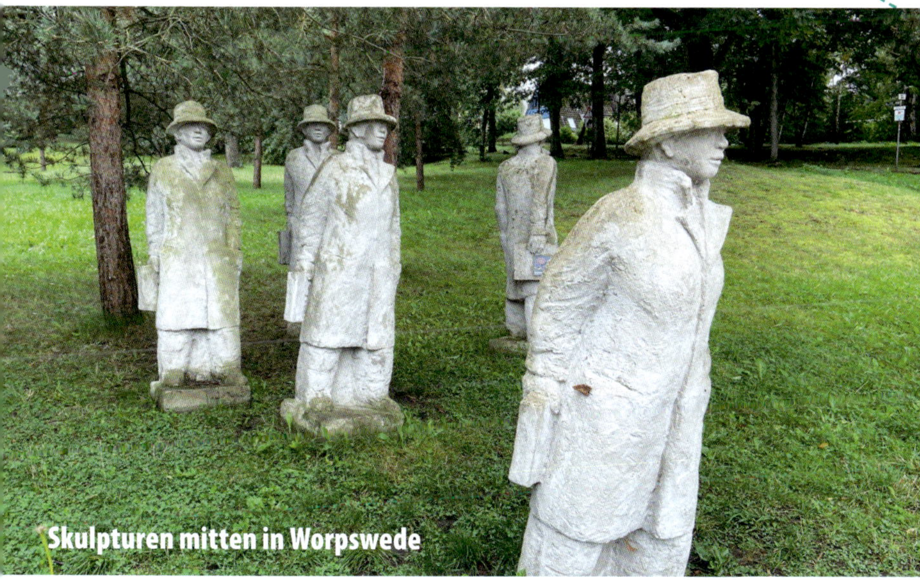

Skulpturen mitten in Worpswede

Nach der Besichtigung geht es zunächst auf gleichem Weg zurück, dann folgen wir dem Weg geradeaus durch die Wiesen zum **Weyerberg ⑪.** Mit 54 Metern eine schöne Anhöhe, von der wir bei gutem Wetter bis nach Bremen schauen können. Hinter dem Weyerberg halten wir uns am Manfred-Hausmann-Weg rechts und biegen kurz drauf nach links in den Wald ab. Vorbei an einem steinernen Kunstobjekt geht es zum **Fritz-Overbeck-Weg,** dem wir nach links folgen. Rechts von uns liegt jetzt der **Worpsweder Friedhof,** auf dem einige bekannte Künstlerinnen und Künstler beerdigt wurden.

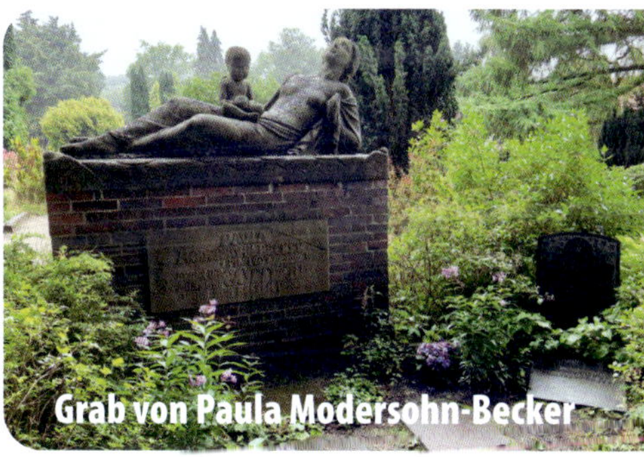

Grab von Paula Modersohn-Becker

Nach 150 Metern biegen wir rechts ab, um dem Friedhof einen Besuch abzustatten. Etwas versteckt am Rand liegt rechts das **Grab von Paula Modersohn-Becker ⑫.** Sie war die wichtigste und wohl auch bekannteste Malerin der Worpsweder Künstlerkolonie und gehört zu den bedeutendsten Vertreterinnen des frühen Expressionismus.

An der Außenwand der **Zions Kirche** bewundern wir ein imposantes Gemälde. Dann verlassen wir den Friedhof und halten uns gleich wieder rechts, um zur **Bergstraße** zu kommen. Nach rechts geht es vorbei an der Worpsweder Kunsthalle, an vielen Galerien, Geschäften und Cafés zu unserem Ausgangspunkt, dem zentralen Parkplatz. Auf dem Weg dahin sind weitere Skulpturen am Wegesrand zu entdecken. Wer mag, macht jetzt noch einen Besuch im anfangs erwähnten Kaffee Worpswede, im Volksmund auch „Kaffee Verrückt" genannt. Ebenfalls entworfen vom Architekten Bernhard Hoetger.

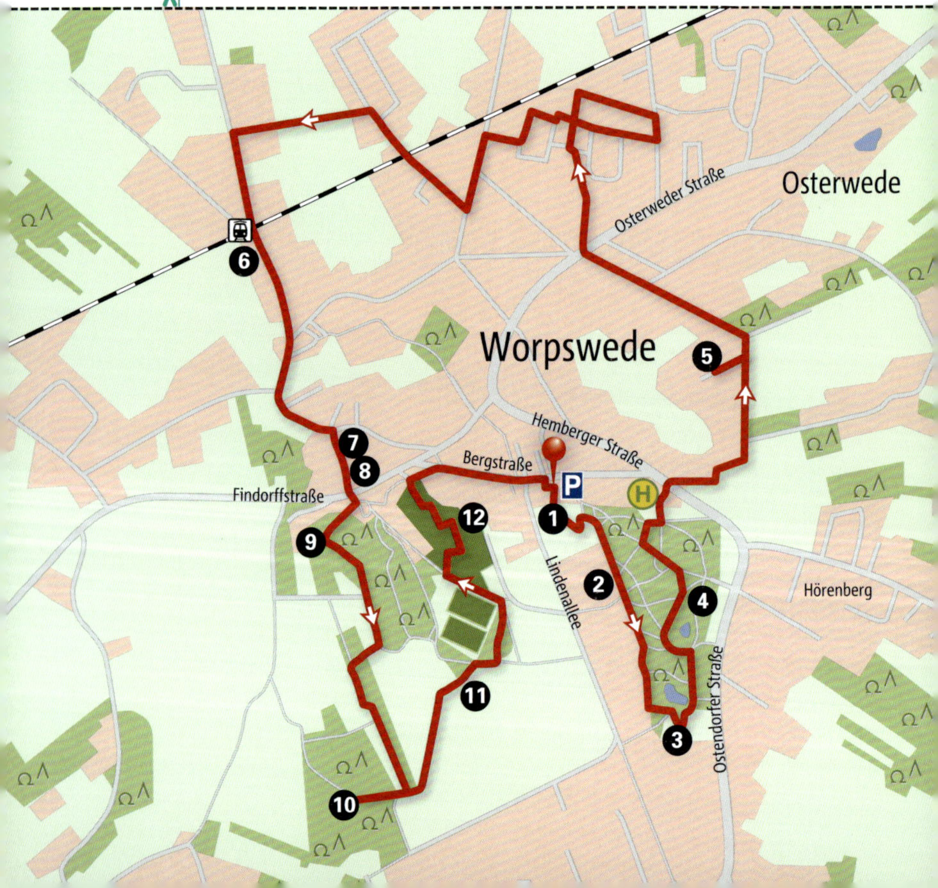

Alles auf einen Blick

WIE & WANN:

Eine Wanderung vorbei an vielen Kunstwerken und Museen, Parkwege, Straßen in der Stadt; ganzjährig begehbar, beste Wanderzeit: April bis Oktober

HIN & WEG:

Auto: Parkplatz Worpswede, Bergstraße 12, 27726 Worpswede
(GPS: 53.220906, 8.927609)
ÖPNV: Buslinien 640 und 670, Haltestelle Worpswede Hemberg; Infos zum Moorexpress: www.evb-elbe-weser.de/reise-freizeit/moorexpress

ESSEN & ENTSPANNEN:

Kaffee Worpswede ❶ Lindenallee 1, 27726 Worpswede, Tel. (0 47 92) 10 28
Worpsweder Bahnhof ❻ Bahnhofstraße 17, 27726 Worpswede, Tel. (0 47 92) 9 87 83 33, www.restaurant-worpsweder-bahnhof.de

Entspannung ✱✱✱✱✱
Genuss ✱✱✱✱✱
Romantik ✱✱✱✱✱

Dorfcafé Worpswede ❽ Straßentor 1, 27726 Worpswede, Tel. (0 47 92) 5 53 98 81, www.dorfcafe-worpswede.de

ENTDECKEN & ERLEBEN:

Käseglocke ❷ Lindenallee 13, 27726 Worpswede, Tel. (0 47 92) 95 05 05
Barkenhoff ❸ Ostendorfer Straße 10, 27726 Worpswede, Tel. (0 47 92) 39 68
Roseliusstein ❹
Haus im Schluh ❺ Im Schluh 35–37, 27726 Worpswede, Tel. (01 60) 4 46 04 90, www.vogeler-worpswede.de
Rathaus ❼
Findorffstein ❾
Niedersachsenstein ❿
Weyerberg ⓫
Grab von Paula Modersohn-Becker ⓬

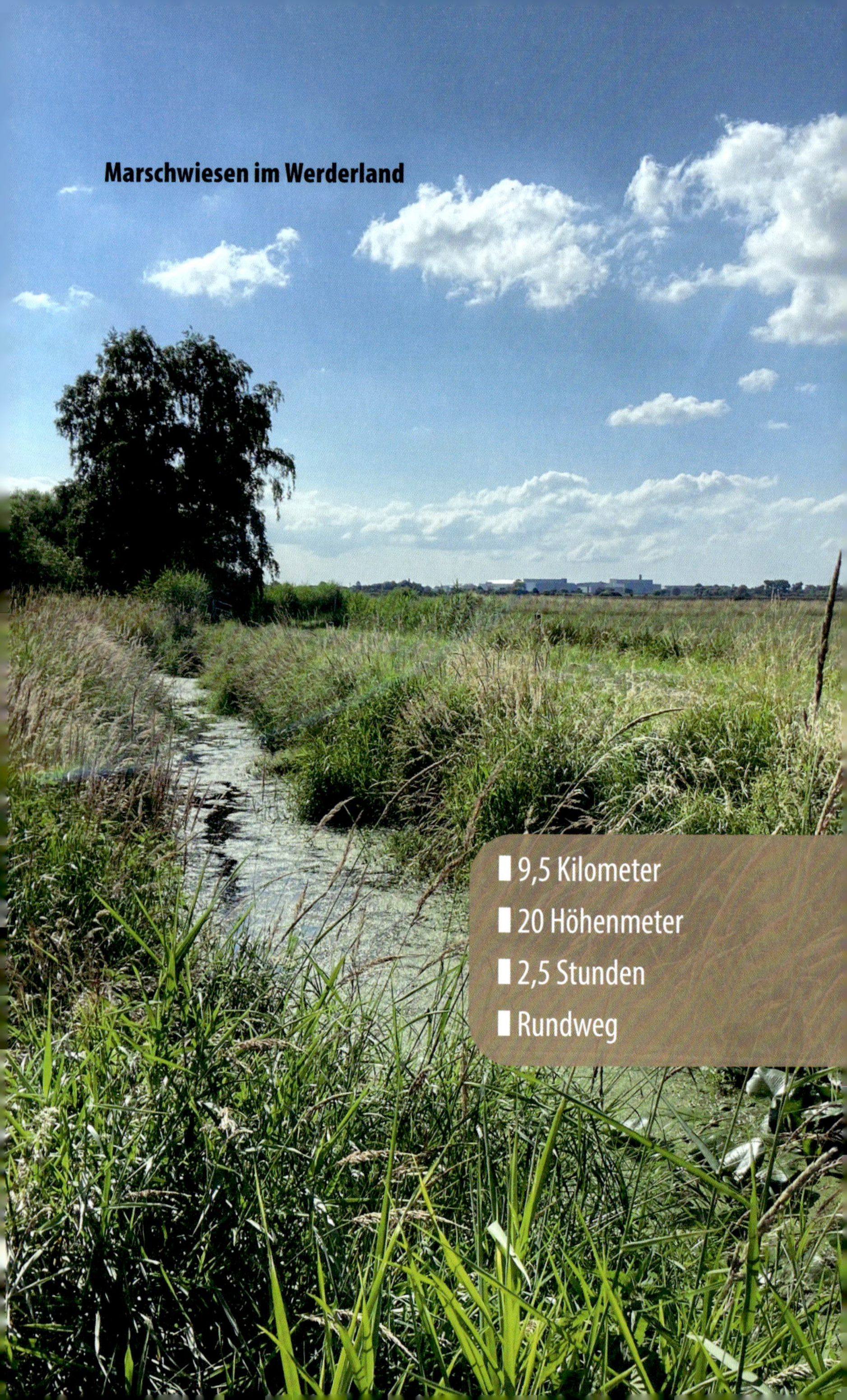

Marschwiesen im Werderland

- 9,5 Kilometer
- 20 Höhenmeter
- 2,5 Stunden
- Rundweg

Moorlosen Kirche

Land zwischen Lesum und Weser

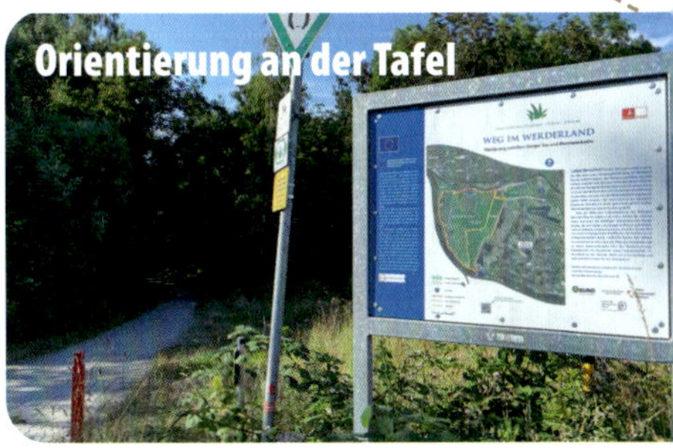

Orientierung an der Tafel

Für die Anfahrt zum Ausgangspunkt dieser Wanderung müssen wir einmal rund um das **Werderland** mit seinen feuchten Wiesen herumfahren. Der Weg führt von Burg-Gramke erst entlang der Lesum, dann entlang der Weser bis zur einsamen Kirche am Ende der Straße.

Vom alten Dorf **Mittelsbüren** ist nicht mehr viel übrig. Hinter der Kirche gibt es einen Parkplatz, dann endet die Straße. An der großen Infotafel können wir uns über die wenigen Wege informieren, die durch das Werderland führen. Dann verlassen wir die Weser und folgen dem ausgewiesenen Wanderweg ins feuchte Werderland.

*Die Bezeichnung **„Werder“** kommt nicht von dem Bremer Fußballverein Werder Bremen. Bei einem Werder handelt es sich um eine Flussinsel oder trockengelegtes Land am Fluss. Die Marschwiesen im Werderland liegen weitgehend unter dem Niveau der beiden Flüsse.*

Anfangs führt der Weg uns entlang der Außengrenze der **Bremer Stahlwerke** rechts von uns. Das Gelände ist hier weitgehend Brachland, die Industrieanlagen liegen weiter im Osten, sodass wir von ihnen nichts merken. Wir folgen dem breiten Weg anfangs unter Bäumen, dann entlang der grünen **Marschwiesen.** Diese werden immer wieder durch Entwässerungsgraben unterteilt, um das Land einigermaßen für die hier weidenden Rinder trocken zu halten.

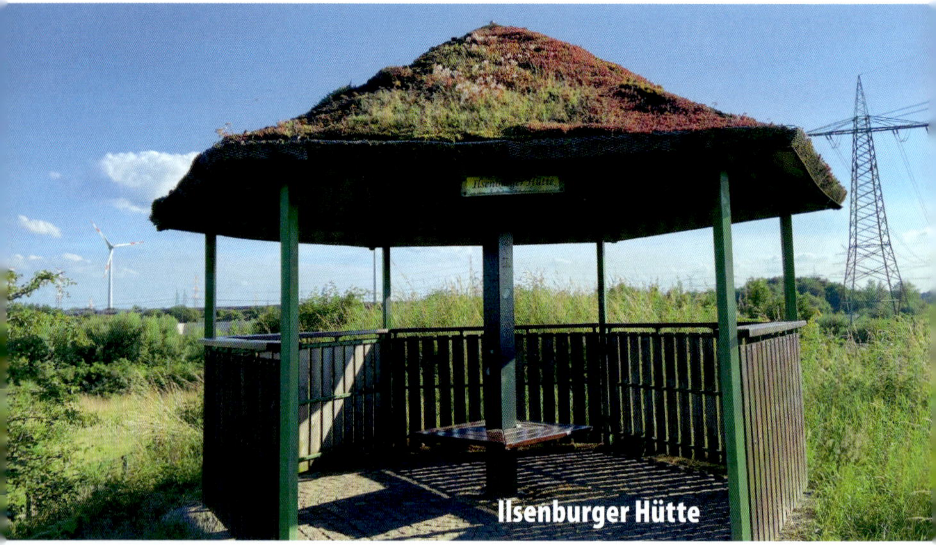

Ilsenburger Hütte

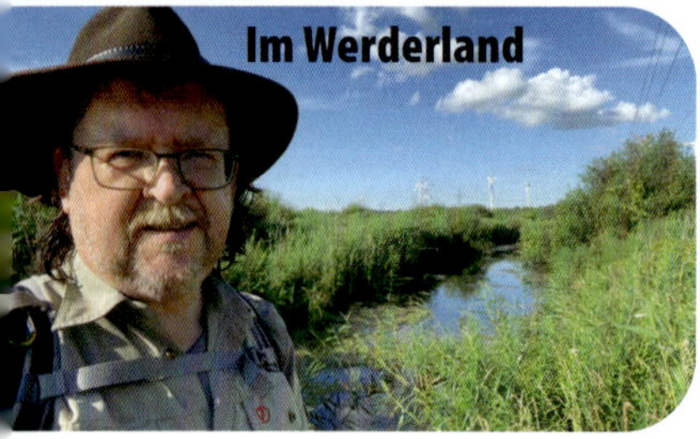

Im Werderland

Immer geradeaus führt uns der Weg so entlang dieser Wassergräben. Nachdem der Weg schließlich im rechten Winkel nach rechts abbiegt, geht es weiter auf einem Holzbohlenweg. Am Ende dieses Stegs sehen wir vor uns auf einer Anhöhe die **Ilsenburger Hütte 1.** Die kleine, runde Schutzhütte ist das Pendant zu einer Bremer Schutzhütte in Ilsenburg im Harz. Sie wird betreut vom Bremer Harzclub. Eine Tafel neben der Hütte informiert über die Geschichte und die Städtepartnerschaft zwischen Bremen Burglesum und Ilsenburg im Harz.

Von oben haben wir einen guten Rundblick über die feuchten, grünen Marschwiesen und das Industriegelände, auch wenn nicht viel von den Anlagen zu sehen ist. Nach kurzer Rast geht es weiter. Immer geradeaus führt der Weg weiter in Richtung Lesum. An einem stillgelegten alten Bahngleis macht der Weg einen Bogen, um dann weiter seiner gewohnten Richtung zu folgen. Am Ende dieses Weges geht es über eine kleine hölzerne Brücke. Vorher machen wir jedoch einen Stopp an der frei stehenden Bank, die uns einen wunderbaren Fernblick über die Wiesen erlaubt.

Hinter der Brücke halten wir uns anfangs rechts. Nach 150 Metern liegt dann auf der linken Seite hinter den Büschen ein versteckter **Vogelbeobachtungsposten ②**. Eine Tafel am Weg informiert über das **Naturschutzgebiet Dunger See** und gibt den entspre-

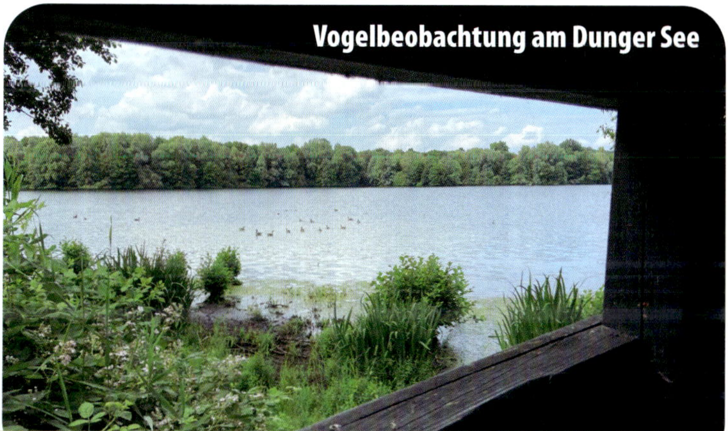
Vogelbeobachtung am Dunger See

Für die Seele

Raus aus dem Alltag und die Zeit vergessen, ohne die Stadt zu verlassen. Das Bremer Werderland mit seinen Marschwiesen lädt zum Entschleunigen ein.

chenden Hinweis. Von dem kleinen Ausguck aus lassen sich sehr gut die Vögel auf dem kleinen See beobachten.

Der Dunger See entstand Ende der 1970er-Jahre beim Bau des Friedhofs an der Lesum. Hier wurde benötigter Sand abgebaut. Der Friedhof wurde jedoch nie fertiggestellt, auf dem Gelände befindet sich heute ein Golfplatz. Der See und die angrenzenden Flächen stehen seit 1990 unter Naturschutz und sind der Lebensraum verschiedener Enten, Haubentaucher und sogar des Eisvogels.

Dann geht es wieder zurück, die kleine Brücke lassen wir links liegen. Kurz drauf zweigt ein Pfad nach rechts ab, dem wir folgen. Vorbei an einer kleinen Schranke bringt uns dieser Weg auf grasigem Untergrund zum zweiten **Vogelbeboachtungsposten ❸.** Dieser liegt nördlich des Sees. Mehrere Tafeln informieren dort über die Vogelwelt und rundherum sind Bänke aufgestellt. Schattig unter Bäumen gelegen ist dies im Sommer ein angenehmer Rastplatz zum Verweilen.

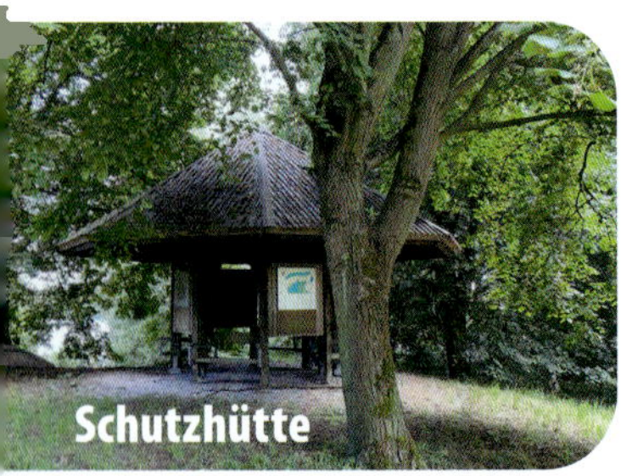
Schutzhütte

Wenn wir genug gesehen haben, verlassen wir den See wieder und folgen dem Weg weiter zur nahen **Lesumbroker Landstraße,** die wir von der Anreise her kennen. Wir überqueren die Landstraße und halten uns links. Hinter

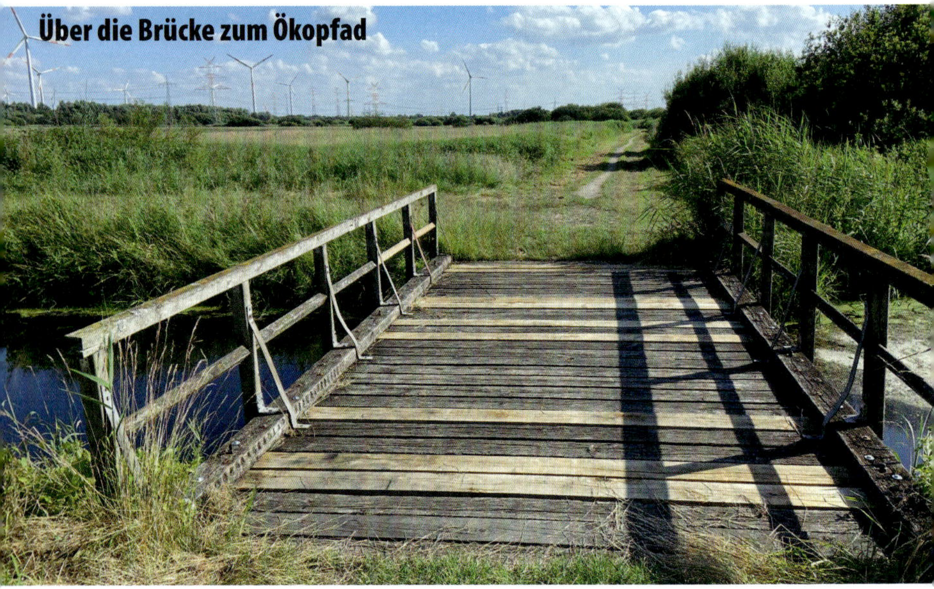
Über die Brücke zum Ökopfad

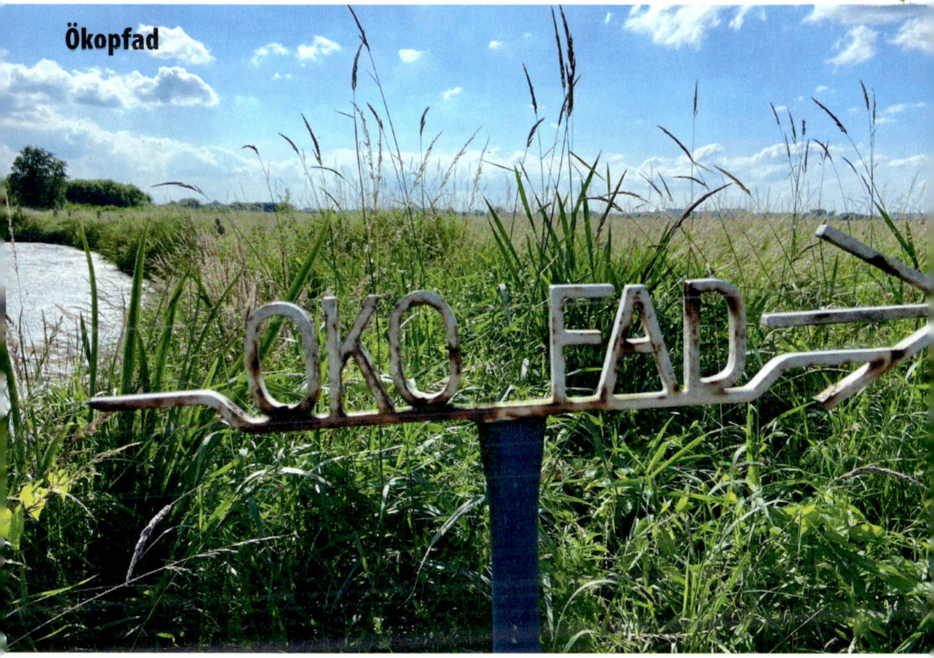

Ökopfad

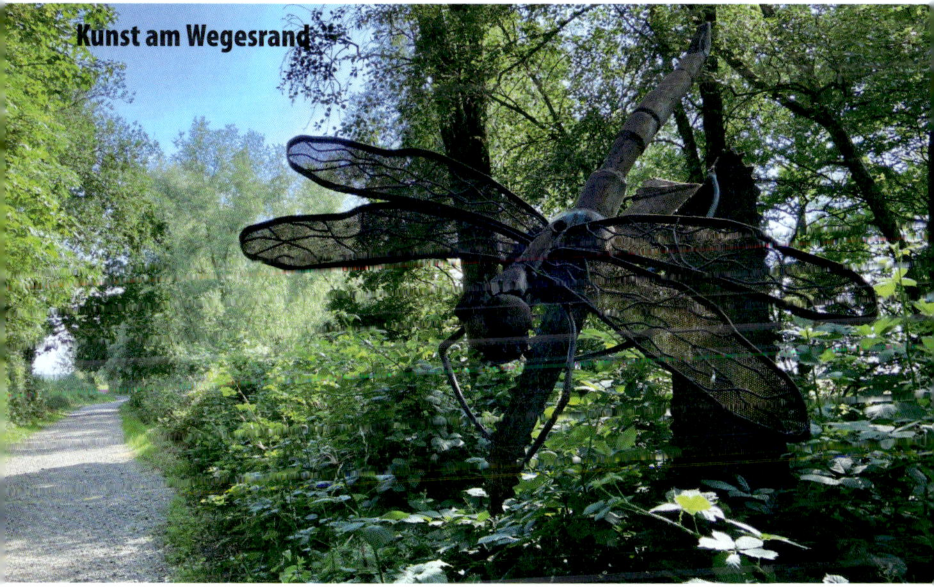
Kunst am Wegesrand

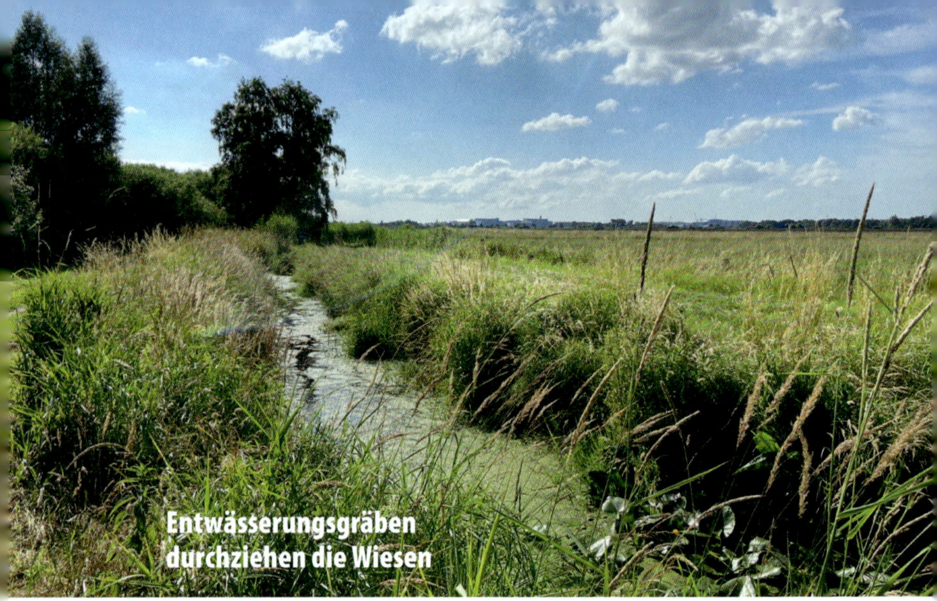

Entwässerungsgräben durchziehen die Wiesen

Seit mehr als 20 Jahren gibt es den **Ökopfad** im Werderland. Abseits des Weges dürfen die Wiesen nicht betreten werden. Im Winter und nach starken Regenfällen steht der Weg teilweise unter Wasser. Dann sollten wir ihn meiden, um ihm nicht zu schaden.

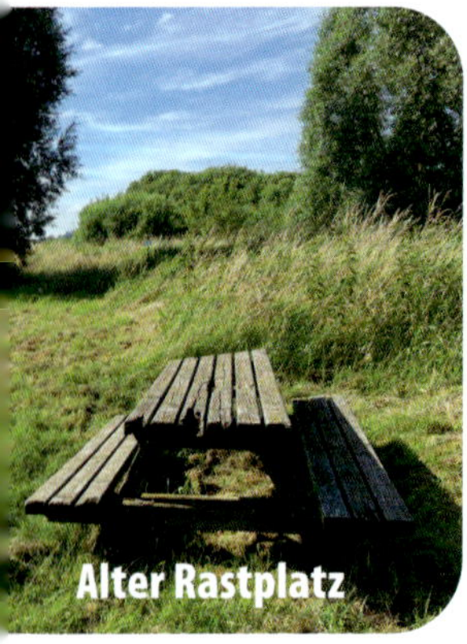

Alter Rastplatz

der Hecke geht es rechts hinauf auf den Deich. Dahinter liegt die Lesum, versteckt inmitten des Schilfs. 400 Meter gehen wir nach links, dann verlassen wir den Deich wieder. An der Landstraße halten wir uns kurz links und erreichen einen kleinen Parkplatz auf der gegenüberliegenden Seite.

Dort verlassen wir die Straße und erreichen den Zugang zum **Ökopfad 4.** Vorbei an einem großen, stählernen Insekt geht es hinein in die Marschwiesen. Wenig später kommt von links der **Werderland Rundweg** und wir folgen dem markierten Weg weiter geradeaus. Die Moorlosen Kirche ist hier bereits ausgeschildert. Für die nächsten 1,5 Kilometer geht es für uns immer geradeaus vorbei an grünen Wiesen und Entwässerungsgräben.

Wir erreichen schließlich einen quer vor uns verlaufenden Graben und folgen dem grasigen Weg auf der linken Seite. Dieser Weg biegt nach 200 Metern nach links ab. Kurz drauf erreichen wir einen kleinen, einsamen **Picknickplatz 5.** Wir sind jetzt inmitten der Marschwiesen. Gerade im Winter ist dieser Abschnitt sehr feucht und steht oft unter Wasser. Der Weg wird schmaler und ist jetzt in der Tat nur noch ein Pfad.

Dennoch ist der Weg gut ausgeschildert. Allerdings kann man sich hier sowieso nicht verlaufen, da es nicht viele Wege gibt. In einem großen Bogen wandern wir vorbei an grünen Wiesen und breiten Wasserläufen. Nach rechts abgebogen, erreichen wir den einzigen parallel verlaufenden Weg und folgen ihm später nach links. Vorbei am Wassergraben geht es weiter zu einem kleinen Wald, in den wir eintauchen werden. Schließlich lichtet sich der Wald wieder und wir sehen Pferde und Rinder auf ihren Weiden.

Am Ende unseres Weges erreichen wir erneut die **Niederbürener Landstraße.** Hinter dem vor uns liegenden Deich verläuft die Weser. Es lohnt ein Blick hinüber, um die vorbeifahrenden Schiffe zu beobachten. Wie wäre es mit einer Auszeit auf der Wiese? Augen zu und die Sonne genießen. Mehr brauchen wir nicht. Ab und zu kommt ein Schiff vorbei, dem wir entspannt hinterherschauen.

Zum Abschluss folgen wir dann einfach der wenig befahrenen Straße bis zur nahen **Moorlosen Kirche** ❻. Links davon lädt das **Restaurant An der Moorlosen**

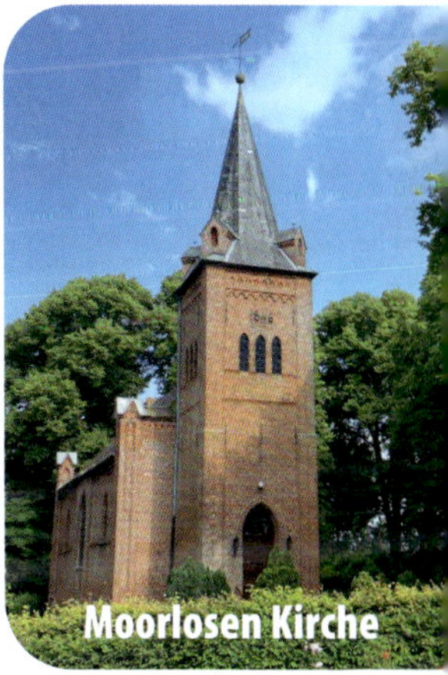

Moorlosen Kirche

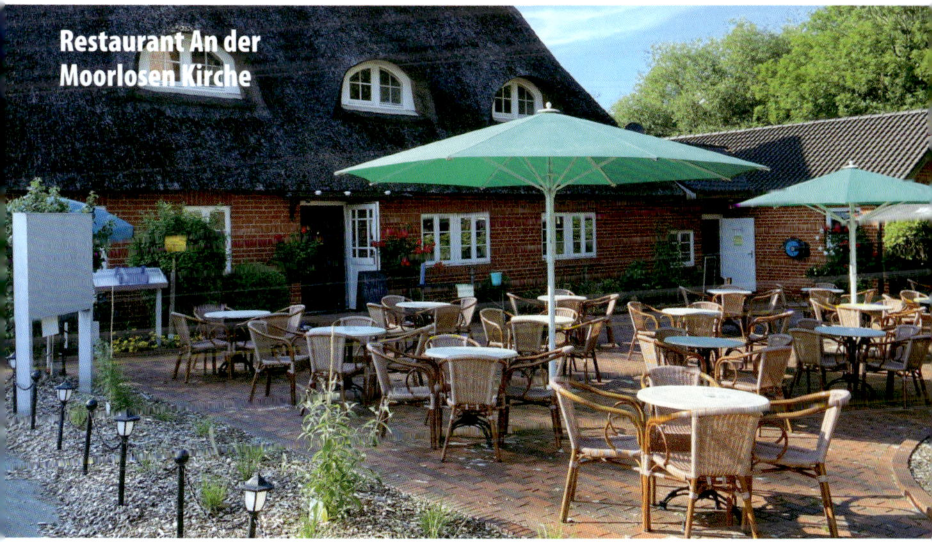

Restaurant An der Moorlosen Kirche

Entschleunigungstour 12

Im **Restaurant An der Moorlosen Kirche** werden typische Bremer Gerichte serviert. Wie wäre es mit Knipp oder frischen Matjes? Im Winter wird natürlich Grünkohl serviert. Das Haus liegt direkt neben der Kirche und besticht durch sein schönes, reetgedecktes Dach.

Kirche 7 zu einem abschließenden Essen ein. Im Sommer sind vor allem die Plätze im Garten sehr beliebt. Rechts von der Straße liegt hinter der Spundwand der zugehörige Biergarten.

Links des Biergartens geht es zum **Anleger der Bremer Hal-över-Flotte 8.** Im Sommer kann man von hier aus direkt in die Innenstadt fahren. Wie wäre es mit An- und Abreise mit der „Oceana", die hier auf ihrer Fahrt von Bremen nach Bremerhaven vorbeikommt? Im Sommer ist dies bei geschickter Planung möglich. In Bremen legt das Schiff am zentralen Martinianleger ab. Die Tickets sollte man allerdings rechtzeitig vorbestellen.

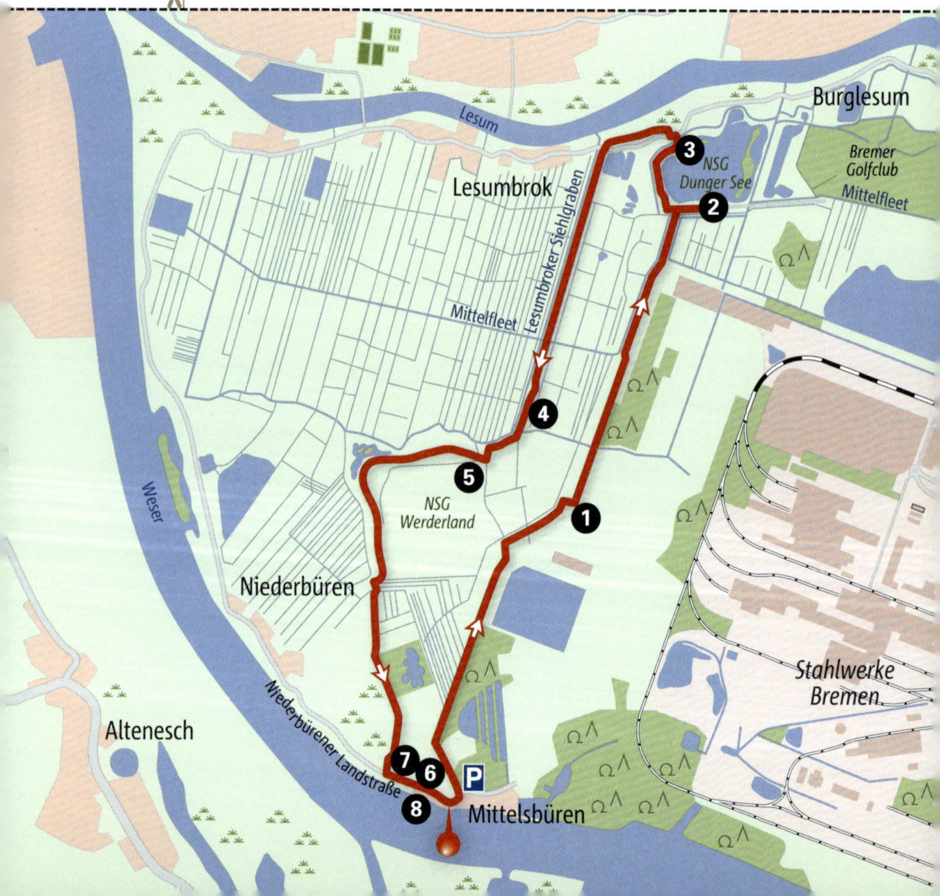

Alles auf einen Blick

WIE & WANN:
Naturbelassene Wege durch die Marschwiesen, nach starken Regenfällen ist der Ökoweg nicht begehbar; beste Wanderzeit: Mai bis August

HIN & WEG:
Auto: Moorlosen Kirche, Niederbürener Landstraße 35, 28719 Bremen (GPS: 53.128617, 8.655191)
ÖPNV: keine direkte Anbindung an die Strecke

ESSEN & ENTSPANNEN:
Rucksackverpflegung für unterwegs nicht vergessen!

Restaurant An der Moorlosen Kirche ❼ Mittelsbüren 36, 28719 Bremen, Tel. (04 21) 69 20 74 14, www.an-der-moorlosen-kirche.de

ENTDECKEN & ERLEBEN:
Ilsenburger Hütte ❶
Vogelbeobachtungsposten ❷ Naturschutzgebiet Dunger See
Vogelbeobachtungsposten ❸
Ökopfad ❹
Picknickplatz ❺
Moorlosen Kirche ❻

Entspannung ★★★★★
Genuss ★★★☆☆
Romantik ★★★★☆

Anleger Hal över Bremer Fahrgastschifffahrt GmbH ❽ Anleger Mittelsbüren, Tel. (0421) 33 89 89, www.hal-oever.de

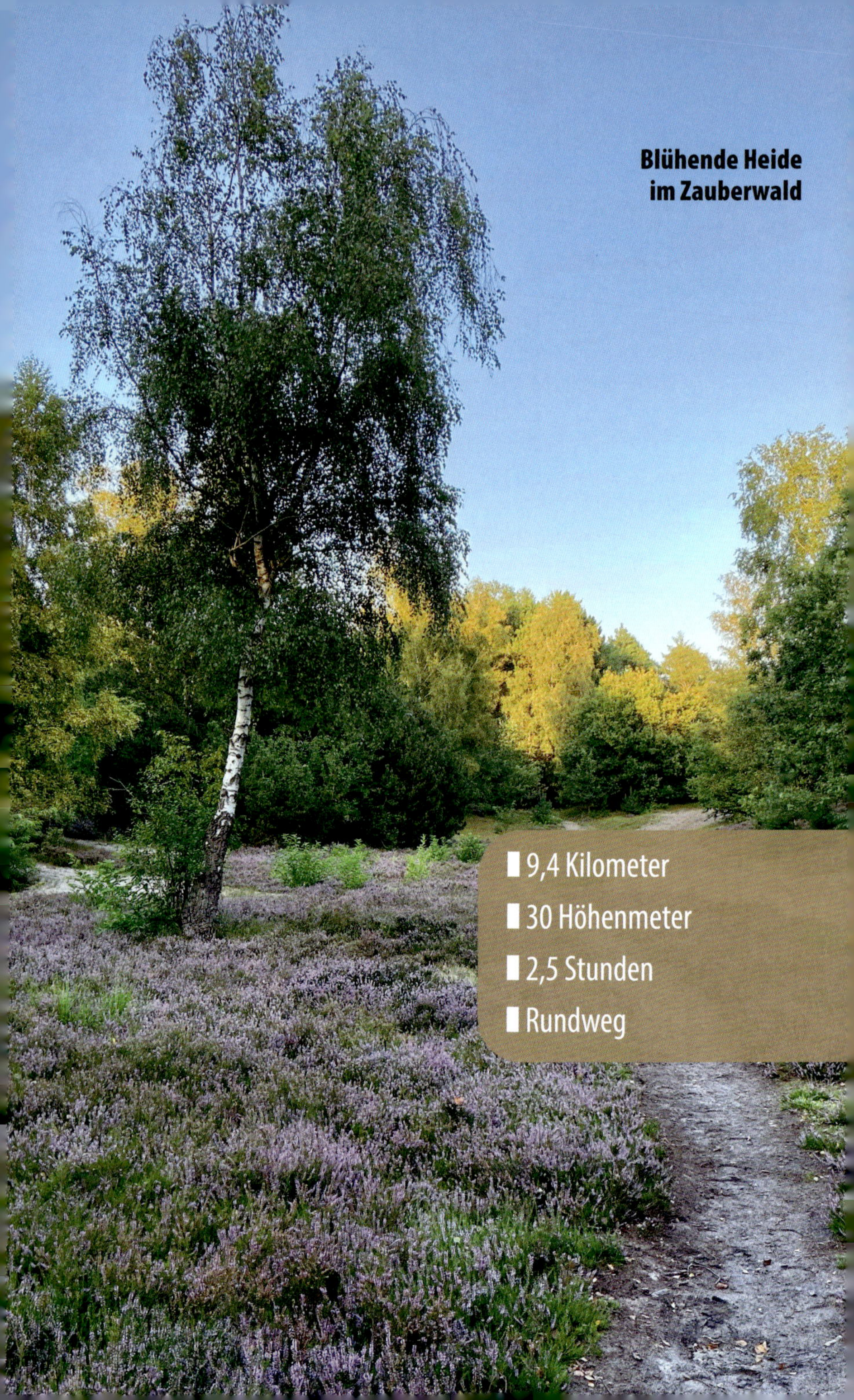

Blühende Heide im Zauberwald

- 9,4 Kilometer
- 30 Höhenmeter
- 2,5 Stunden
- Rundweg

Die Wanderung am Stadtrand von Bremen startet am ehemaligen **Gasthof Meyerdierks,** zwischen Lilienthal und Fischerhude gelegen. Von Bremen aus war der Gasthof immer ein beliebtes Ausflugsziel. Der Parkplatz kann aber noch genutzt werden.

Durch die Nähe zur Stadt ist die Wanderung gut für einen Sonntagnachmittag geeignet. Anfangs folgen wir der Straße in Richtung Osten, vorbei an einsam gelegenen Wohnhäusern auf der linken Seite. Hier wohnt man wirklich mitten im Wald. Rechts von uns sehen wir die ausgedehnten grünen Wümmewiesen. Wir sind auf dem **Jakobsweg** ❶ unterwegs, erkennbar an den Muschelsymbolen am Wegesrand. Diese Etappe verläuft von Hamburg über Bremen in Richtung Osnabrück. Allerdings laufen wir gerade in entgegengesetzter Richtung, Santiago de Compostela liegt hinter uns.

*Viele **Jakobswege** durchziehen das Land. Alle führen nach Santiago de Compostela. Wir treffen hier auf die Via Baltica, die aus dem Baltikum kommend über Hamburg nach Bremen verläuft. In Bremen gibt es im Kräutergarten am Dom auch eine Jakobusstatue.*

An der ersten Kreuzung entdecken wir rechts ein Schild, das über die **Fischerhuder Wümmeniederung** ❷ und deren gemeinsame Gestaltung durch die angrenzenden Gemeinden informiert. Zwischen 2000 und

Im Zauberwald

Durch das Tal der Wümme

2005 wurden viele Projekte gestartet und zahlreiche Flächen renaturiert.

Hier biegen wir nach links in den Wald ab. Der schmale Waldweg führt uns zum Nordarm der Wümme. Nachdem der Weg einen Rechtsbogen macht, liegt der **Wümme-**

Jakobsweg

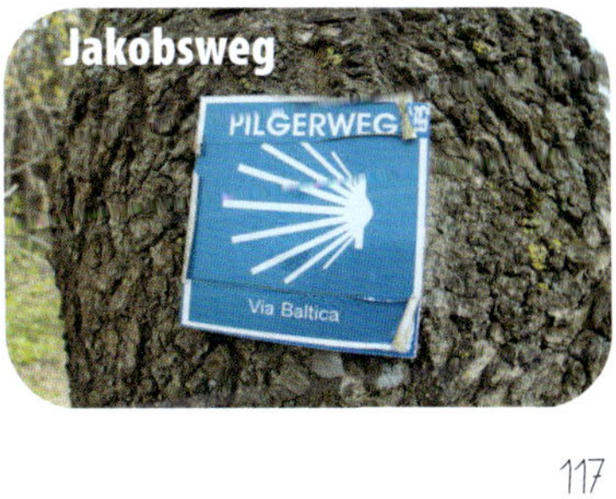

Nordarm nun links von uns und ist gelegentlich zu sehen. Der Weg teilt sich wenig später. Während der rechte Weg der etwas breitere ist, gibt es links davon einen schmalen Pfad, der immer parallel verläuft. Wir wählen heute den linken Weg. Dieser Pfad führt uns auf und ab vorbei an alten knorrigen Bäumen.

Bevor wir die wenig befahrene Landstraße erreichen, kommen beide Wege wieder zusammen. Links von uns liegt eine **Brücke,** die über die Wümme führt. Auf dem Rückweg kommen wir von dort und folgen dann dem bereits bekannten Weg wieder zurück.

Die Brücke lassen wir also links liegen und folgen auf der gegenüberliegenden Seite dem Pfad weiter hinein in diesen alten Wald. Sofort teilt sich der Weg wieder für kurze Zeit, und wir nehmen erneut den linken Pfad. Wem dieser Pfad, der auf und ab entlang großer Baumwurzeln verläuft, zu schwierig erscheint, der folgt einfach dem Weg geradeaus. Wenig später kommen beide Wege sowieso wieder zusammen. Links von uns immer wieder der Wümme-Nordarm und vor

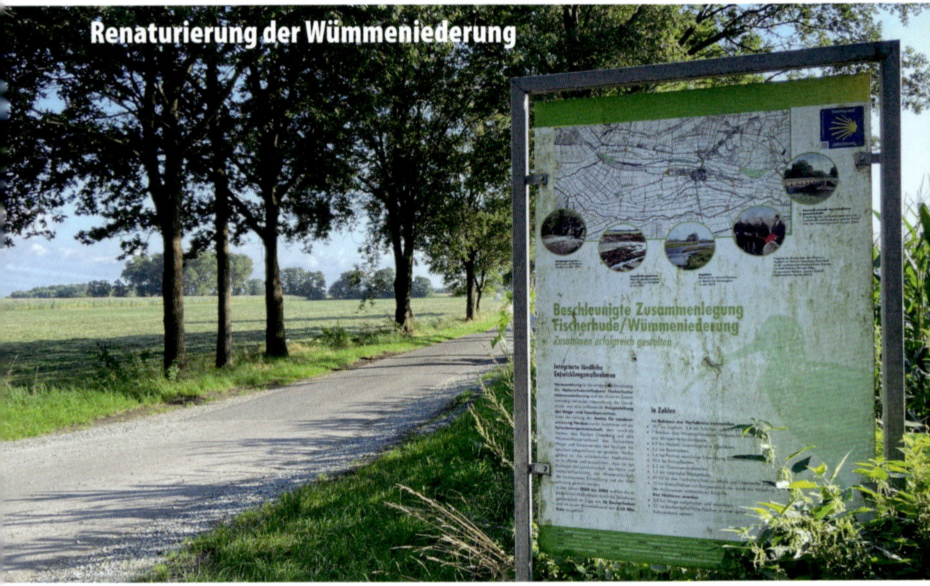

Renaturierung der Wümmeniederung

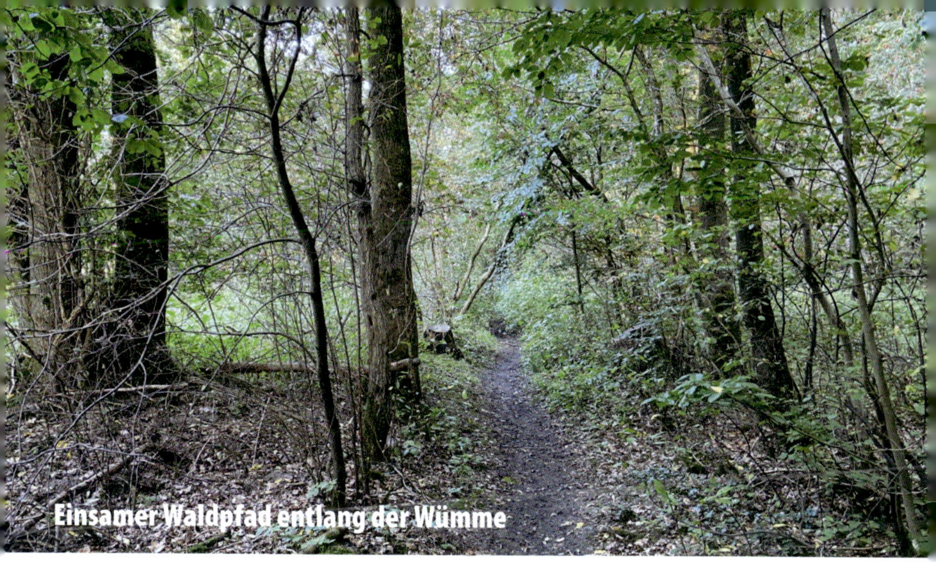

Einsamer Waldpfad entlang der Wümme

uns immer wieder alte, knorrige Bäume, die teilweise den Weg versperren. Unser Weg windet sich um all diese Hindernisse herum.

Mitten im Wald entdecken wir seltsame Behausungen. Wer hat sie erbaut und wofür? Sie erinnern an einen Waldspielplatz. Allerdings ist alles verlassen, was unsere Fantasie noch mehr anregt. Am Ende dieses Waldpfades erreichen wir die Landstraße, der wir für einen kurzen

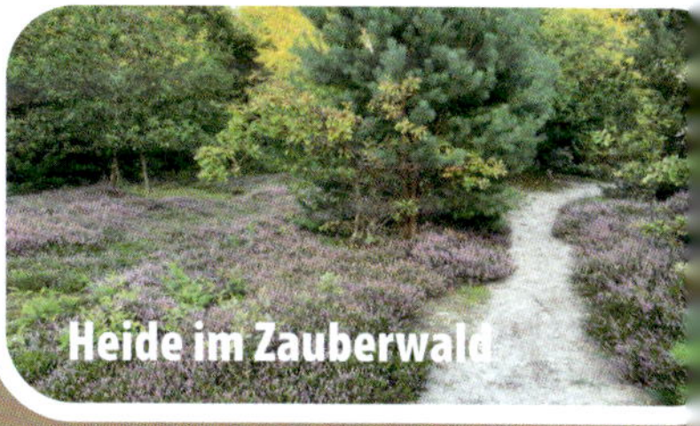

Heide im Zauberwald

Für die Seele

Vor den Toren Bremens liegt inmitten der Wümmewiesen ein verträumter Zauberwald. Rund um eine kleine Binnendüne führen einsame Pfade durch die Heide.

Abschnitt nach links folgen. Bei der ersten Möglichkeit biegen wir gleich wieder nach links in die **Wümmewiesen** ab. Am Wegesrand sehen wir erneut eine Jakobsmuschel, die uns daran erinnert, dass wir hier – wenn auch nur teilweise und in entgegengesetzter Richtung – auf einem Pilgerweg unterwegs sind. Wenig später geht es über einen Graben. Dann folgen wir

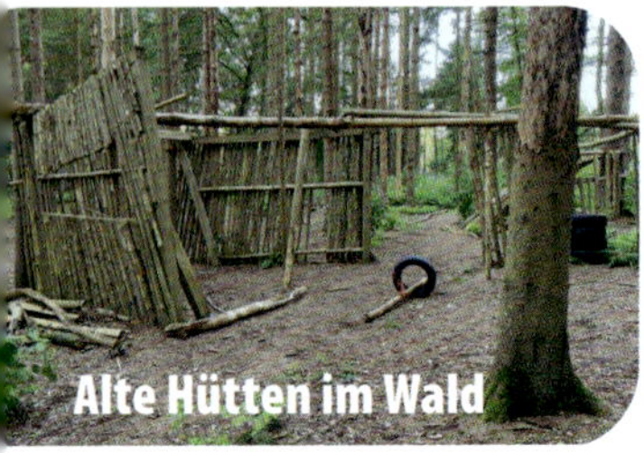

Alte Hütten im Wald

dem grasbewachsenen Weg nach rechts, immer am Graben entlang.

Vor uns in der Ferne liegt das schöne Fischerhude, doch so weit wollen wir auf unserer kurzen Wanderung nicht. Der grasbewachsene Weg führt uns vorbei an grünen Wiesen und einigen Feldern. Links von uns sehen wir hinter den Wiesen bereits den **Zauberwald,** das Ziel unserer heutigen Wanderung. An der ersten Kreuzung, an der es auch eine Brücke nach rechts über den Graben gibt, verlassen wir den Weg. Wir biegen nach links ab und erreichen wenig später den Nordarm der Wümme.

Bevor wir die vor uns liegende Brücke überqueren, lohnt ein kurzer Abstecher nach rechts. Der schmale Pfad zwischen den Bäumen bringt uns zu den kleinen **Stromschnellen der Wümme ③.** Je nach Wasserstand fallen diese natürlich mehr oder weniger stark aus. Hier haben wir mit etwas Glück die Möglichkeit, Fischreiher zu beobachten.

Haben wir uns sattgesehen, überqueren wir die **Brücke.** Bevor wir die Rautendorfer Landstraße erreichen, folgen wir dem ersten Feldweg nach links. Vor uns liegt ein Waldstück, auf das wir zuwandern. Weiter geht es links am Wald entlang, bis zum Eingang in

Natürlich sind das keine ernst zu nehmenden ***Stromschnellen*** *an der Wümme. Aber ein schönes Naturschauspiel ist es trotzdem und für unerfahrene Kajakfahrer eine Herausforderung. Für die Fischreiher ist es ein guter Platz für den Fischfang.*

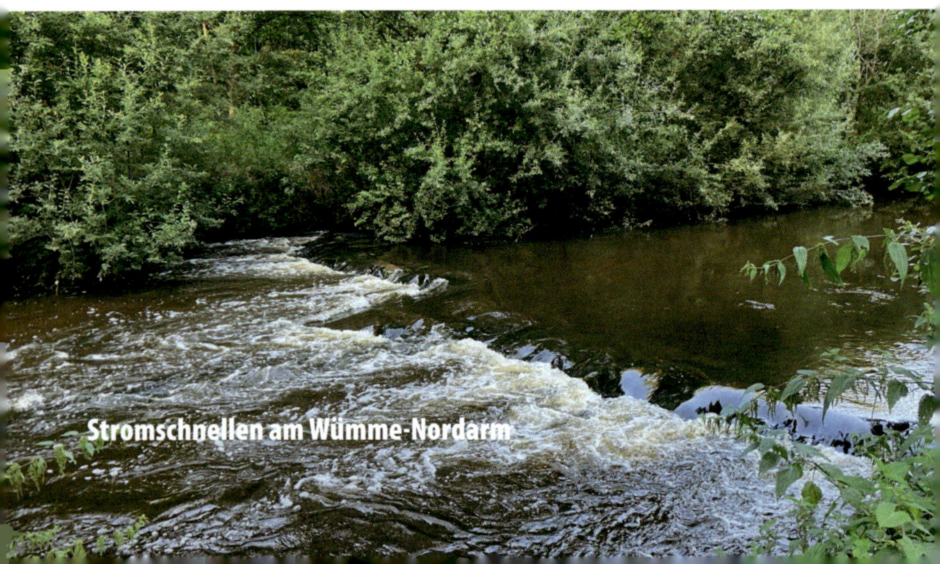

Stromschnellen am Wümme-Nordarm

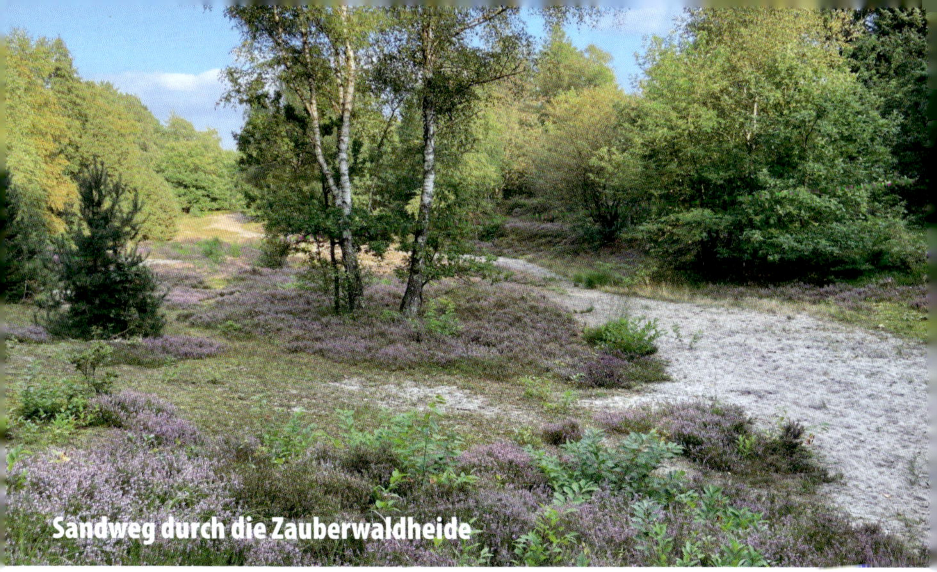

Sandweg durch die Zauberwaldheide

den Wald nach rechts. Wir folgen dem Weg hinein in den Wald bis zu einer Weggabelung. Dort biegen wir nach links ab. Der Weg geht leicht auf und ab, bis wir die **Binnendüne** ❹ erreichen. Diese liegt mitten in diesem Waldstück. Rund um die Binnendüne sind sogar ein paar sehr schöne Heideflächen vorhanden, die wunderbar als Fotomotiv taugen.

*Derartige **Binnendünen** sind im Unterschied zu den Küstendünen ein Relikt der Eiszeit und damit sehr alt. Die Düne im Zauberwald ist eher klein. Größere Binnendünen der Umgebung sind die Verdener Düne, die Voßberge bei Sottrum und der Warwer Sand bei Ristedt.*

Zwei parallel verlaufende Wege führen durch Heide und Sanddünen und auf der anderen Seite wieder hinein in den verträumten **Zauberwald** ❺. Dies ist ein guter Platz zum Verweilen, um die Natur zu genießen. Dieses kleine Paradies verzaubert jeden Besucher und wird damit seinem Namen mehr als gerecht.

Nachdem wir die Binnendüne und die Heidefläche verlassen haben, folgen wir dem Weg weiter durch den Wald. Am Ende des Weges treffen wir auf einen quer verlaufenden Pfad, dem wir nach links folgen. An der nächsten Kreuzung im Wald geht es für uns geradeaus weiter. Manchmal blockiert ein Baum den Weg, aber für Wanderer gibt es immer eine Möglichkeit durchzukommen.

So erreichen wir erneut den Waldrand und den Weg, den wir bereits kennen. Wir folgen dem Weg nun nach rechts und weiter bis zur nächsten Kreuzung. Der Weg verläuft

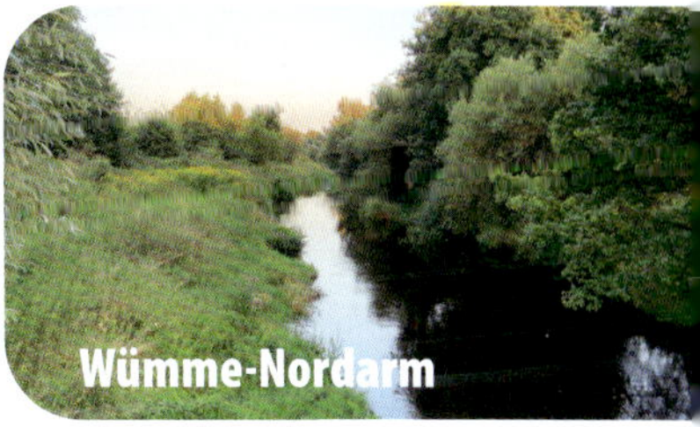

Wümme-Nordarm

wieder mitten durch die grünen **Wümmewiesen.** An der wenig befahrenen Landstraße biegen wir nach links ab. So erreichen wir die Wümmebrücke, die wir anfangs links von uns gesehen haben. Von der Brücke aus haben wir ein letztes Mal die Gelegenheit, dem Lauf des Wassers mit Blicken zu folgen, bevor es erneut hinein in den Wald geht.

Hinter der Brücke folgen wir dem bekannten Weg nach rechts in den Wald hinein und wie anfangs beschrieben wieder zurück. Dabei wählen wir den jeweils anderen der parallel verlaufenden Wege als am Anfang der Wanderung. Zunächst geht es auf dem Weg durch den Wald und dann auf der Straße zurück zum Gasthof Meyerdierks, an dem unsere Wanderung endet.

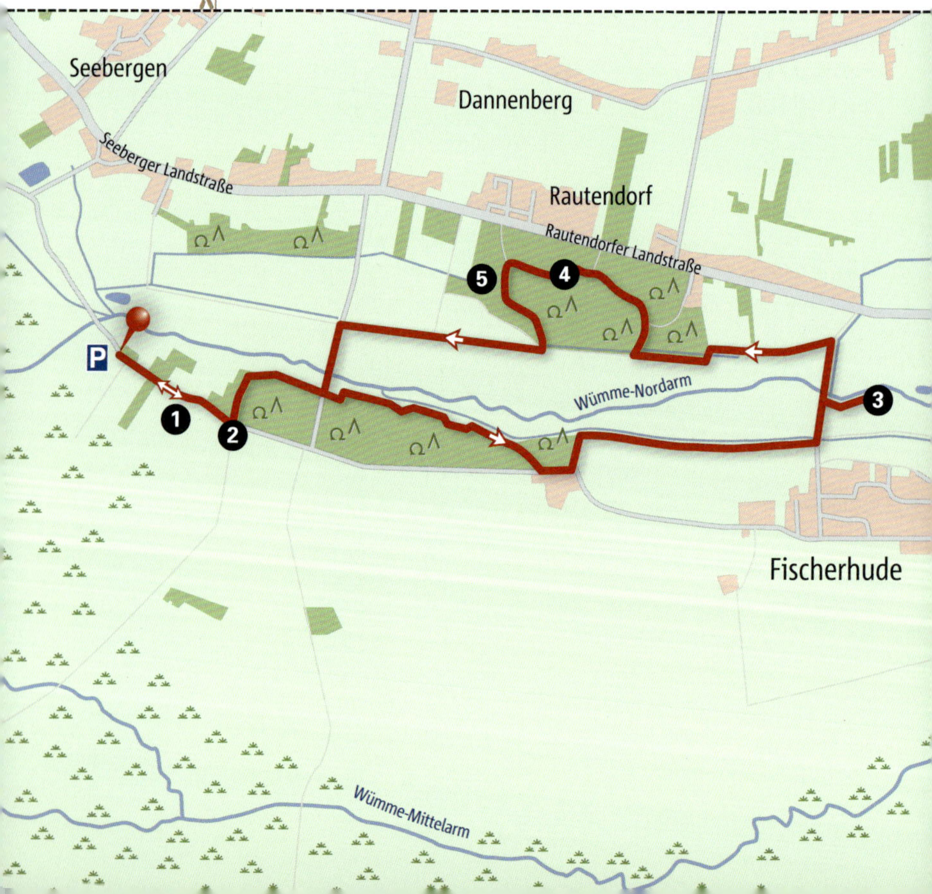

Alles auf einen Blick

WIE & WANN:
Schmale Wald- und Feldwege, kurze Etappen an der Straße; ganzjährig begehbar, gut für einen Sonntagnachmittag geeignet, beste Wanderzeit: April bis Oktober

HIN & WEG:
Auto: ehemalige Gaststätte Meyerdierks, Ebbensiek 1, 28870 Ottersberg
(GPS: 53.123960, 8.985222)
ÖPNV: keine direkte Anbindung an die Strecke

ESSEN & ENTSPANNEN:
Bitte an Rucksackverpflegung denken!

ENTDECKEN & ERLEBEN:
Jakobsweg ❶
Fischerhuder Wümmeniederung ❷
Stromschnellen der Wümme ❸
Binnendüne ❹
Zauberwald ❺

Entspannung ★★★★☆
Genuss ★★☆☆☆
Romantik ★★★☆☆

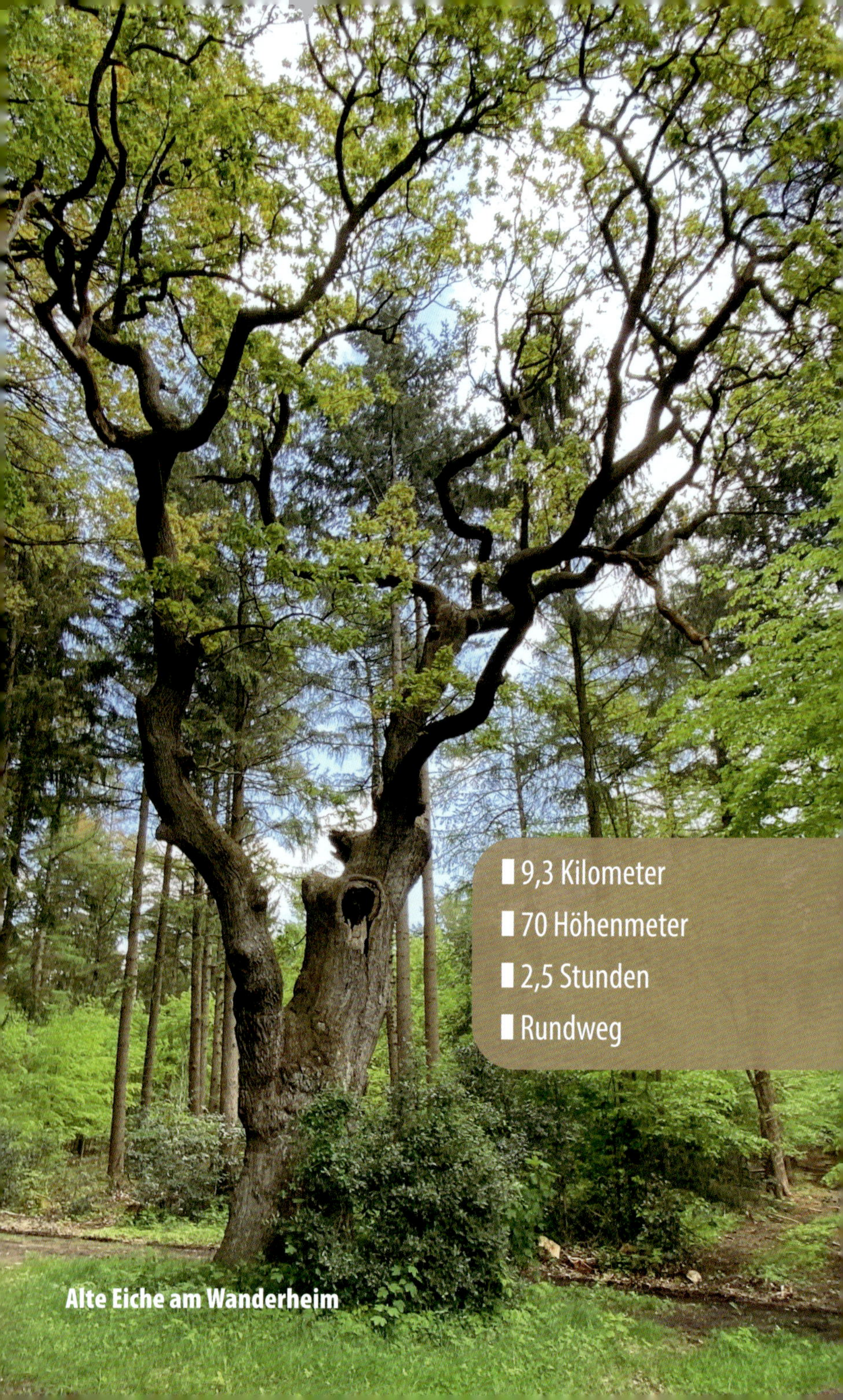

- 9,3 Kilometer
- 70 Höhenmeter
- 2,5 Stunden
- Rundweg

Alte Eiche am Wanderheim

Diese Rundwanderung im **Staatsforst Spange** führt uns in die Zeit zurück auf den Spuren der Bremer Jung-Wandervögel. Die Bewegung aus den 1920er-Jahren hatte in diesem Wald ein Wanderheim eingerichtet, dessen Überreste wir besuchen wollen. Unsere Wanderung führt dabei weitgehend durch die dichten Wälder westlich von Holtum (Geest) im Landkreis Verden.

Da der Wald durch die B 215 zweigeteilt wird, müssen wir diese Straße während unserer Wanderung zweimal überqueren. Am **nördlichen Waldrand** gibt es beiderseits der Straße B 215, die Verden an der Aller mit Rotenburg an der Wümme verbindet, jeweils einen einfachen Parkplatz. Von dort starten wir unsere Wanderung. Je nachdem welchen der beiden Parkplätze wir nutzen, müssen wir dazu erst einmal die Straße überqueren. Unser Blick schweift dabei weit über die vor

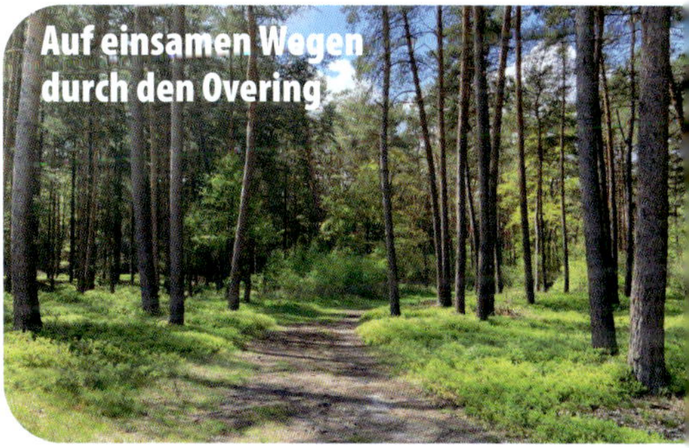
Auf einsamen Wegen durch den Overing

Die Wandervögel

Der Overing im Spanger Forst

uns liegenden Felder und Wiesen. Wenige Meter südlich der beiden Parkplätze führt unser Weg nach Westen in den Wald hinein.

Mehrere Wege führen durch den **Spanger Forst.** Jedoch sind die meisten dieser Waldwege mittlerweile wieder zugewachsen oder enden urplötzlich. Unser

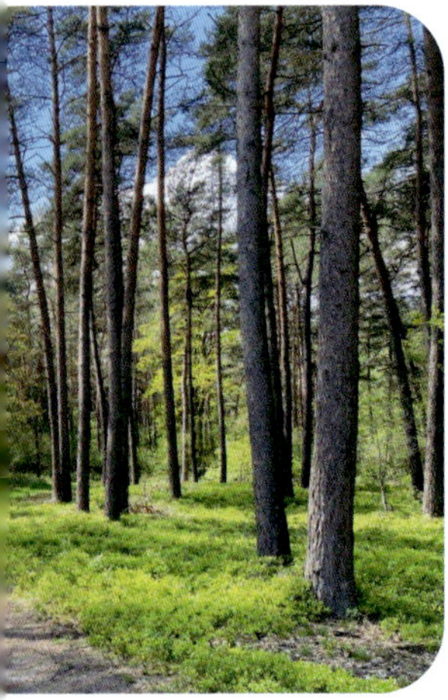

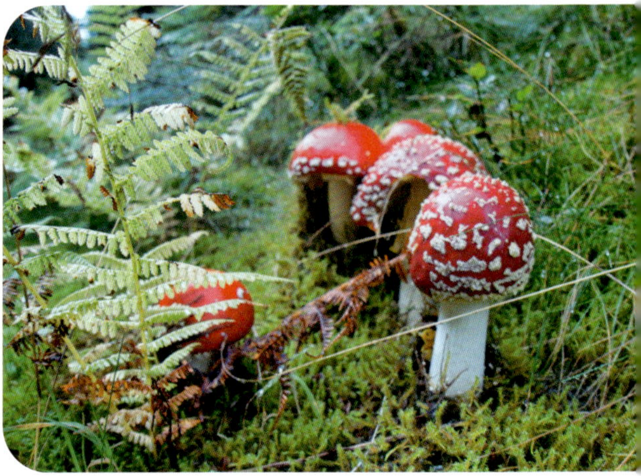

Weg führt uns gegen den Uhrzeigersinn teilweise durch den Wald und teilweise am Waldrand entlang.

Der breite Forstweg bringt uns erst einmal hinein in den Spanger Forst. Der Waldweg wird allmählich schmaler und endet schließlich an einer Schranke. Dahinter lichtet sich der Wald und vor uns liegen grüne Felder. Auf dem sandigen Weg wenden wir uns nach rechts und bei der nächsten Möglichkeit gleich wieder nach links. Abwechselnd führt uns dieser Weg vorbei an bestellten Feldern und dann wieder durch Waldstücke. Nach 600 Metern öffnet sich der Wald erneut und wir erreichen eine kleine Wegkreuzung, an der wir uns links halten und dem einsamen, gewundenen Weg durch den Wald folgen.

Kurz darauf öffnet sich der Wald rechts von uns wieder und hinter den Feldern erkennen wir im Hintergrund einen einsam gelegenen, frei stehenden Hof. Wir folgen unserem Weg weiter am Waldrand entlang. An der vor uns liegenden Rechtskurve gibt es einen besonders schönen Abstecher, der links durch den Wald verläuft. Der Weg ist zwar nicht auf den Karten eingetragen, aber dennoch gut erkennbar. Am Ende führt auch dieser Pfad wieder auf den Hauptweg.

Dann geht es weiter auf dem ursprünglichen Waldweg und wir folgen ihm 400 Meter, bis sich der Wald vor uns erneut lichtet. Hier kreuzen verschiedene Wege und wir halten uns links. Der schmale Pfad sucht sich seinen Weg durch das Dickicht der Bäume. Dabei lohnt ein Blick nach rechts. Dort haben wir eine sehr schöne Aussicht über die Felder in Richtung Langwedel.

Wir folgen dem schönen Pfad am Waldrand entlang, bis wir auf einen breiteren Querweg treffen, in den wir nach rechts einbiegen. Die erste beschilderte Abzweigung zum Overing lassen wir links liegen. So erreichen wir nach 150 Metern unseren Picknickplatz. Der kleine **Rastplatz Overing** ❶ liegt rechts des Weges an einer Wegkreuzung und bietet mit einigen Bänken genug Platz. Bei klarem Wetter können wir von hier aus bis nach Bremen sehen. Eine Tafel informiert zudem über die Geschichte des Overings und den Ursprung des Namens.

Nachdem wir uns mit dem mitgebrachten Proviant gestärkt und uns mit der Geschichte des Overings

Hier am Rande des Staatsforstes Spange liegt der 1538 erstmals urkundlich erwähnte frühere herrschaftliche ***Forst Overing.*** *Der Name Overing beschreibt die Lage. Er liegt auf einer Anhöhe oberhalb (over) eines niedrigen Gebietes, vom angrenzenden Wald fast umringt.*

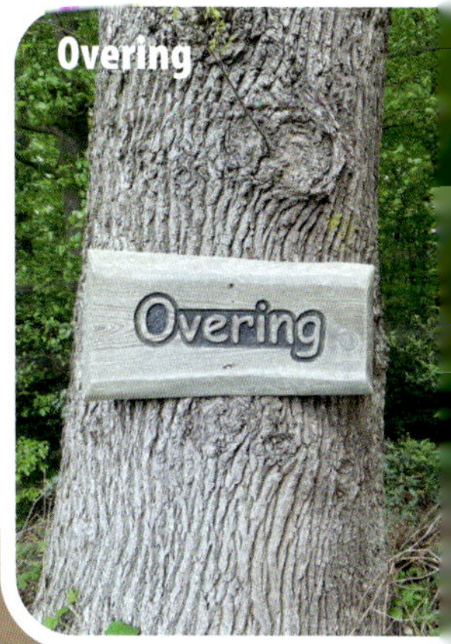

Overing

Für die Seele

Am Overing tauchen wir ein in die Geschichte der Bremer Jung-Wandervögel, die bereits vor 100 Jahren hier im Spanger Forst dem Alltag entflohen.

vertraut gemacht haben, geht es weiter auf die Suche nach den Spuren der Bremer Jung-Wandervögel aus dem letzten Jahrhundert. Dazu halten wir uns an der Wegkreuzung hinter dem Rastplatz links. Nach 200 Metern erreichen wir das ehemalige **Wanderheim am Overing** ❷ beziehungsweise den Hof, an dem sich früher das Wanderheim befand. Eine Tafel an der Scheune informiert Besucher heute über die Geschichte der Wandervögel, die hier einst genächtigt haben.

Das einsame Anwesen hat bereits eine lange Geschichte hinter sich. Schon in einer Urkunde von 1538 findet sich ein Eintrag. Und zwischen 1912 und 1952 stand hier auf dem Hof der Familie Oedding auch das Wandervogel-Landheim der Bremer Jung-Wandervögel.

Das kleine Wanderheim mit Gruppenraum und Küche wurde in Fachwerkbauweise erstellt und hatte lediglich ein einfaches Reetdach. Auf dem Dachboden bot es 20 Personen Platz zum Schlafen. Auf der Tafel an der Scheune sehen wir ein Foto des alten Landheims aus dem Jahr 1914 und bekommen so einen Eindruck von der einfachen Lebensweise der Wander-

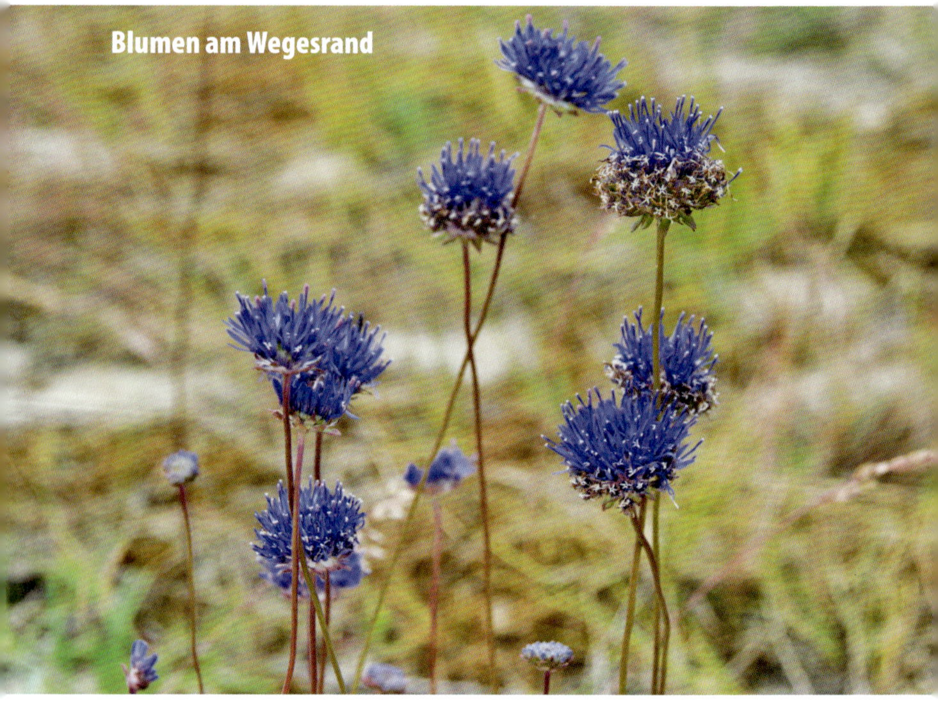

Blumen am Wegesrand

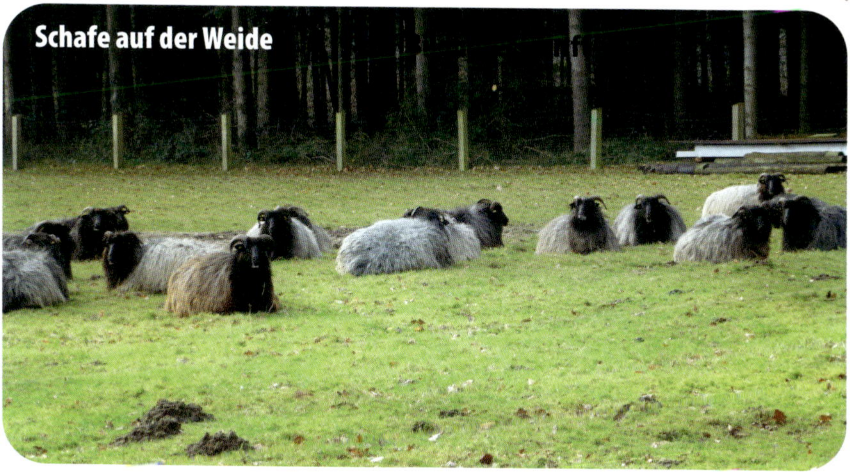

Schafe auf der Weide

vögel. Kein Vergleich zu unserer heutigen Zeit. Die Bremer Jung-Wandervögel besuchten ihr Wanderheim sehr gerne. Dazu fuhren sie mit der Bahn bis nach Langwedel und wanderten vom Bahnhof aus die rund 7 Kilometer zu dieser Unterkunft. Von hier aus konnten sie die Region erkunden.

Bevor wir weiterwandern, lohnt ein Abstecher zur **Alten Eiche** ❸ hinter dem Anwesen. Dazu folgen wir dem Weg rechts von der Scheune 50 Meter am Zaun entlang in Richtung Norden. Dann stehen wir direkt vor dem imposanten Baum, den sicher auch die Wandervögel schon bestaunt haben.

Zurück auf unserem Weg verlassen wir wenig später den Wald. Der Weg führt jetzt am Waldrand entlang, sodass wir einen schönen Blick über die angrenzenden Felder in Richtung Süden haben. Es gibt auch einen Weg durch den südlichen Spanger Forst, allerdings sind viele Abschnitte mittlerweile zugewachsen. Wir erreichen die Landstraße B 215, die wir ja bereits kennen, und überqueren diese 100 Meter weiter rechts.

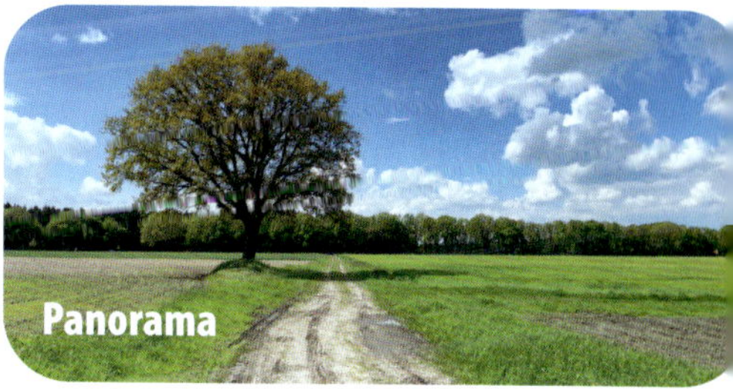

Panorama

Auf der gegenüberliegenden Seite folgen wir dem Feldweg weiter am Waldrand entlang, bis dieser nach 400 Metern in den Wald eintaucht. Wir halten uns an der Stelle jedoch links, da wir auf den Steinberg wollen. Der Weg führt uns leicht bergan. Gut, es geht nicht wirklich bergauf. Aber wir besteigen gerade immerhin den **Steinberg** ❹, mit 73,9 Metern über dem Normalhöhennull die höchste Erhebung im Landkreis Verden. Oben auf dem Steinberg angelangt, steht links des Weges sogar ein entsprechend markierter Findling des Waller Heimatvereins.

*Dank Friedrich Gauß schaffte es der **Steinberg** auf die Rückseite des ehemaligen 10-Mark-Scheins. Auf der Anhöhe war eine seiner Messstationen und der Steinberg ist Teil des auf dem Schein abgebildeten Koordinatensystems.*

Nach dieser kleinen Bergbesteigung müssen wir nicht lange ausruhen. Etwas weiter vor uns treffen wir auf eine Wegkreuzung, an der wir uns nach rechts wenden. Der Weg bringt uns hinab zu einem Querweg, dem wir nun nach rechts, quasi zurück, folgen. An der vor uns liegenden Lichtung wenden wir uns nach links, um wenig später wieder in den Wald einzutauchen.

Findling am Steinberg

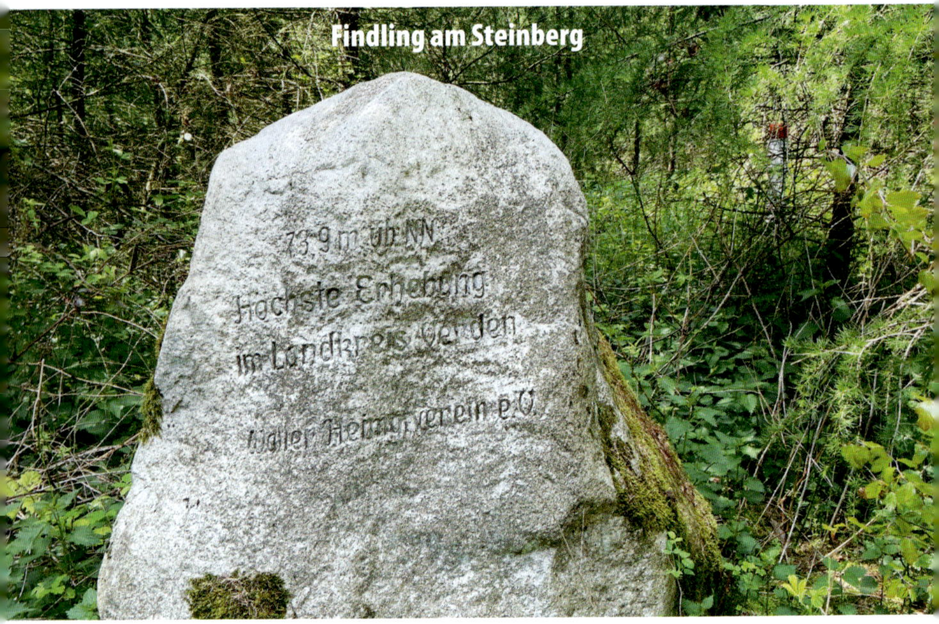

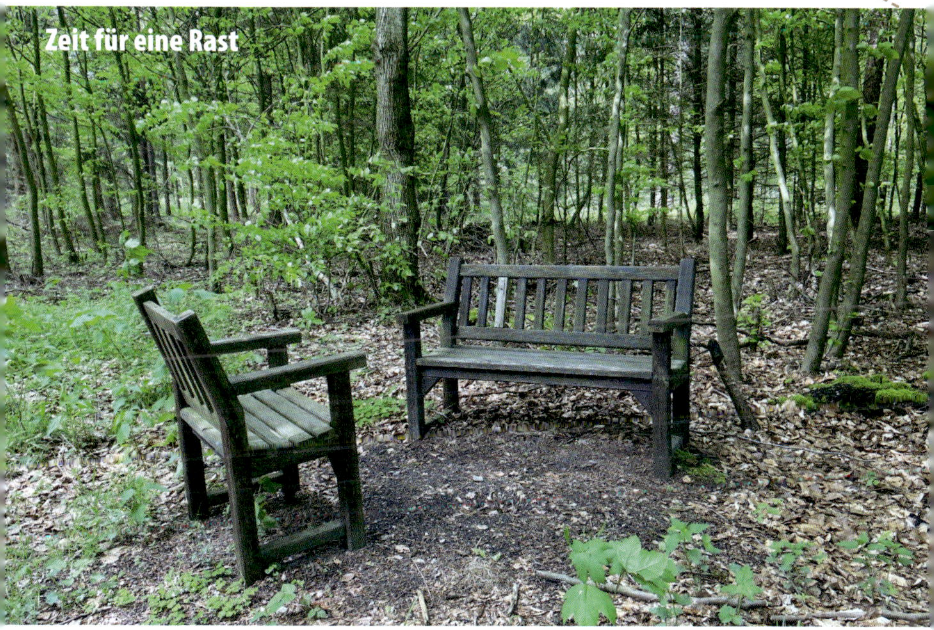

Zeit für eine Rast

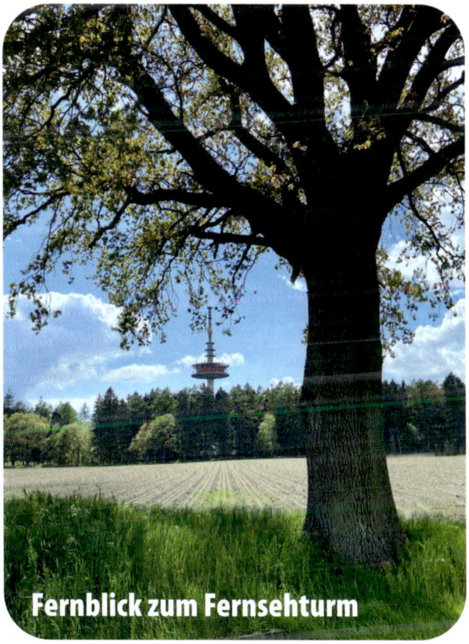

Fernblick zum Fernsehturm

Wir folgen jetzt einem sehr schönen Waldweg. Mitten im Wald treffen wir dabei auf eine eigentümliche, aber bequeme Sitzgruppe aus Gartenmöbeln. Hoffentlich bleibt dieser ungewöhnliche Rastplatz hier erhalten. Wenig später zweigt unser Weg nach links ab und wir erreichen eine befestigte Waldstraße. Dieser selten befahrenen Straße folgen wir nach links und verlassen so ein letztes Mal den Spanger Forst.

Vor uns liegt freies Feld, mittendrin ein einzelner großer, frei stehender Baum. Links sehen wir den Funkturm und nach rechts haben wir wieder eine sehr schöne Fernsicht über die weiten Felder. Nicht weit entfernt sehen wir **Heidkrug,** eine kleine Ansammlung von Höfen.

Doch erst einmal folgen wir weiter geradeaus dem Weg durch die Felder, der sehr bald in einen Sandweg übergeht, vorbei an einer mächtigen, großen Eiche. Immer geradeaus erreichen wir wieder die B 215 und damit auch die beiden Parkplätze. Damit endet unsere Wanderung auf den Spuren der Bremer Jung-Wandervögel. Wer mag, macht noch einen Abstecher zum 1 Kilometer entfernten **Restaurant Der Heidkrug** 5 mit seinen hervorragenden Wildgerichten. Dafür können wir natürlich das Auto nutzen.

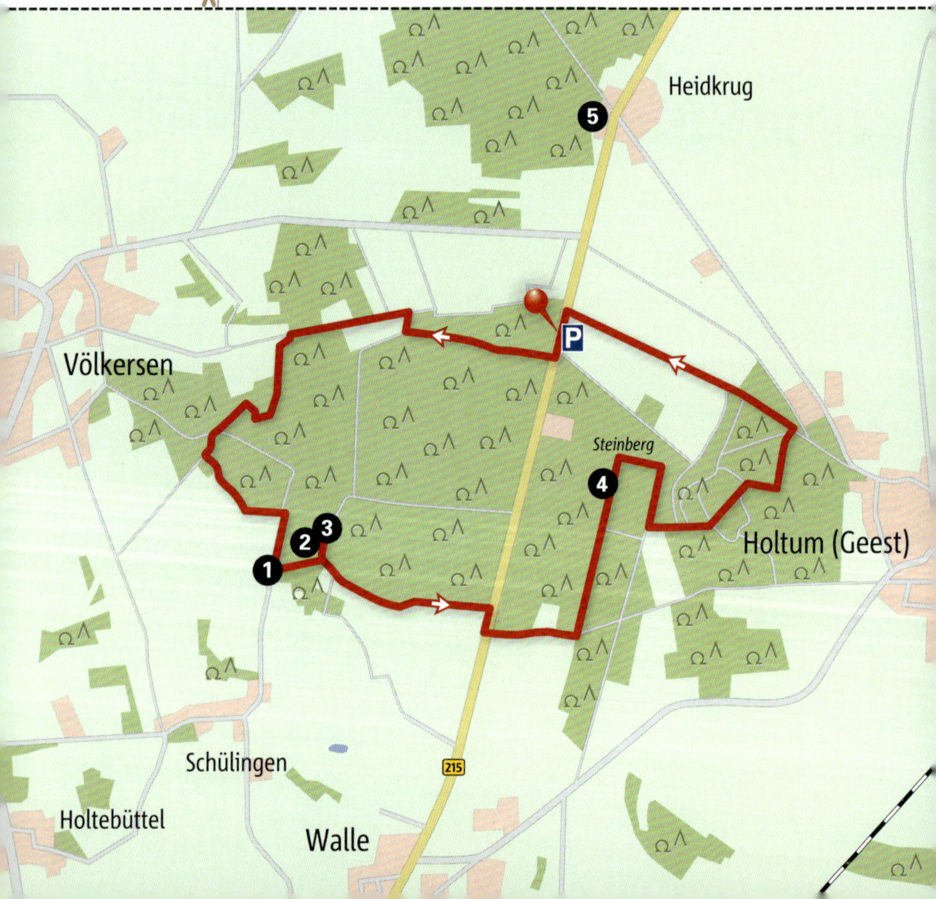

Alles auf einen Blick

WIE & WANN:
Einsame Wald- und Feldwege mit schönen Aussichten in das Umland; beste Wanderzeit: April bis Oktober

HIN & WEG:
Auto: Parkplatz an der B 215 zwischen Verden Walle und Heidkrug, 27308 Kirchlinteln (GPS: 53.002559, 9.270235)
ÖPNV: keine direkte Anbindung an die Strecke

ESSEN & ENTSPANNEN:
Für unterwegs an Rucksackverpflegung denken!

Restaurant Der Heidkrug ❺ Heidkrug 3, 27308 Kirchlinteln, Tel. (0 42 30) 9 32 30, www.der-heidkrug.de

ENTDECKEN & ERLEBEN:
Rastplatz Overing ❶
Ehemaliges Wanderheim am Overing ❷
Alte Eiche ❸
Steinberg ❹

Entspannung ✱✱✱✱✱
Genuss ✱✱✱
Romantik ✱✱✱

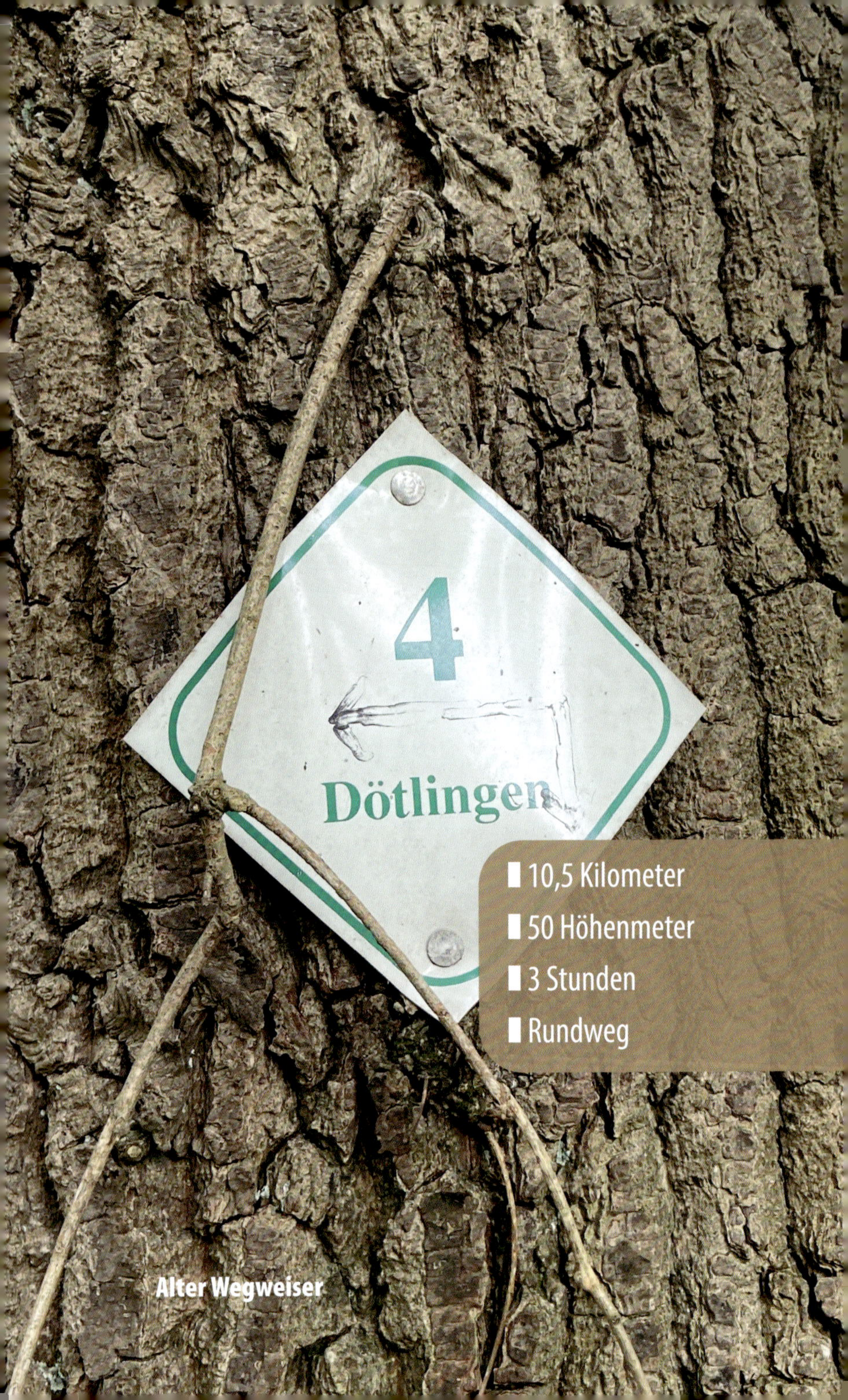

- 10,5 Kilometer
- 50 Höhenmeter
- 3 Stunden
- Rundweg

Alter Wegweiser

Stüher Forst und Welsburger Holz liegen südwestlich von Ganderkesee und ermöglichen uns eine kleine Zeitreise. Es geht um ehemalige Auswanderer, Raubritter und einen Wilderer. Doch dazu mehr, während wir unterwegs sind. Ausgangspunkt unserer Rundwanderung ist der kleine Wanderparkplatz Stühe neben der Stüher Straße zwischen Immer und Brettorf. Nahe der Straße steht eine Tafel, die über den Wald und seine Wege informiert. Unser Rundweg führt durch dichte Wälder auf überwiegend breiten, doch meist naturnahen Wegen. Diese Rundwanderung ist deshalb ideal zum Entschleunigen, nur wenige Etappen verlaufen auf Asphalt.

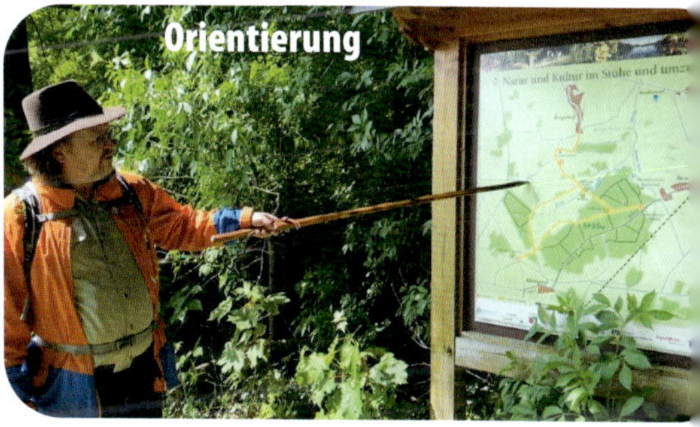

Am **Wanderparkplatz Stühe** orientieren wir uns kurz an der Wanderkarte. Dann geht es vom Parkplatz aus, weg von der Stüher Straße, hinein in den Wald. Anfangs folgen wir dabei noch dem Zu-

Auf Zeitreise

Stüher Forst & Welsburger Holz

fahrtsweg, der zur nahen Seniorenresidenz am Waldrand führt. Kurz davor nehmen wir an einer Weggabelung den linken Weg und verlassen die Straße. Der breite Waldweg bringt uns tief hinein in den **Stüher Forst** ❶. Nach einer Linkskurve des Weges gibt es nach weiteren 300 Metern auf der linken Seite etwas zu

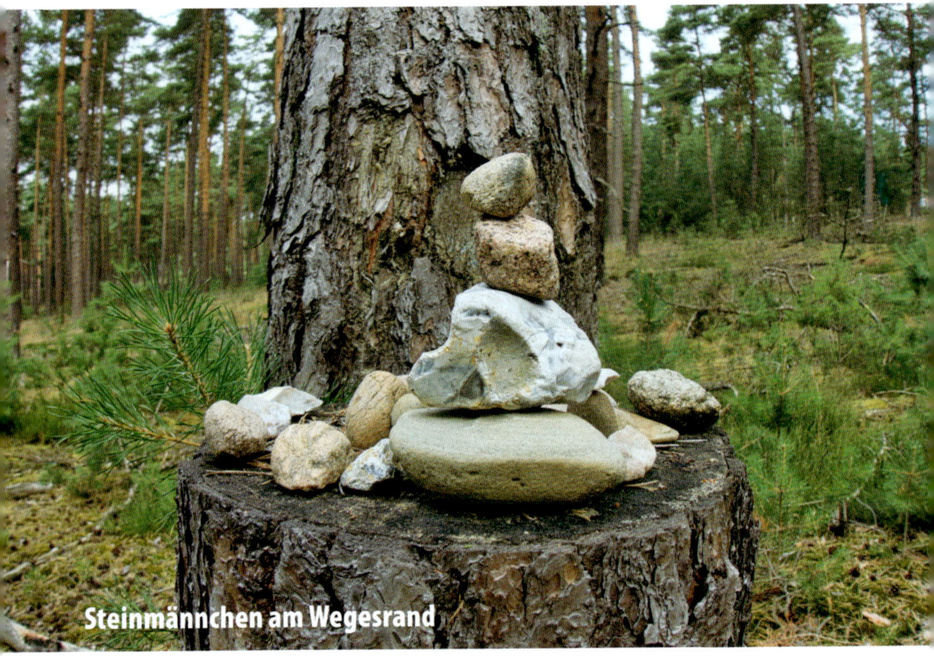

Steinmännchen am Wegesrand

entdecken. Dort befindet sich ein **versteckter Teich** in einem kleinen Moor auf einer Lichtung. Am Wegesrand sehen wir ein kleines Hinweisschild auf dieses **Naturdenkmal.** Der schmale Pfad dahin ist jedoch sehr feucht. Besser wir bleiben am Wegesrand und werfen von hier aus einen Blick hinüber.

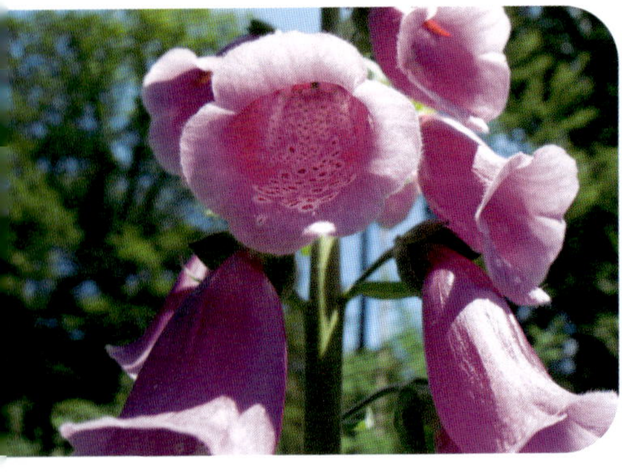

Weiter geht es auf dem breiten Waldweg bis zum **Welsburger Damm.** Wir biegen rechts ab und verlassen wenig später den Wald. Aber wir werden im Verlauf unserer Wanderung noch mehr von diesem schönen Forst zu sehen bekommen. Vorerst verläuft der Weg jetzt vorbei an grünen Wiesen und Weiden. Hinweisschilder am Wegesrand informieren sowohl über Flora und Fauna wie auch über die ehemalige

Welsburg, die hier einmal gestanden hat und Sitz von Raubrittern war.

Die **Welsburg** ② wurde im Spätmittelalter um 1350 von den Delmenhorster Grafen aus dem Hause Oldenburg errichtet. Sie diente dem Schutz der Grafschaft Delmenhorst und lag an der Flämischen Straße, einem Fernverkehrsweg. Zwischen 1407 und 1480 wurde die Welsburg mehrfach erobert, zerstört, wieder aufgebaut und schließlich komplett zerstört.

*Die **Welsburg** war eine sogenannte Gräftenburg. Den Kern bildete ein quadratisch aufgeschütteter Burghügel von 35 mal 35 Metern. Rundherum gab es eine Palisade und einen breiten Wassergraben. Eine Brücke führte über eine zweigeteilte Vorburg mit den Stallungen zur Hauptburg.*

Von der Welsburg, die links von uns lag, ist jedoch nichts mehr zu sehen. Heute grasen hier Rinder. Eine Tafel informiert vor Ort aber über die Geschichte der ehemaligen Raubritterburg. Das Gelände steht unter Denkmalschutz.

Hier residierten einst Raubritter

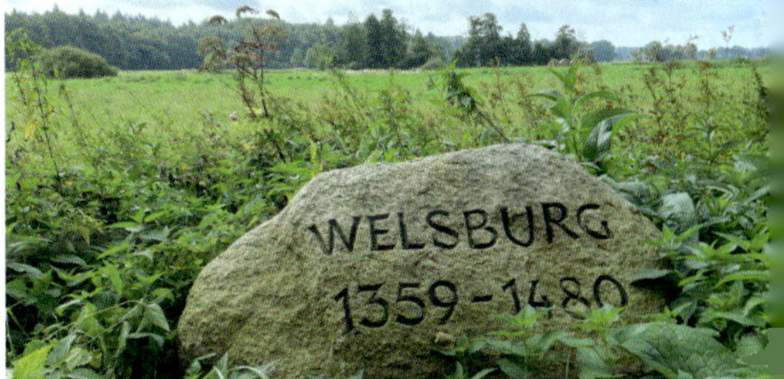

Dann geht es für uns weiter vorbei an grünen Wiesen. Vor uns sehen wir einen einsamen Hof in der Ferne. Kurz davor biegen wir nach links in die Straße **Welsburger Heide** ab. Vorbei an weiteren landwirtschaftlichen Flächen folgen wir dem befestigten Weg, der selten befahren wird, bis zum nächsten einsam gelegenen Hof, der hinter einem Querweg liegt. Hier halten wir uns links. Nach 150 Metern verlassen wir die Straße und folgen dem Waldweg nach rechts in das **Welsburger Holz** ③. Wir bleiben auf dem Forstweg parallel zu einem Wassergraben. Der Weg führt gegen den

Für die Seele

Wir reisen zurück in die Geschichte und erfahren dabei einiges über die letzten Raubritter, den bekanntesten Wilderer der Region und friesische Auswanderer.

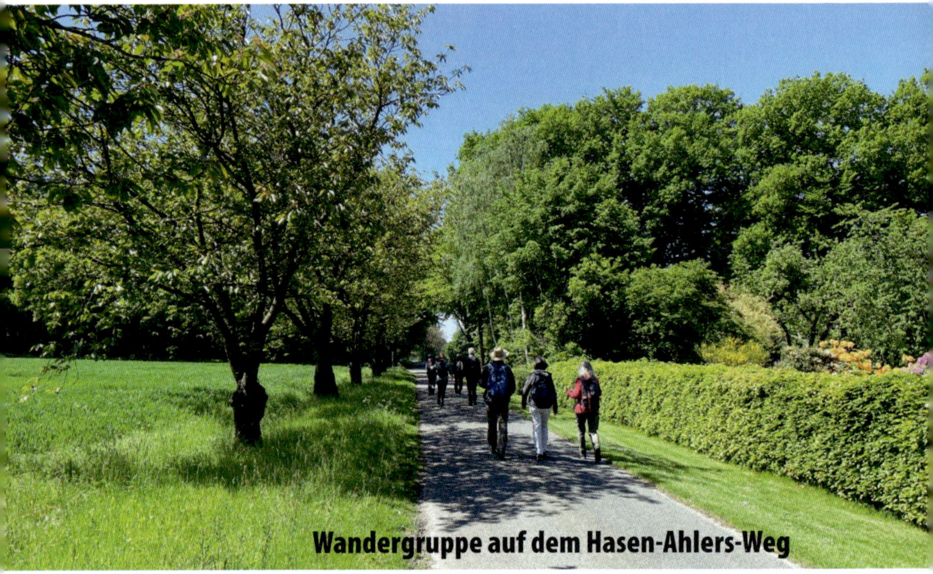

Wandergruppe auf dem Hasen-Ahlers-Weg

Uhrzeigersinn einmal durch den Wald. Dazwischen gibt es immer wieder kleine Verbindungswege, die aber mehr und mehr zuwachsen.

Daher bleiben wir auf unserem Rundweg durch den Wald. Am nördlichen Ende halten wir uns links, kurz bevor wir die Bareler Straße erreichen. Wenig später biegt der Weg erneut nach links ab. Vor uns liegt jetzt der schönste Abschnitt des Waldes. Nach etwa 700 Metern verläuft sich der Weg geradeaus ins Leere. Zeit für uns, dem Verlauf des Hauptweges nach links zu folgen. Wenig später verlassen wir so den Wald und erreichen die Straße **Zum Welsburger Holz,** der wir nach rechts folgen. Im Vergleich zum größeren Stüher Forst ist das Welsburger Holz ein eher kleiner Wald.

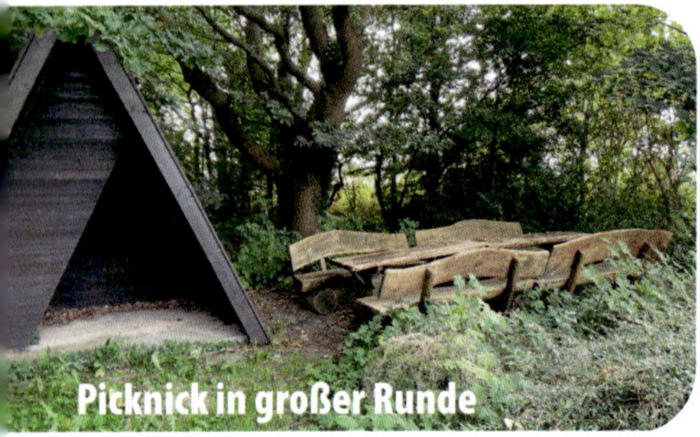

Picknick in großer Runde

Anfangs verläuft unser Weg noch parallel zum südlichen Teil des Waldes. Dann treffen wir an einer Wegkreuzung auf den **Hasen-Ahlers-Weg.** Bevor wir nach links erneut in Richtung Stüher Forst abbiegen, machen wir einen sehr interessanten Abstecher nach rechts zum Hasen-Ahlers-Denkmal.

Dazu folgen wir der befestigten Straße ohne besonderen Verkehr bis zur großen Wegkreuzung am **Stedinger Weg.** Hier steht auf der linken Seite ein **Ehrenmal für die Gefallenen** aus den beiden Weltkriegen. Kurz dahinter gibt es einen schönen **Picknickplatz** ❹ mit einer Schutzhütte und einer großen Sitzgruppe, die auch für eine kleine Wandergesellschaft ausreicht. Den mitgebrachten Proviant können wir auf dem großen Tisch ausbreiten.

Gegenüber unserem Rastplatz gibt es eine weitere Karte des Stüher Forstes, an der wir uns erneut orientieren und den weiteren Verlauf unserer Wanderung prüfen können. Dann überqueren wir die Landstraße und folgen dem Weg geradeaus zu dem vor uns liegenden Hof.

Am Anfang dieses Hofes steht auf der rechten Seite das **Hasen-Ahlers-Denkmal** ❺. Ein Hase ziert den Gedenkstein, wie Hinnerk Ahlers es sich der Legende nach zu seinen Lebzeiten gewünscht hatte. Hinnerk

Hinnerk Ahlers
(1831–1913) verließ sein Elternhaus, um als Einsiedler im Stüher Forst zu leben. Der fast 2 Meter große Wilddieb war ein Original. Er verkaufte Holz und Jagdbeute in Delmenhorst und Bremen und wurde dabei mehrfach verhaftet.

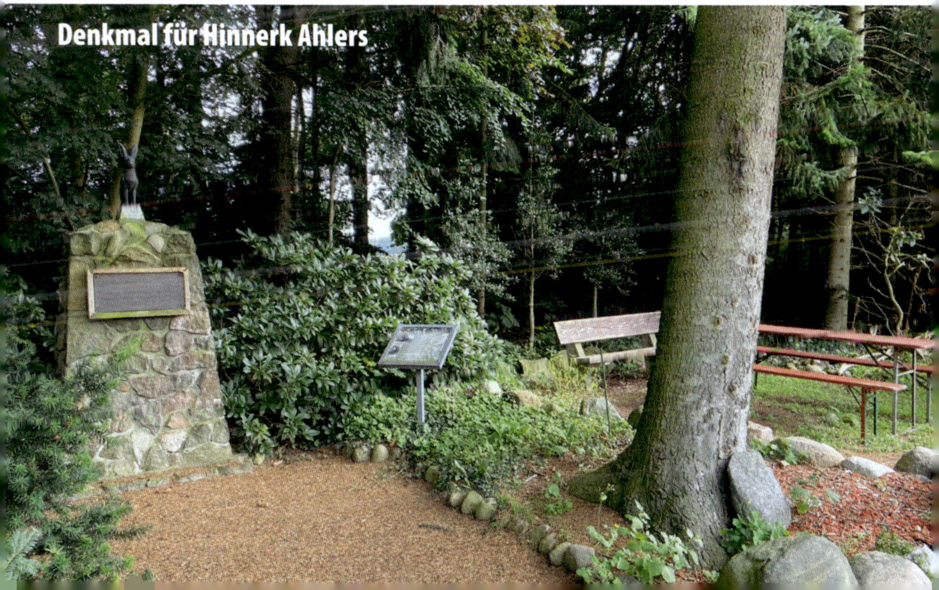
Denkmal für Hinnerk Ahlers

Ahlers war ein Naturmensch, der im Stüher Forst lebte und seinen Unterhalt meist als Wilderer verdiente. Den Spitznamen Hasen-Ahlers hat er durch eben diese Wilderei bekommen.

Eine Tafel neben dem Gedenkstein versorgt uns mit weiteren interessanten Details über die Geschichte des berühmtesten Wilddiebs der Region, ergänzt durch alte Fotos von Hinnerk Ahlers.

Nach unserem Besuch beim Hasen-Ahlers geht es wieder zurück auf gleichem Weg, vorbei an unserem Picknickplatz in Richtung Stüher Forst. Wir folgen dabei dem **Hasen-Ahlers-Weg** und wandern somit auf den Spuren des berühmten Wilderers. Hinter der Wegkreuzung, an der wir vorher von links kamen, geht es jetzt geradeaus weiter. Vorbei an dem links von uns liegenden Hof macht die Straße einen leichten Linksbogen. Wir nehmen stattdessen den schöneren Waldweg, der halbrechts in den Stüher Forst einbiegt.

Auf einem breiten Forstweg geht es jetzt wieder hinein in den dichten Wald. Am Wegesrand sehen wir gelegentlich aufgestapelte Baumstämme, die zum Ab-

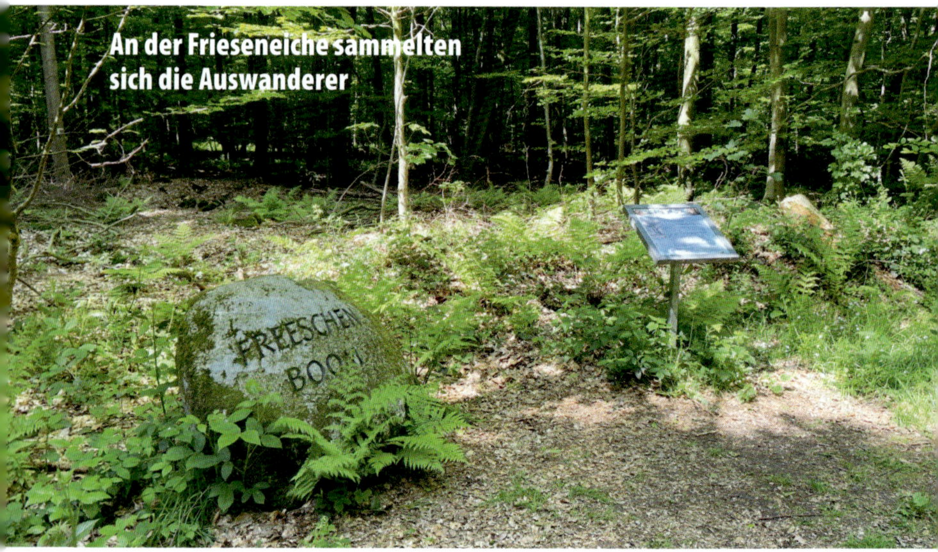

An der Frieseneiche sammelten sich die Auswanderer

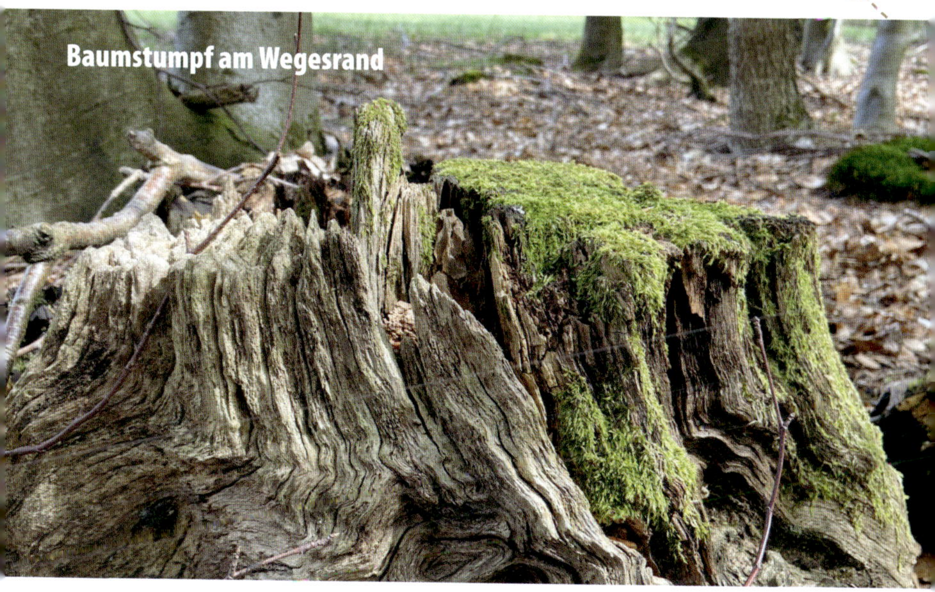

transport bereitliegen. Schließlich treffen wir erneut auf den Hasen-Ahlers-Weg, der von links kommt. Jetzt ist er jedoch keine Straße mehr, sondern ein schöner Waldweg, dem wir folgen wollen. Im Prinzip geht es für uns jetzt immer geradeaus auf dem Hasen-Ahlers-Weg durch den Stüher Forst.

Nach 1 Kilometer weist jedoch ein Schild nach links zum **Freeschenboom 6**, zu Deutsch: Friesenbaum. Die Eiche mit Geschichte ist unser drittes Etappenziel auf unserer Zeitreise durch den Wald. An der alten Frieseneiche trafen sich im 17./18. Jahrhundert die Auswanderer aus der Region auf ihrem Weg nach Holland. Vor Ort gibt es neben der 1981 neu gepflanzten Eiche einen Gedenkstein, der an die Männer erinnert, die von hier aus in die Ferne zogen.

Die ehemalige Frieseneiche hatte am Boden einen Umfang von 10 Metern. Im Mai 1889 stürzte der mittlerweile hohle Baum unter seinem eigenen Gewicht zusammen. Heute stehen wir vor dem neuen, noch jungen Baum, studieren die Informationen auf der

> *Bittere Not trieb in vergangenen Zeiten die* ***Zweit- und Drittgeborenen*** *in die Ferne, da der elterliche Hof sie nicht ernähren konnte. Sie suchten ihr Glück in Holland, wo sie als Grasmäher, Torfstecher oder Seefahrer ihr Brot verdienen mussten.*

Tafel neben dem Gedenkstein und sind froh, nicht in der alten Zeit zu leben.

An vielen Stellen der Region gibt es solche Bäume, an denen sich die Auswanderer trafen, um sich gemeinsam auf die Reise in eine unsichere Zukunft zu machen.

Nach dem Besuch an der Frieseneiche geht es wieder zurück auf den Hasen-Ahlers-Weg, dem wir nun weiter folgen, bis er nach 500 Metern auf einen uns bereits bekannten Weg trifft, den Zufahrtsweg zur Seniorenresidenz. Wir biegen nach rechts ab und wenig später endet unsere Wanderung an unserem Auto auf dem Wanderparkplatz.

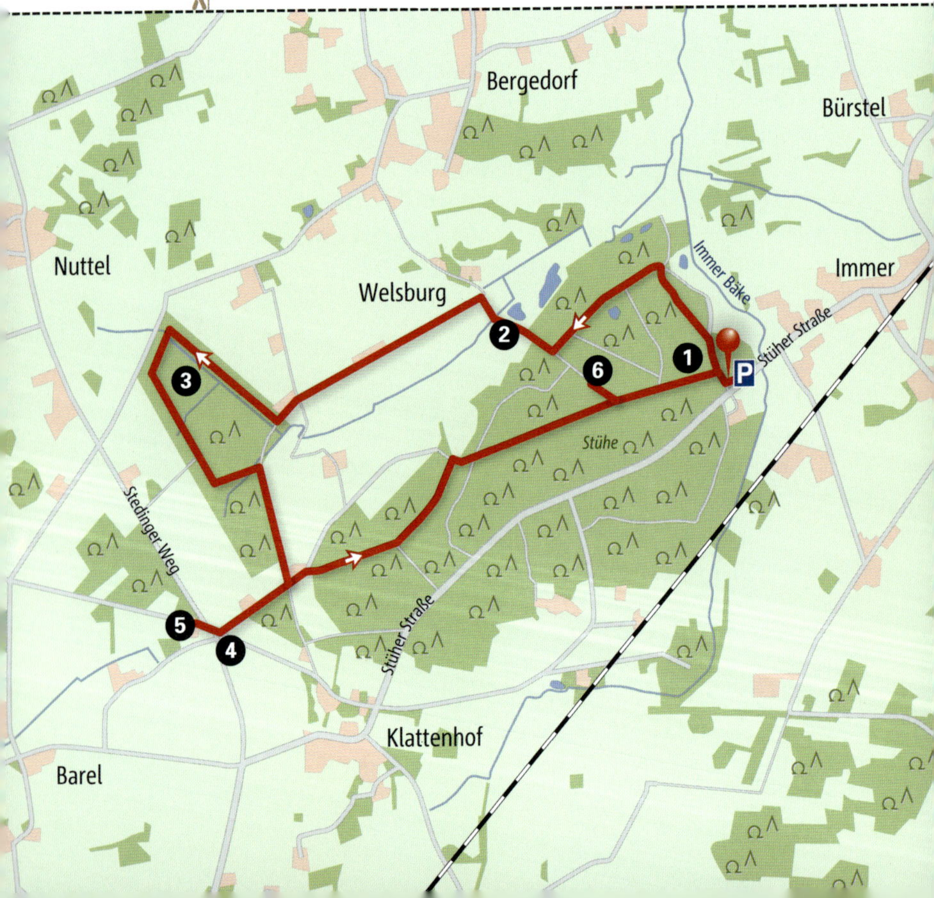

Alles auf einen Blick

WIE & WANN:
Einsame Wald- und Feldwege, kurze Etappen auf Asphalt; ganzjährig begehbar, beste Wanderzeit: April bis Oktober

HIN & WEG:
Auto: Wanderparkplatz Stühe an der Stüher Straße, südwestlich von Ganderkesee (GPS: 53.006070, 8.492520)
ÖPNV: keine direkte Anbindung an die Strecke

ESSEN & ENTSPANNEN:
Bitte an Rucksackverpflegung denken!

ENTDECKEN & ERLEBEN:
Stüher Forst ❶
Welsburg ❷
Welsburger Holz ❸
Picknickplatz ❹
Hasen-Ahlers-Denkmal ❺ www.hasenahlers.de
Freeschenboom ❻

Entspannung ★★★★☆
Genuss ★★★☆☆
Romantik ★★★★★

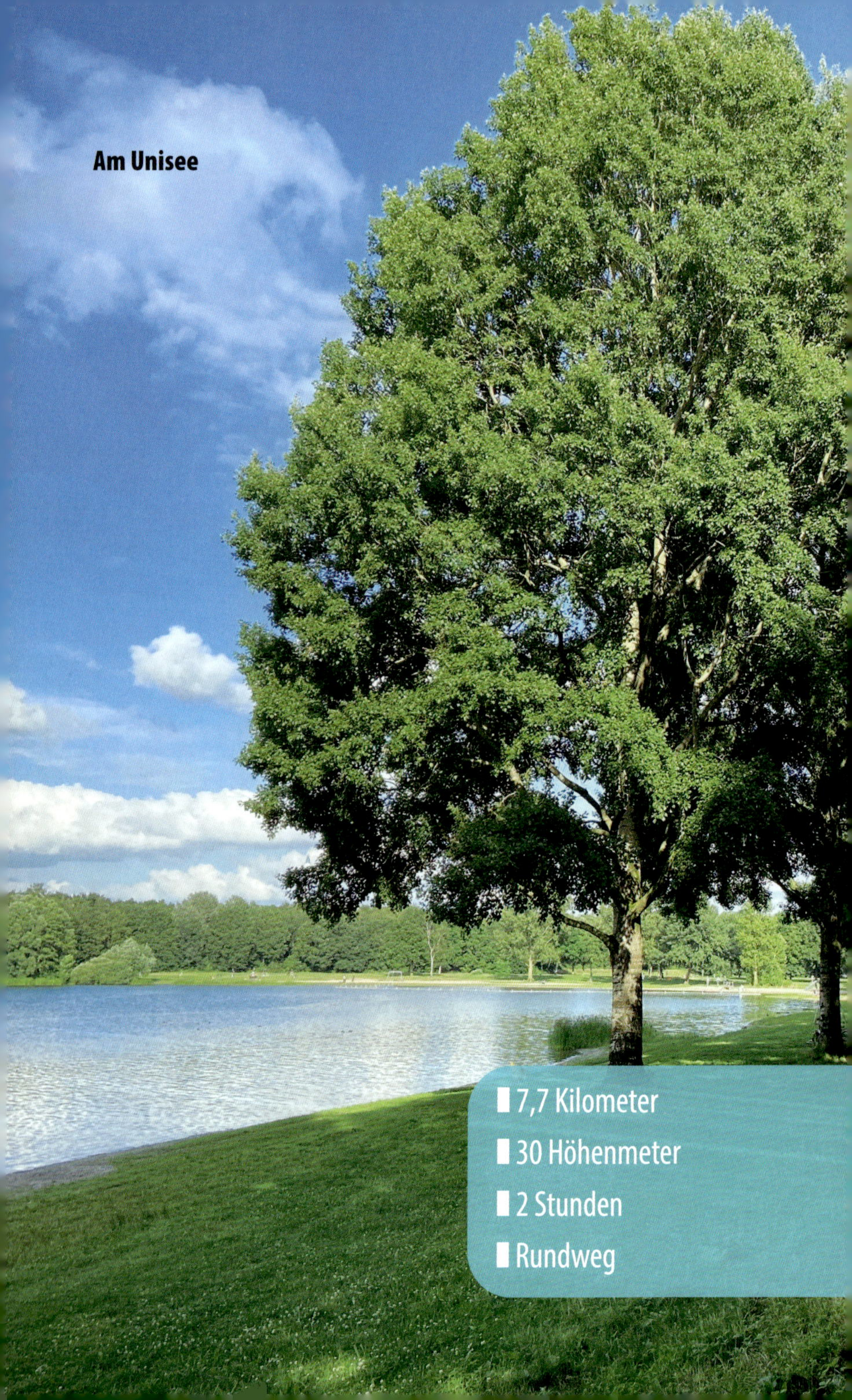

Am Unisee

Es ist Sommer und wir wollen die Wanderung mit einem Bad kombinieren. Der Stadtwaldsee, besser bekannt als Unisee – aufgrund der nahen Universität –, soll dazu unser Ziel sein. Kombinieren werden wir die Wanderung mit dem Bremer Stadtwald. Im Vergleich zum südlich angrenzenden Bürgerpark ist es hier etwas ruhiger und tatsächlich mehr Wald als Park.

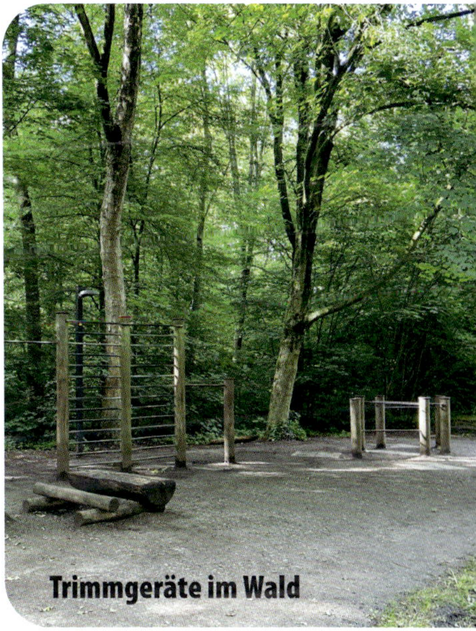
Trimmgeräte im Wald

Von der **Haltestelle** der Straßenbahnlinie 8 folgen wir der Kulenkampffallee nach Westen zur nahen Parkallee. Über die Ampel geht es hinüber zum Bürgerpark, dessen Besuch wir uns für später aufheben. Stattdessen folgen wir dem Fußweg nach rechts unter der Bahnlinie hindurch. Links von uns erreichen wir einen kleinen Parkplatz, der zur **Finnbahn im Bürgerpark** ❶ gehört. Hier biegen wir nach links in den **Stadtwald** ein.

Hinter dem Parkplatz steht eine kleine Schutzhütte, an der sich die Läufer der Finnbahn treffen. Eine Tafel informiert hier über den **Naturlehr- und Erlebnispfad** ❷ im Stadtwald. Einige Stationen dieses gut markierten Rundweges werden wir besuchen.

Während die Finnbahn links von uns verläuft, folgen wir dem Weg rechts der halboffenen Hütte geradeaus in den Wald. An einer Lichtung mit großer Wiese

Die grüne Lunge

Stadtwald und Unisee

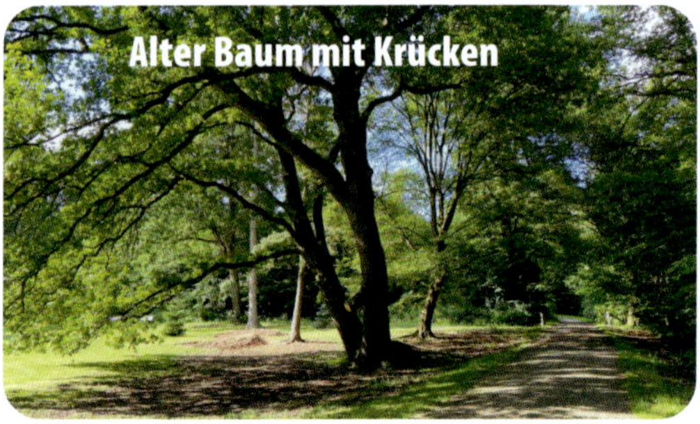

Alter Baum mit Krücken

halten wir uns an der Wegkreuzung rechts, um sogleich wieder in den Wald einzutauchen. Kurz davor sehen wir links von uns zwei markante alte Bäume, die bereits durch Seile abgesichert sind, damit sie nicht umstürzen.

Wir bleiben auf unserem Weg durch den parkähnlichen Wald, der immer wieder von grünen Lichtungen unterbrochen wird, bis zur Fritz-Hollweg-Brücke, die über einen Arm des **Kleinen Stadtwaldsees** führt. Wir treffen auf einen Querweg, dem wir nach links folgen, und umrunden so das Gewässer. Nördlich des Sees steht ein kleiner **Aussichtsturm ③**, den wir besuchen wollen. Stufen bringen uns hinauf. In den Pfeilern des Turms gibt es einiges zu entdecken.

*Der **Turm** wurde Anfang des 20. Jahrhunderts von Gabriel von Seidl entworfen und diente als Aussichtsturm. Hinter der Tür führt eine Treppe hinauf auf die obere Aussichtsebene. Heute ist nur die untere Plattform nutzbar.*

Anschließend geht es vom Turm aus weiter in Richtung Südwesten, wieder in den Stadtwald hinein. Der Weg führt durch den Wald, bis wir im Süden an einer Lichtung erneut die Finnbahn erreichen. Wir folgen dem Weg über die Lichtung in den Wald, wo

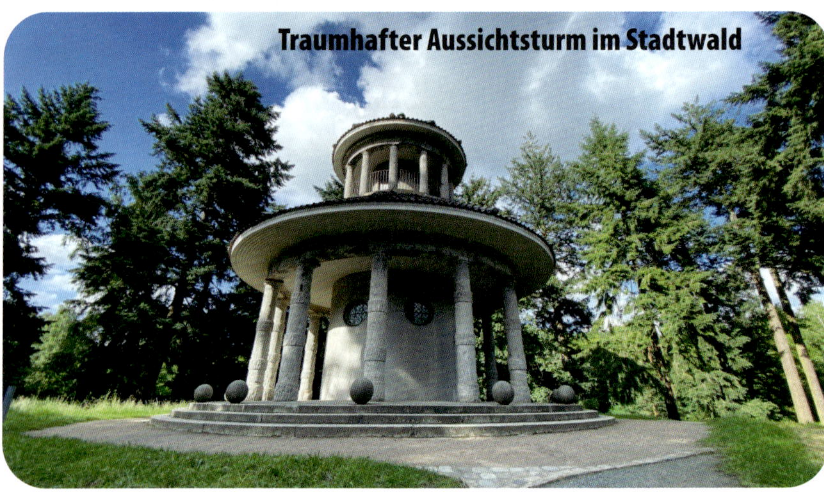

Traumhafter Aussichtsturm im Stadtwald

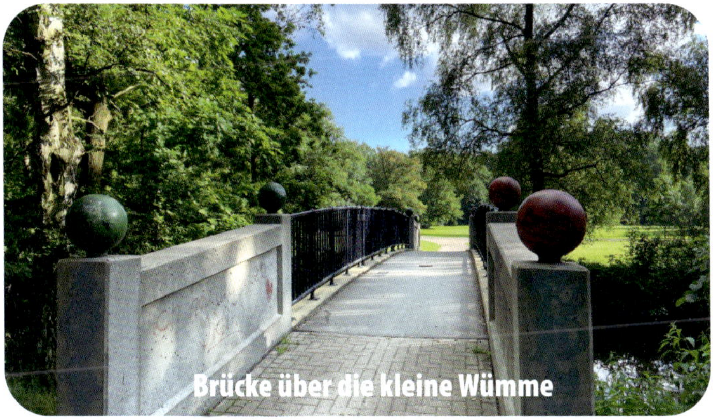

Brücke über die kleine Wümme

wir die Laufbahn gleich wieder verlassen. Auf halber Strecke durch den Wald treffen wir auf eine Station des Natur- und Erlebnispfades. Hier wird das Leben in einem Baum mit dem Leben in einem Haus verglichen. So wird Natur nicht nur für mitwandernde Kinder gleich noch anschaulicher.

Am Ende des Waldes biegen wir an der zweiten Wegkreuzung nach rechts ab. Links von uns liegt eine große Wiese. An der nächsten Kreuzung erreichen wir eine kleine, offene Schutzhütte. Wir bleiben auf unserem Weg geradeaus, kreuzen den Hauptweg, der rund um den Stadtwald führt, und treffen auf die Kleine Wümme. Eine Brücke bringt uns hinüber. Hinter der Straße befindet sich der **Unisee.** Für ein Bad ist es noch zu früh, auch wenn rechts von uns bereits der Strand zu sehen ist.

Für die Seele

Auf dieser Wanderung können wir alles kombinieren: das Wandern mit einem Bad im See und leckerem Essen in verschiedenen Lokalitäten.

Das **Restaurant Il Lago** am Stadtwaldsee bietet gute italienische Küche mit grandioser Aussicht über den See. Eigentlich gehört das Restaurant zum Campingplatz, es ist aber auch für andere Gäste offen.

Wir biegen links ab und folgen zunächst dem Fußweg am See, der parallel zur Straße verläuft. Vorbei an der DLRG-Station geht es jetzt einmal um den See herum. Am westlichen Ende befindet sich der **Bremer Windsurfing Club.** Sportlich wird hier am See einiges geboten. Wir bleiben auf unserem Rundweg und erreichen am Nordende eine Tauchbasis. Gerade im westlichen Bereich des Sees sind viele Taucher unterwegs.

Am Nordende des Sees liegt auch der Campingplatz HanseCamping mit dem italienischen **Restaurant Il Lago ④.** Gerade im Sommer lädt es mit seiner Terrasse direkt am Ufer zum Verweilen und Genießen ein. Hier machen wir unsere Pause, bevor es weitergeht zum Badestrand.

Gut gestärkt folgen wir dann wieder dem Rundweg um den See, der jetzt am Campingplatz entlang verläuft. Wo der Weg nach rechts abbiegt, müssen wir uns entscheiden. Die nördliche Badebucht, an der wir zuerst vorbeikommen, gehört zum **FKK-Strand ⑤.** Wer also frei von allen Zwängen baden möchte oder wer

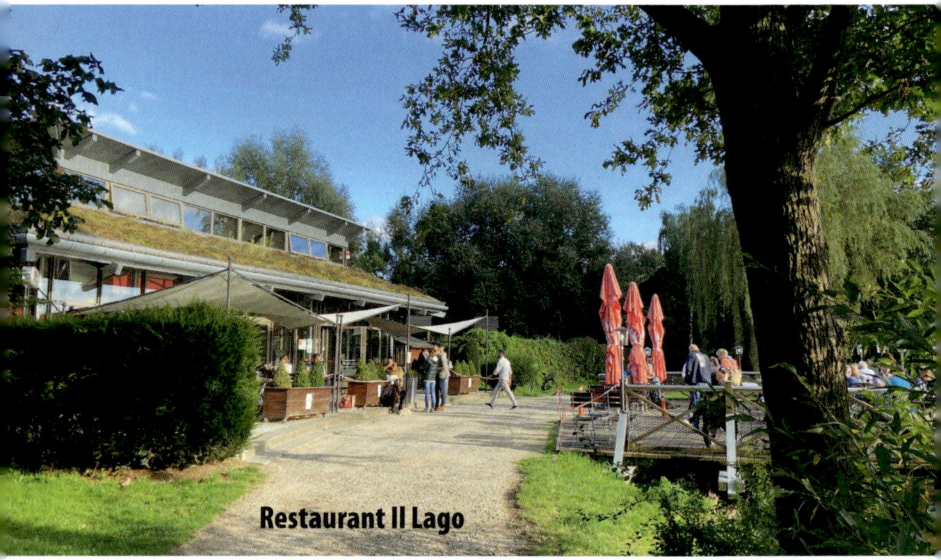

Restaurant Il Lago

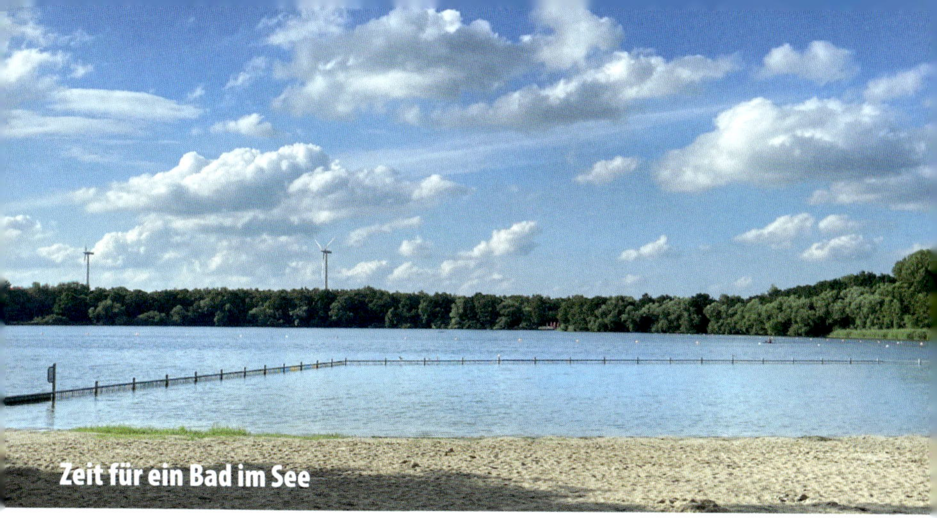

Zeit für ein Bad im See

seine Badesachen vergessen hat, kann hier direkt an den Strand abbiegen. Alle anderen folgen dem Weg, bis der Wald sich lichtet.

Vor uns sehen wir nun eine große Wiese und rechts davon den langen **Badestrand ⑥**. Hier suchen wir uns einen Platz und erfrischen uns im See oder nehmen ein Bad in der Sonne, bevor wir die Rundwanderung durch den angrenzenden Stadtwald fortsetzen.

Am Ende des Badestrandes verlassen wir den See und überqueren hinter der Straße erneut die Kleine Wümme über eine der Fußgängerbrücken. Im Stadtwald geht es an einem großen, beliebten **Spielplatz mit Liegewiese ⑦** vorbei. Für Familien ist das ein weiterer guter Rastplatz. An der nächsten Lichtung sehen wir links von uns in der Ferne erneut den Aussichtsturm, den wir bereits kennen. Die Station des Naturlehr- und Erlebnispfades lassen wir dieses Mal links liegen und folgen dem zweiten Weg, der nach rechts in den Wald abzweigt.

*Der 29 Hektar große und bis zu 16 Meter tiefe **Stadtwaldsee** entstand in den 1970er-Jahren während der Baumaßnahmen für die Autobahn A 27. Im Westen sind Surfer und Taucher unterwegs und die großen Strände und vereinzelten Buchten im Osten gehören den Badegästen.*

Wir überqueren mehrere kleine Bäche und kreuzen schließlich am Waldrand den Weg vom Anfang der Wanderung. Wenig später erreichen wir eine weitere der verteilten Natur-Erlebnis-Stationen. Hier geht es um das Leben im Teich. Alle diese Stationen sind sehr schön und informativ gestaltet. Schließlich ist der Wald zu Ende

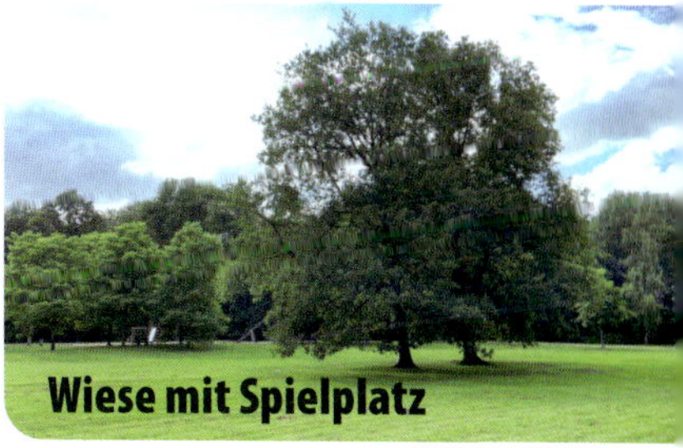

Wiese mit Spielplatz

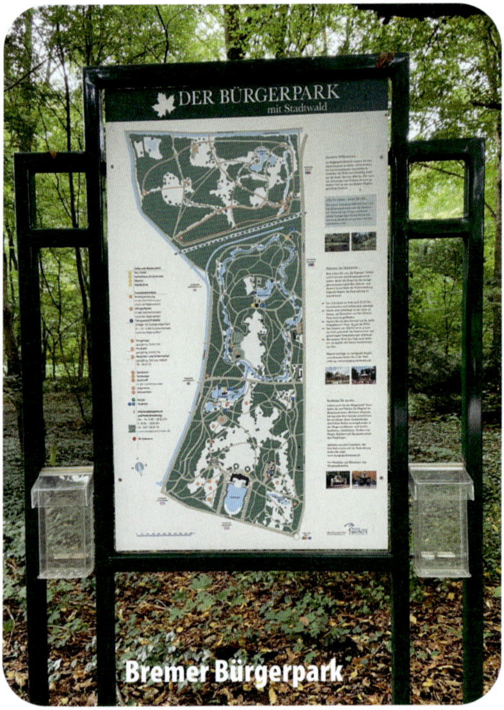

Bremer Bürgerpark

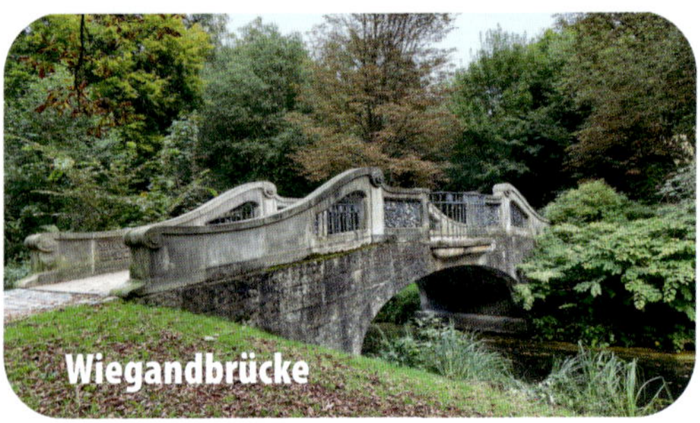
Wiegandbrücke

und wir erreichen die Findorffallee und dahinter den **Torfkanal.** Der meist nur von Radfahrern befahrenen Straße folgen wir nach links und unterqueren die Bahngleise. Vorbei am **Segelclub Blockland** geht es über eine Brücke. Gleich dahinter zweigt ein Fußweg nach rechts ab, der direkt am Torfkanal verläuft. Kein langer Weg, aber eine schöne Möglichkeit, die befestigte Straße für kurze Zeit zu verlassen.

Schließlich erreichen wir erneut die Straße, welche wir überqueren, um gegenüber in den **Bremer Bürgerpark** ⑧ einzubiegen. Der Weg führt uns nach rechts zur **Wiegandbrücke,** die wir überqueren. Wir folgen dem Weg weiter geradeaus und halten uns an der nächsten Gabelung rechts. So erreichen wir einen Querweg, der nach links zur Meierei und nach rechts zum **Tiergehege** führt. Wir halten uns links, um der **Meierei im Bürgerpark** ⑨ einen Besuch abzustatten. Von dem Restaurant aus haben wir eine schöne Sicht über die vor uns liegenden Parkanlagen bis hin zum Bremer Dom. Die Meierei eignet sich ebenfalls für einen Stopp während der Rundwanderung. Die Küche ist etwas hochpreisiger, aber dafür auch sehr gut. Im Sommer genießt man von der Terrasse den wohl besten Blick über den Bürgerpark. Im Winter macht man es sich am Kamin gemütlich.

Von der Meierei aus folgen wir dem Weg nach Norden zum angrenzenden **Meiereisee,** den wir im Uhrzeigersee bis zum Bootshaus umrunden. Das Gebäude links von uns ist die Meiereivilla aus dem Jahre 1882. Ursprünglich als Wirtschaftshof für die Viehwirtschaft angelegt, jedoch mit schöner Front.

Im **Bootshaus** liegt das elektrisch betriebene Boot „Marie“, mit dem im Sommer Fahrten durch den Bürgerpark gebucht werden können. Im Park verteilt gibt es mehrere Anlegestellen, die von der „Marie“ angefahren werden. Die **Lambert-Leisewitz-Brücke** lassen wir rechts liegen und folgen dem Weg nach links direkt am Wasser entlang. Immer wieder laden Bänke zu einer Rast ein. Schließlich erreichen wir die **Alfred-Hoffmann-Brücke,** die uns über das Wasser bringt.

Auf der gegenüberliegenden Seite folgen wir dem Weg geradeaus und erreichen die **Waldbühne ⑩,** eine

*Das Gebäude der **Meierei** im Schweizer Stil mit mehreren Veranden entstand 1879 nach den Plänen von Heinrich Müller auf dem Gelände einer kleinen Molkerei. Schon damals gab es ein Restaurant und einen Verkauf für die hier produzierten Milchprodukte.*

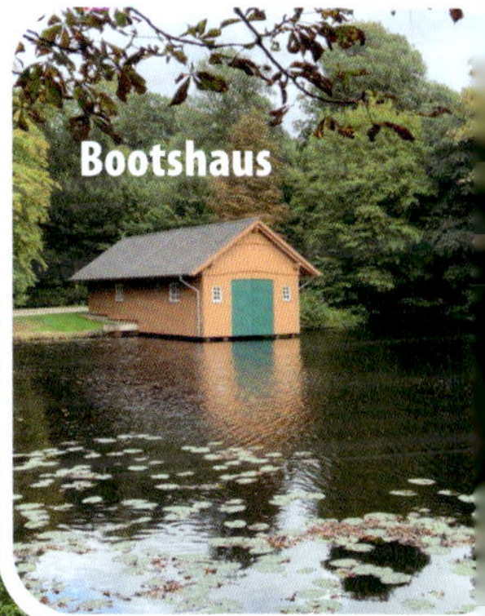
Bootshaus

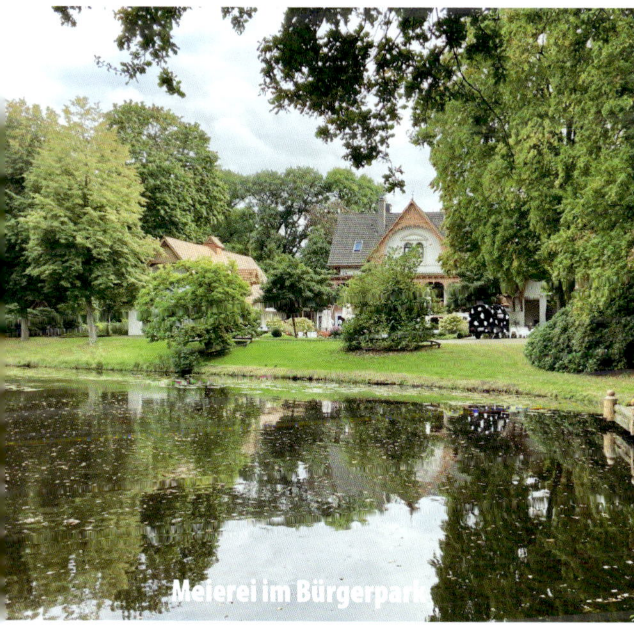
Meierei im Bürgerpark

weitere Einkehrmöglichkeit während unserer Wanderung. Innen ist der historische Pavillon ähnlich einem englischen Pub eingerichtet. Außen lockt der große Biergarten unter Bäumen. Am Wochenende gibt es zudem Livemusik auf der Bühne.

Nach unserer letzten Rast folgen wir nun dem breiten Hauptweg in Richtung Süden. Wenig später sehen wir auf der rechten Seite eine der Anlegestellen der „Marie". Kurz drauf verlassen wir den Park nach links und erreichen die Parkallee. Über die Ampel geht es wieder in die Kulenkampffallee, die uns zur Endstation der Linie 8 bringt, an der wir unsere Wanderung begonnen haben.

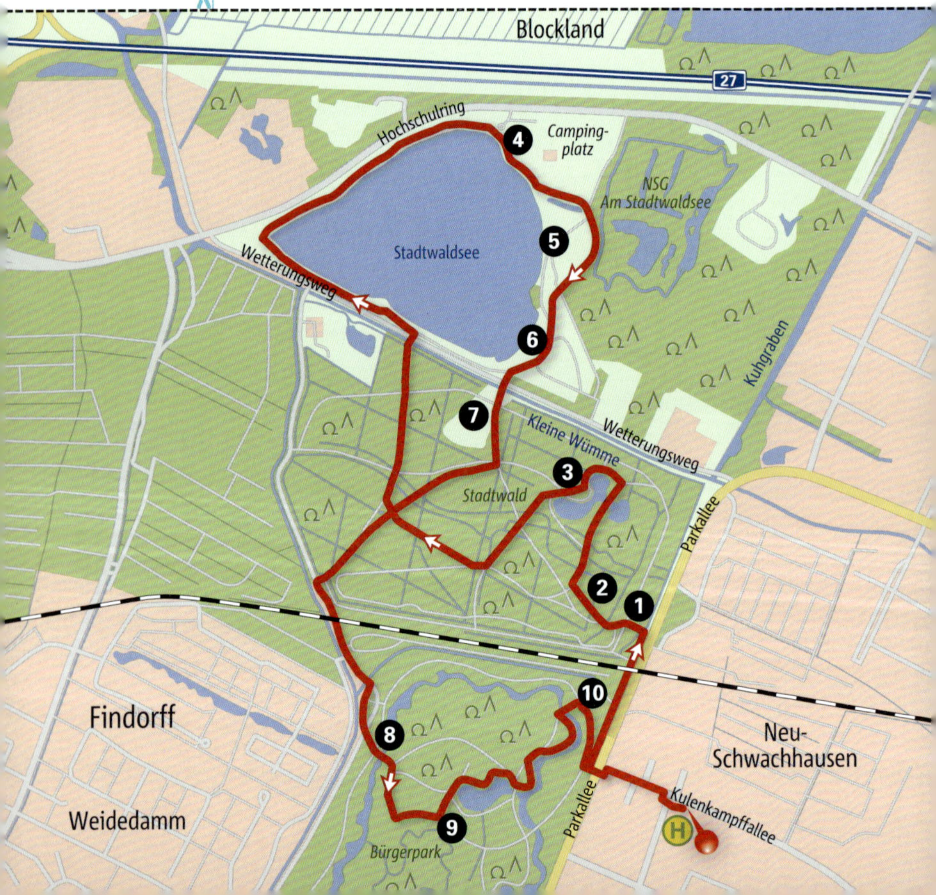

Alles auf einen Blick

WIE & WANN:
Wandern in Kombination mit einem Bad im See, auch gut für Familien mit Kindern geeignet, Parkwege in der Stadt; ganzjährig begehbar, beste Wanderzeit: Mai bis August

HIN & WEG:
Auto: Parkmöglichkeiten an der Kulenkampffallee (Wohngebiet), 28213 Bremen (GPS: 53.098620, 8.839722)
ÖPNV: Straßenbahnlinie 8, Haltestelle Kulenkampffallee

ESSEN & ENTSPANNEN:
Restaurant Il Lago ❹ Hochschulring 1, 28359 Bremen, Tel. (04 21) 45 85 84 24, www.restaurant-illago-bremen.de
Meierei im Bürgerpark ❾ Bürgerpark 1, 28209 Bremen, Tel. (04 21) 6 96 38 60, www.meierei-bremen.de
Waldbühne ❿ Parkallee, 28209 Bremen, Tel. (04 21) 21 74 15, www.waldbuehne.com

ENTDECKEN & ERLEBEN:
Finnbahn im Bürgerpark ❶ Finnbahn und Lauftreff
Naturlehr- und Erlebnispfad im Stadtwald ❷
Aussichtsturm im Stadtwald ❸
FKK-Strand ❺
Badestrand ❻
Spielplatz mit Liegewiese ❼
Bremer Bürgerpark ❽

Entspannung ✱✱✱✱✱
Genuss ✱✱✱✱✱
Romantik ✱✱✱✱✱

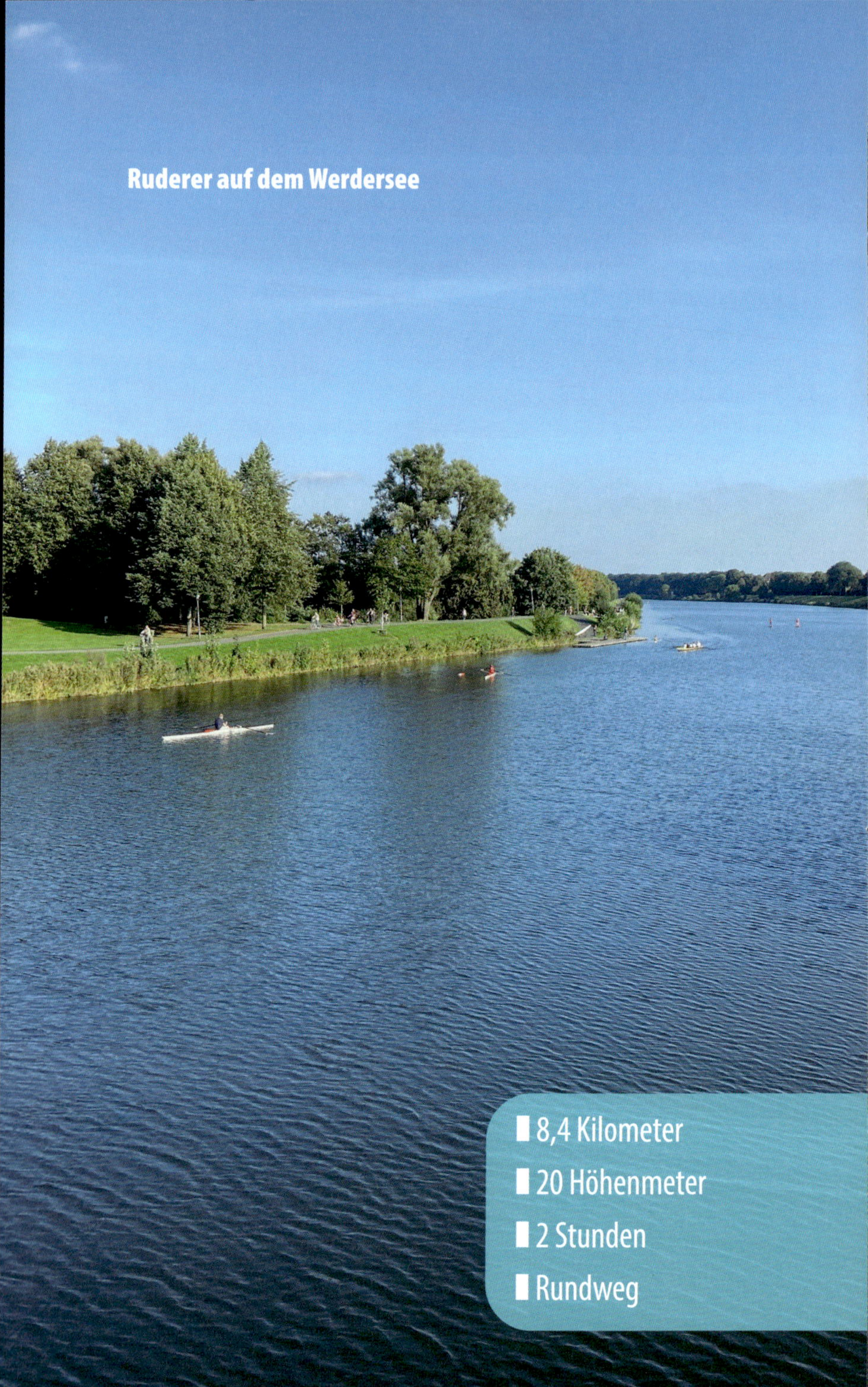

Ruderer auf dem Werdersee

- 8,4 Kilometer
- 20 Höhenmeter
- 2 Stunden
- Rundweg

Der **Werdersee** ist ein beliebtes Ziel für Wassersportler und im Sommer vor allem für Badefreudige. Also sollten wir für diese Wanderung auf jeden Fall unsere Badesachen einpacken. Während unserer Wanderung rund um den See werden wir außerdem mit ein wenig Glück schlanke Ruderboote beobachten können. Auf dem See werden im Sommer sogar Regatten ausgetragen. Eigentlich ist der Werdersee lediglich eine Verlängerung der Kleinen Weser, eines Seitenarms der Weser. 1953 wurde die Kleine Weser hier aufgestaut und damit dieser schöne See inmitten der Stadt angelegt.

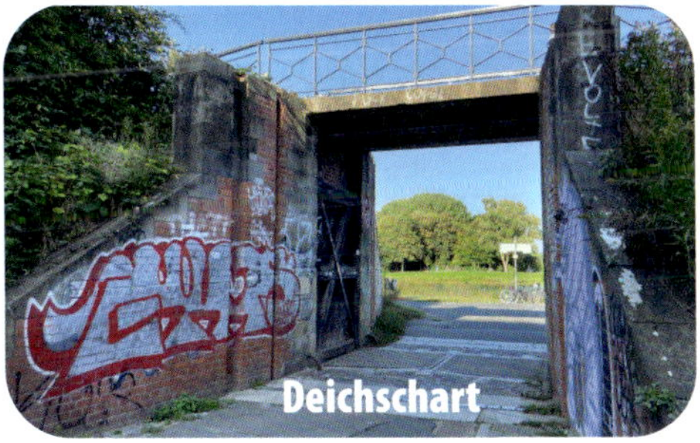
Deichschart

Wir starten unsere Wanderung rund um den See am **Deichschart ①**. Durch den Durchgang mit seinen mächtigen hölzernen Toren gelangen wir vom Buntentorsteinweg direkt zum See. Ursprünglich verlief der Deichschartweg von hier aus geradeaus weiter hinüber durch das angrenzende Parzellengebiet zum Kuhhirtenweg. Durch das große Weser-Hochwasser 1981 wurde dieser Übergang jedoch zerstört und nicht wieder aufgebaut. Heute führt eine Fußgängerbrücke etwas weiter links über den See.

Unser Weg führt jedoch nach rechts, wir wollen den Werdersee gegen den Uhrzeigersinn umrunden. So haben wir die Möglichkeit, uns gegen Ende der

Nicht immer ist ein Weg über den Deich technisch möglich. Dann wird ein ***Deichschart*** *angelegt, also eine Öffnung mit verschließbaren Toren, durch die zum Beispiel eine Straße hindurchführen kann.*

Badespaß

Rund um den Werdersee

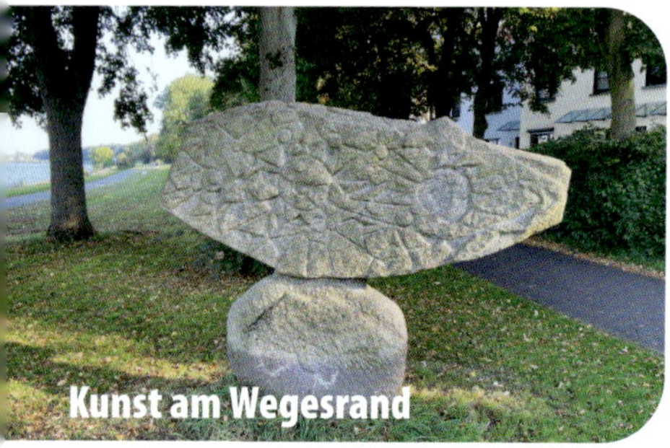
Kunst am Wegesrand

Wanderung am Badestrand durch ein Bad im See zu erfrischen. Vorbei an dem kleinen **Kiosk** ② geht es leicht hinauf auf den Deich. Der Weg führt uns direkt am See entlang. Immer wieder laden unterwegs Bänke unter Bäumen zu einer Pause ein. Dabei genießen wir die Stille inmitten der Stadt. Hinter dem See erkennen wir den Bremer Dom, die „Umgedrehte Kommode" – einen alten Wasserspeicher auf dem Stadtwerder – und später weiter rechts auch das Weserstadion. Besonders eindrucksvoll ist diese Kulisse in den Abendstunden, wenn die Innenstadt beleuchtet ist.

An der Roland-Klinik angekommen, gibt es auf der linken Seite einen umrandeten **Rastplatz** mit Bänken und einem schönen Blick über den See zur Innenstadt. Gegenüber auf der anderen Seeseite sehen wir den Badestrand. Den werden wir später noch besuchen. Für den kurzen Snack gibt es hier den kleinen **Kiosk Quarkbüddel** ③ und dahinter, für einen gemütlichen Stopp, das **Café Vento** ④ das von der Roland-Klinik betrieben wird. Dort werden wir mit leckeren Ku-

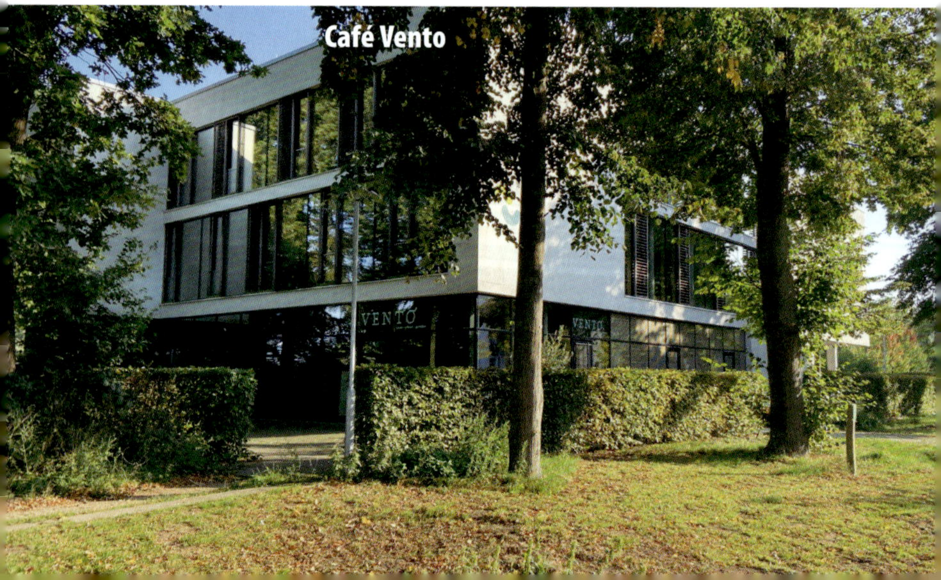

Café Vento

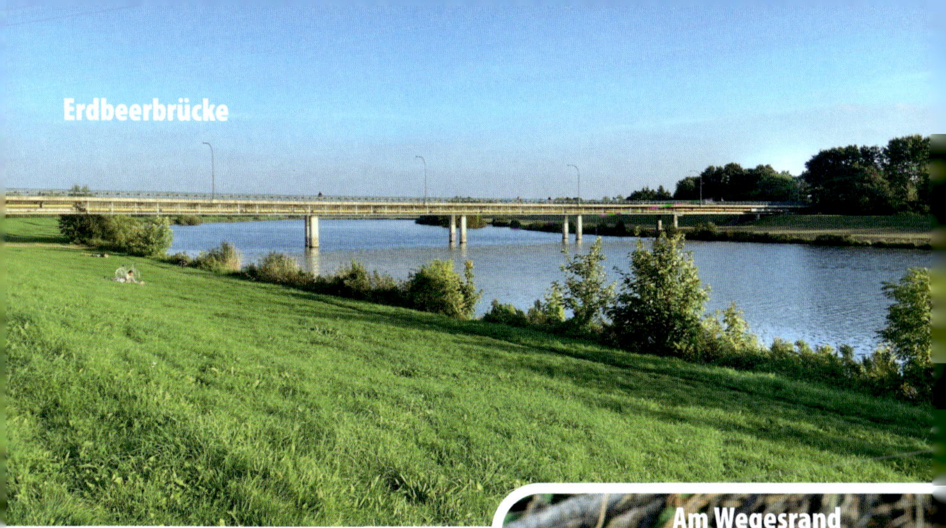

Erdbeerbrücke

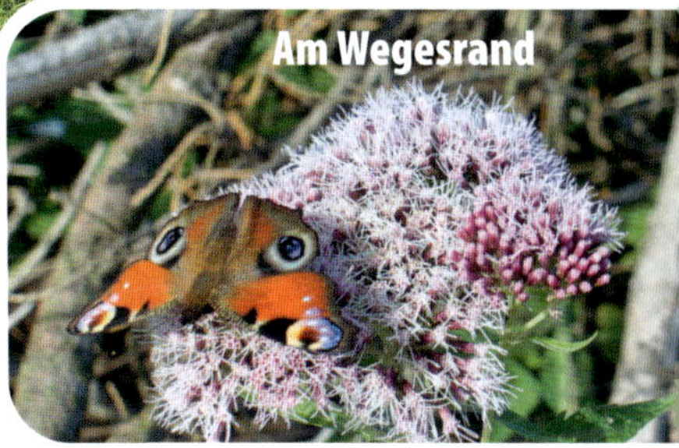

Am Wegesrand

chen und gutem Kaffee in einem sehr schönen, modernen Ambiente begrüßt. Die offene Glasfront gibt den Blick über den See frei.

Der weitere Weg führt unter Bäumen am See entlang. Wenig später kommen wir am **Friedhof Huckelriede** vorbei, der rechts an unseren Weg angrenzt. Auf dem ehemaligen Freigelände dahinter ist ein neues Wohngebiet entstanden. Weiter geht es vorbei am grünen Stadtteil Habenhausen mit seinen vielen frei stehenden Häusern und großen Gärten hin zur **Karl-Carstens-Brücke ⑤,** im Volksmund auch Erdbeerbrücke genannt.

Unter der Brücke hindurch geht es für uns weiter bis zur **Wehrstraße,** die unseren Weg kreuzt. Die Wehrstraße verbindet Habenhausen mit dem Weserwehr.

*Der Name **Erdbeerbrücke** kommt von den Kleingärten und den ehemaligen Erdbeerplantagen unterhalb der Brücke. Bis zur Umbenennung 1999 hieß sie offiziell Werderbrücke, da sie den Stadtwerder überspannt. Das Wort „Werder" bezeichnet eine Flussinsel.*

Für die Seele

Am breiten Sandstrand genießen wir eine Ruhepause. Ein erfrischendes Bad im See bringt uns neue Energie. Oder wir entspannen bei einem Sonnenbad.

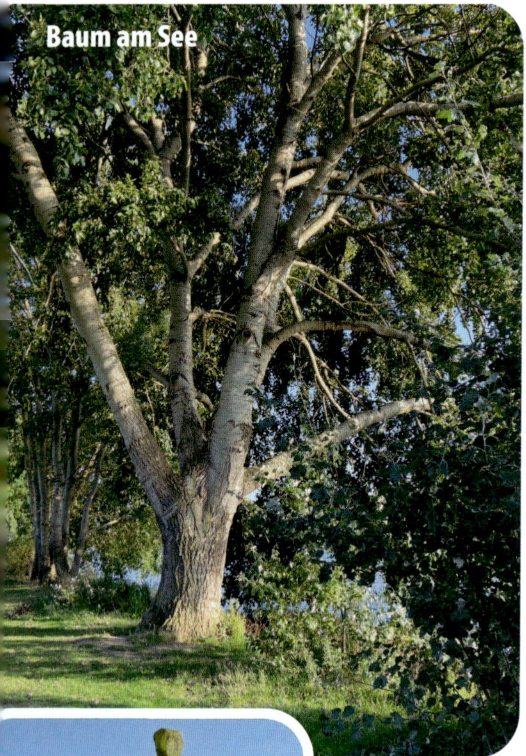
Baum am See

Wir verlassen hier den Deich und wenden uns nach links, um das Ende des Werdersees zu umrunden. An der **Fischtreppe** ❻, die rechts von uns am Zufluss der Weser liegt, haben die Fische eine Möglichkeit, die Höhenunterschiede zwischen Weser und Werdersee einfach zu überwinden.

Wir verlassen die Straße wieder und folgen dem Weg nach links, der uns weiter am See entlangführt. Ein weiteres Mal geht es unter der Erdbeerbrücke hindurch. Immer wieder gibt es hier schöne, gemütliche Plätze direkt am Wasser zum Ausspannen und Sonnenbaden, die vor allem im Sommer auch gerne genutzt werden. Links von uns glitzert der blaue See und rechts liegen die grünen Kleingärten. Da wundert es nicht, dass vor allem im Sommer dieser Platz für eine Auszeit am Feierabend sehr beliebt ist.

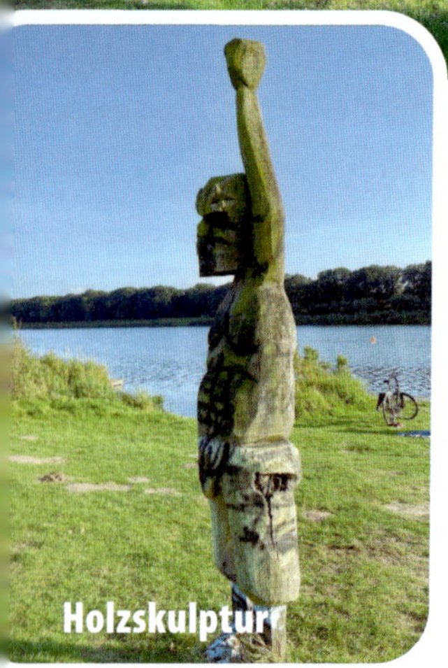
Holzskulptur

Vor uns öffnet sich schließlich die Landschaft zu einer großen Wiese. Die Kleingärten ziehen sich etwas nach rechts zurück. Hier gabelt sich der Weg. Wir wählen den linken der beiden Wege. Dieser verläuft weiter direkt am See entlang. Der Weg wird schmaler, rechts von uns liegt ein kleiner Hügel, der im Winter von den Kindern gerne zum Rodeln genutzt wird. Links entdecken wir die bewaldete **Vogelinsel**, ein Naturreservat, das von Menschen nicht betreten werden darf.

So langsam wird die Landschaft belebter. Wir nähern uns dem offiziellen Badebereich mit seinem breiten Sandstrand. Vorbei an einer DLRG-Station mit kleinem Anleger geht es zum breiten **Badestrand 7**. Bei entsprechendem Wetter ist jetzt die Gelegenheit für ein erfrischendes Bad, bevor es weitergeht. Gut also, wenn wir unsere Badesachen eingepackt haben.

So erfrischt geht es weiter. Vorbei an einer Anlegestelle für die Ruderer verläuft der Weg am See entlang, zurück in Richtung Deichschart. Jetzt haben wir nicht mehr die Bremer Innenstadt als Kulisse, sondern links von uns die Bremer Neustadt. Wer Hunger hat – vor allem nach dem Bad im See – macht einen Abstecher zum **Restaurant Der Kuhhirte 8**. Das beliebte Bremer Ausflugslokal liegt nördlich des Badestrandes, am Kuhhirtenweg. Der Zuweg beginnt an der Anlegestelle der Ruderer. Bis zum Ausflugslokal sind es etwa 400 Meter. Im Kuhhirten werden traditionelle Bremer Gerichte serviert. Im Sommer laden die große Sonnenterrasse und der noch größere Biergarten zum Verweilen ein.

Vorbei an den Ruderern auf dem See erreichen wir die Brücke beim Deich-

*Der **Kuhhirte** wird seit 1662 in den Bremer Chroniken erwähnt, damals noch als Kuhstall. Im Lauf der Geschichte wurde schrittweise auf den Restaurationsbetrieb umgestellt. Heute wird dort unter anderem gute norddeutsche Küche angeboten, wie Knipp und Labskaus.*

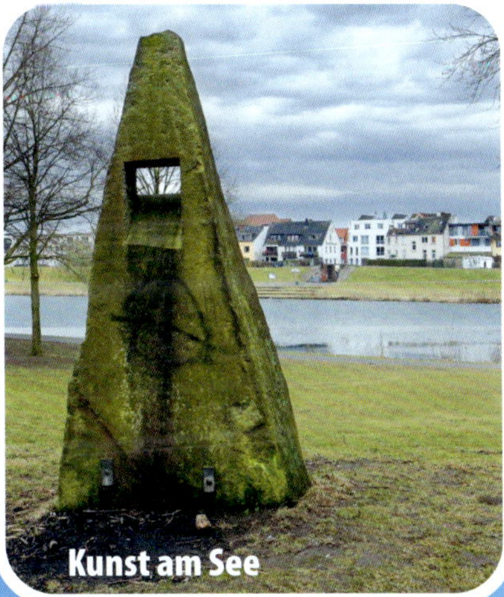

Kunst am See

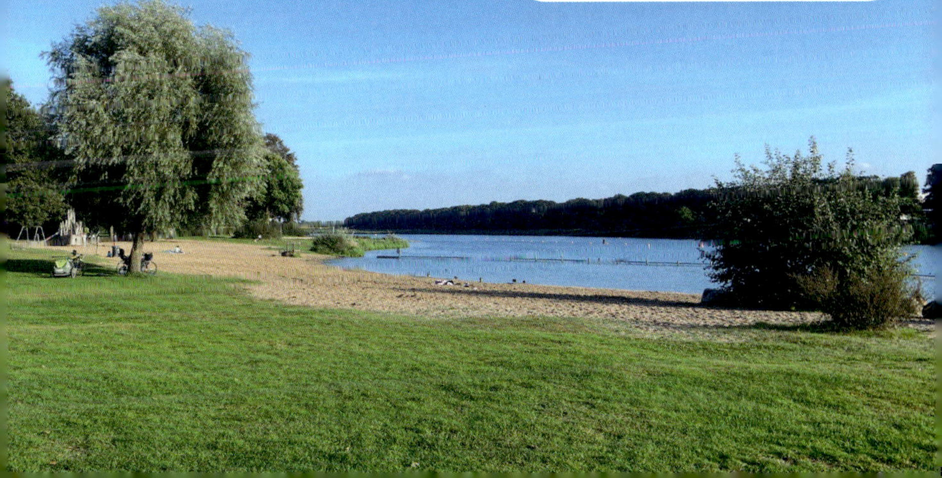

Zeit für ein erfrischendes Bad

schart. Kurz vor der **Fußgängerbrücke** stehen auf der rechten Seite einige steinerne **Skulpturen,** die von uns entdeckt werden wollen. Ein Schlenker über den kleinen Hügel lohnt für alle, die sich für Kunst und Kultur interessieren. Dann geht es nach links über die Brücke auf die andere Seeseite, auf der wir unsere Rundwanderung begonnen haben. Hinter dem Deich sehen wir bereits den Buntentorsteinweg und die Haltestelle der Straßenbahn. Links von uns befindet sich an der Straße die Eisdiele **Der Eismacher 9.** Entweder wir verlassen bereits hier den Deich in Richtung Eisdiele oder Haltestelle, oder wir folgen dem Weg noch bis zum Deichschart und machen so die Runde um den See komplett.

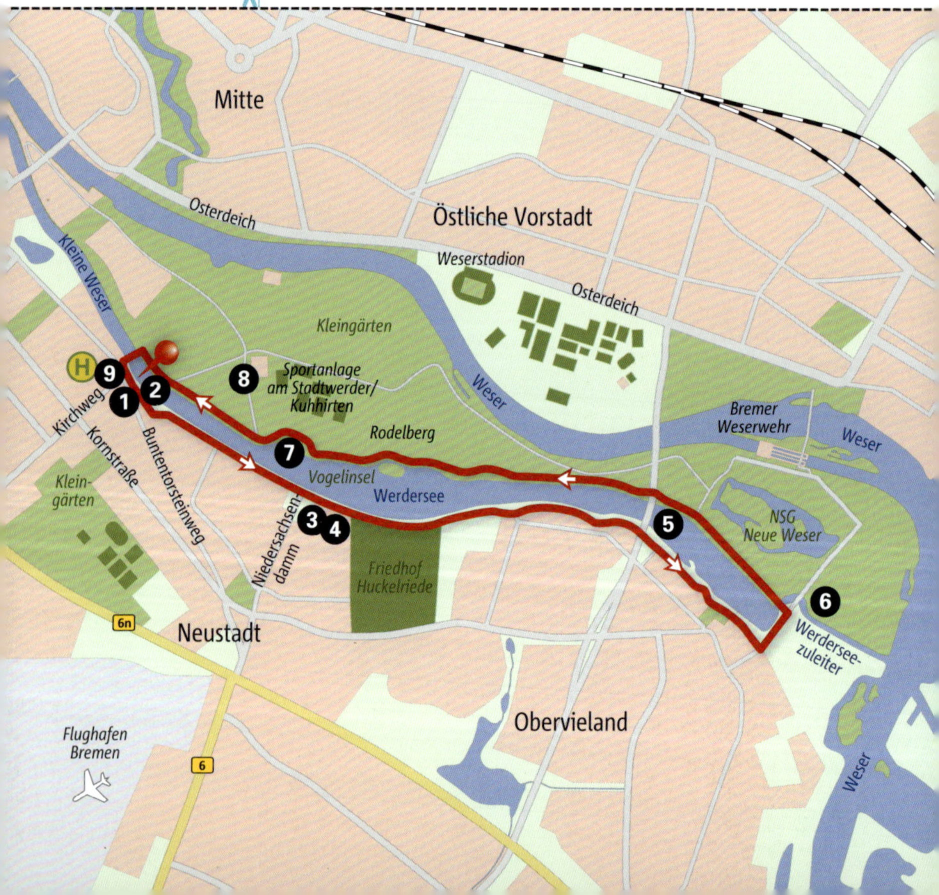

Alles auf einen Blick

WIE & WANN:
Parkwege in der Stadt; ganzjährig begehbar, vor allem bei Badewetter zu empfehlen, auch gut für eine Abendwanderung geeignet, beste Wanderzeit: Mai bis August

HIN & WEG:
Auto: Parkmöglichkeiten am Buntentorsteinweg (Wohngebiet), 28201 Bremen (GPS: 53.061790, 8.810687)
ÖPNV: Straßenbahnlinie 4, Haltestelle Kirchweg

ESSEN & ENTSPANNEN:
Kiosk am Werdersee ❷
Kiosk Quarkbüddel ❸
Café Vento ❹ Niedersachsendamm 72–74, 28201 Bremen, Tel. (04 21) 8 77 83 28, www.roland-klinik.de/vento
Restaurant Der Kuhhirte ❽ Kuhhirtenweg 7, 28201 Bremen, Tel. (04 21) 55 52 02, www.zumkuhhirten.de
Der Eismacher ❾ Buntentorsteinweg 246/248, 28201 Bremen, Tel. (04 21) 5 96 56 84

ENTDECKEN & ERLEBEN:
Deichschart ❶
Karl-Carstens-Brücke ❺
Fischtreppe ❻
Badestrand ❼

Entspannung ✱✱✱✱✱
Genuss ✱✱✱✱✱
Romantik ✱✱✱✱✱

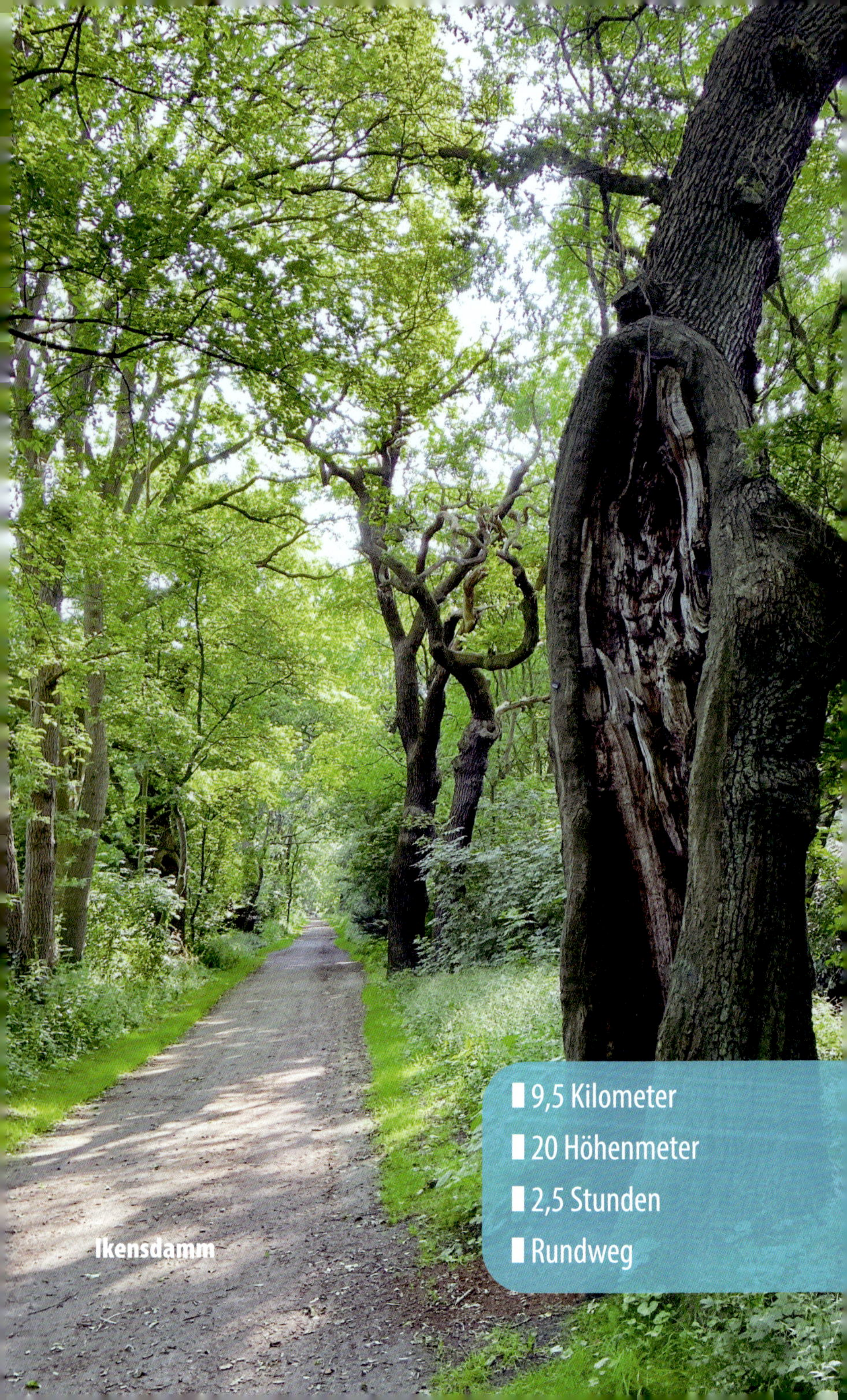

Ikensdamm

- 9,5 Kilometer
- 20 Höhenmeter
- 2,5 Stunden
- Rundweg

Wir starten unsere Wanderung in Bremen **Blockdiek** an der Straßenbahnhaltestelle Erkelenzer Straße. Beim Verlassen der Bahn sehen wir rechts von uns die typischen Hochhäuser. Sobald wir die Gleise überquert haben, stehen wir jedoch mitten im Grünen. Vor uns erstreckt sich ein Park am Rande der Stadt. Dahinter liegt die nahe Autobahn, die jedoch durch eine Schallschutzwand und eine Reihe von Bäumen gut versteckt ist.

Wir tauchen in den wenig bekannten Park mit dem lang gestreckten **Blockdieksee** ① ein. Rund um den See, der beim Bau der Autobahn künstlich angelegt wurde, führen Spazier- und Wanderwege. Wir folgen dem idyllischen Uferweg nach rechts. Immer wieder gibt es Bänke, die zum Verweilen einladen. Dabei schweift unser Blick über den See und wir beobachten die Vögel. Am Ende des Sees überqueren wir das Fleet – einen Entwässerungsgraben – nach links über die schöne, hölzerne **Fußgängerbrücke.**

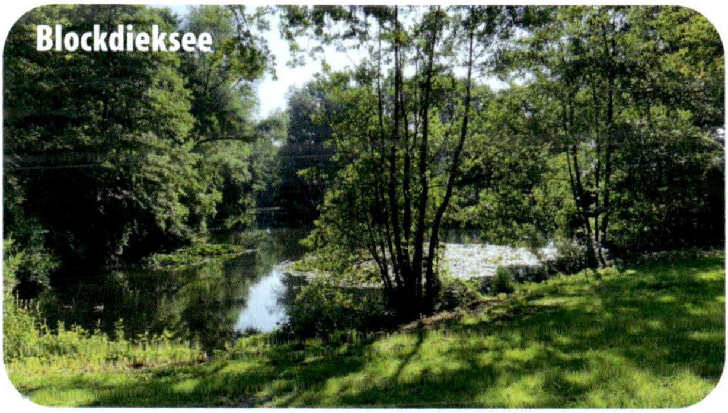
Blockdieksee

Grüne Idylle

Alte Parks im Bremer Osten

Rechts von uns liegt ein großer Spielplatz, der **Spieltreff Bunte Kuh** ②. Wer mit Kindern unterwegs ist, kommt hier sicher nicht ohne einen Aufenthalt vorbei. Also genug Zeit einplanen! Weiter geht es über die nächste Brücke und dann nach rechts entlang des **Blockdiekfleets.** So heißt der Wasserlauf parallel der Autobahn. An der Schallschutzwand, die sich links hinter einer Baumreihe verbirgt, gibt es immer wieder schöne Graffitis zu entdecken.

Am Ende des Weges erreichen wir die **Rockwinkeler Landstraße** und wandern nach links, unter der Autobahn hindurch. Wir verlassen den Stadtteil Blockdiek und kommen in den alten Stadtteil **Oberneuland,** der einen eher dörflichen Charakter hat. Entlang der Rockwinkeler Landstraße geht es vorbei an alten Bauernhäusern und Villen, bis wir auf der rechten Seite auf einem freien Feld die **Windmühle Oberneuland** ③ entdecken. Am Wochenende lohnt ein Abstecher, dann ist die Mühle für Besichtigungen geöffnet.

Für uns geht es auf der linken Seite weiter. Erst folgen wir dem Weg etwas zurück, bis wir auf einen schmalen Durchgang treffen, der von der Straße wegführt. Dieser kleine, etwas versteckte Pfad bringt uns in den **Hasses Park** ④. Das Gelände auf der rechten Sei-

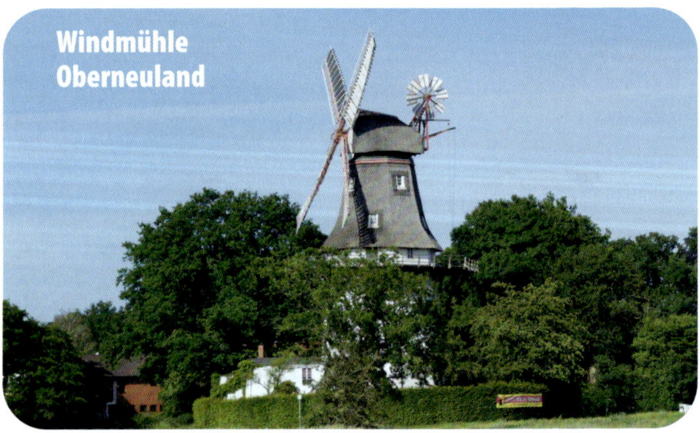
Windmühle Oberneuland

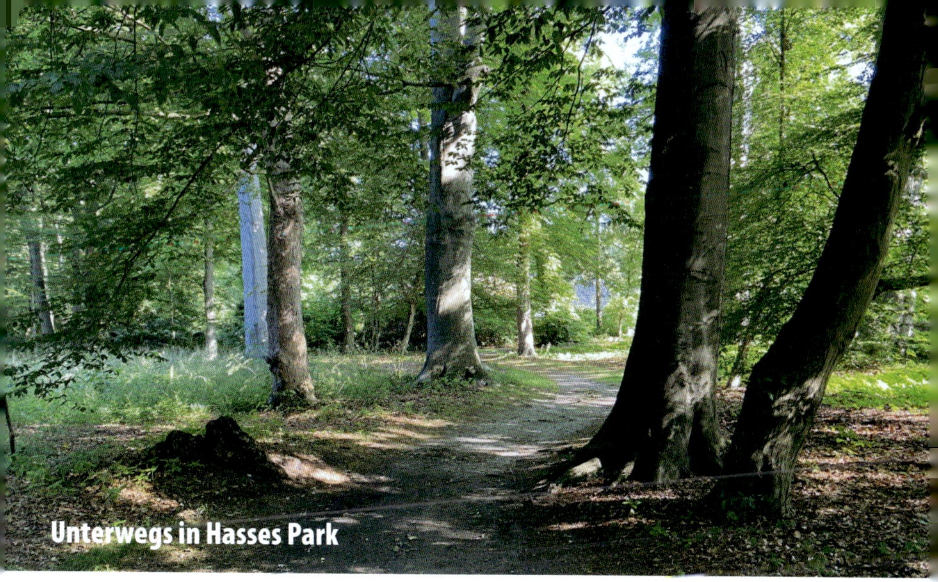

Unterwegs in Hasses Park

te gehörte ursprünglich ebenfalls zum Park, heute ist dort im ehemaligen Landhaus Hasse eine Schule untergebracht. 1896 errichtete der Bremer Kaufmann Carl Otto Hasse hier sein Landhaus, der Park wurde bereits Ende des 18. Jahrhunderts begründet. Hasse war Direktor der Bremer Chocolade-Fabrik Hachez.

Absolutes Highlight ist die alte **Orangerie** 5, die bereits um 1800 erbaut wurde. Sie ist durch ihre große Glasfassade gut erkennbar. Das Gebäude wurde im Stil eines norddeutschen Bauernhauses errichtet. Dabei wurde eine Fassade komplett verglast. Leider ist sie nicht öffentlich zugänglich, aber vom Park aus haben wir einen guten Blick auf Landhaus und Orangerie.

Der Hasses Park ist nicht groß, glänzt aber durch einen sehr alten Baumbestand.

Gut betuchte Adlige und Bürger holten sich im 18. Jahrhundert mit einer ***Orangerie*** *beliebte Zitrusfrüchte ins Haus, die es damals noch nicht überall zu kaufen gab. In Bremen gehörten zu diesem illustren Kreis reiche Senatoren und Kaufleute wie die Familie Hasse.*

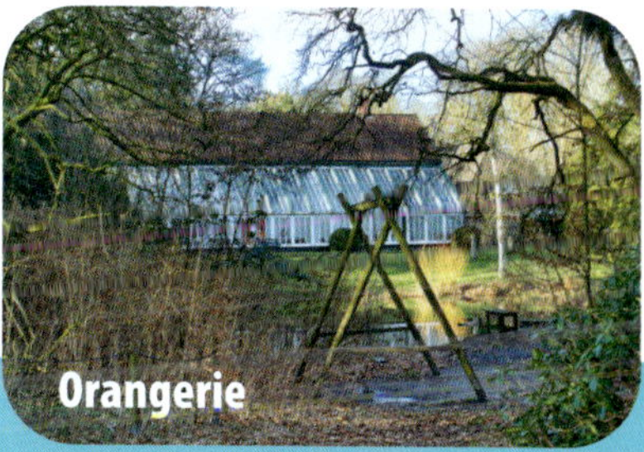

Orangerie

Für die Seele

Wir wandern durch wenig bekannte Parks, lauschen dem Blätterrauschen der alten Bäume und erfrischen uns bei einem Badestopp am See.

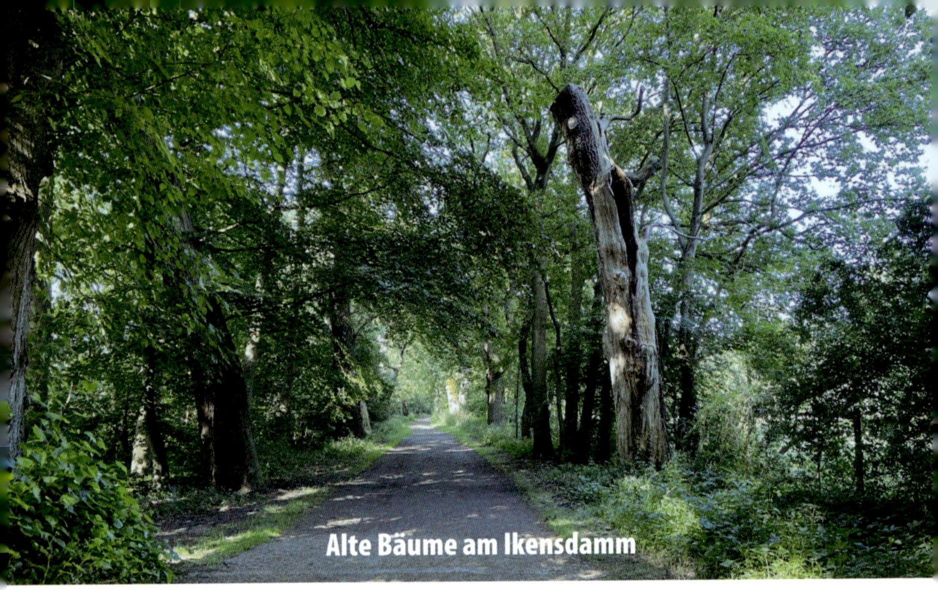

Alte Bäume am Ikensdamm

Senator **Justus Friedrich Wilhelm Iken** (1785–1866) entstammt einer bekannten Bremer Familie. Er war Kaufmann, Reeder und Bremer Senator. Sein Großvater war von 1787 bis 1802 Bürgermeister. Zeitweise war Iken der zweitgrößte Reeder in Bremen.

Wir nehmen uns etwas Zeit, um ihn zu erkunden. Im südwestlichen, hinteren Bereich gibt es einen kleinen Hügel. Von oben schweift unser Blick über den vor uns liegenden Teich und weiter über den Park. Mittendrin versteckt sich zwischen Rhododendronbüschen, die im Frühjahr in leuchtenden Farben blühen, eine **alte hölzerne Brücke.** Sie ist nicht mehr ans Wegenetz angeschlossen, da sie einsturzgefährdet ist.

Wir spazieren weiter durch den Park, der zu den ältesten Parks in Bremen gehört, und wandeln vorbei an alten Bäumen, die im Laufe ihres Lebens sicher schon viel gesehen haben. Hier kann man wunderbar die Seele baumeln lassen.

Am Nordende des Parks schließt sich der **Ikensdamm** 6 an, benannt nach der Familie Iken, die hier von 1819 bis 1894 lebte. Heute ist der Ikensdamm eine Fußgängerallee mit alten, teilweise kurios geformten Bäumen, die unsere Fantasie anregen. Links und rechts erstreckt sich ein Golfplatz. Die Spieler müssen den Ikensdamm queren, wenn sie auf die jeweils andere Platzhälfte wollen.

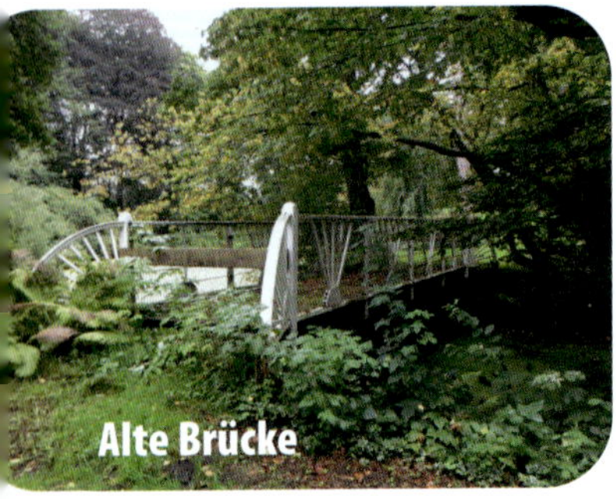

Alte Brücke

Am Ende des Weges wartet der **Achterdieksee** 7 der im Sommer zu einem erfrischenden Bad einlädt. Wir verlassen hier den Ikensdamm und wandern im Uhrzeigersinn um den See herum. Unser Weg beginnt als schmaler Pfad und wird dann zu einem breiten Fußweg. Vorbei an der DLRG-Station erreichen wir eine hölzerne **Brücke,** die über den See führt. Auf der anderen Seite sind wir wieder am Ikensdamm angelangt.

Wir verlassen den See, überqueren den Ikensdamm und nehmen den Fahrweg geradeaus vorbei an den Parkplätzen für die Badegäste, bis zur Franz-Schütte-Allee, die wir überqueren. Auf der gegenüberliegenden Seite geht es geradeaus weiter auf dem Weg, der uns zum **Achterdiekpark 8** bringt.

Auch dieser hat eine interessante Geschichte: In diesem schönen, kleinen Park am Rande einer Neubausiedlung war von 1961 bis 1973 ein privater Tierpark untergebracht, an den sich heute nur noch die Wenigsten erinnern. Betrieben wurde er vom Großtierhändler George Munroe aus Pakistan, der ihn 1966 als zoologischen Garten der Öffentlichkeit zugänglich machte. Doch die erwarteten Besucher für den Zoo blieben aus, sodass er Konkurs anmelden musste. Seit 1976 kümmert sich eine Bürgerinitiative um das Gelände. Heute kann man in dem gepflegten Park mit mehreren Teichen die herrliche Ruhe genießen.

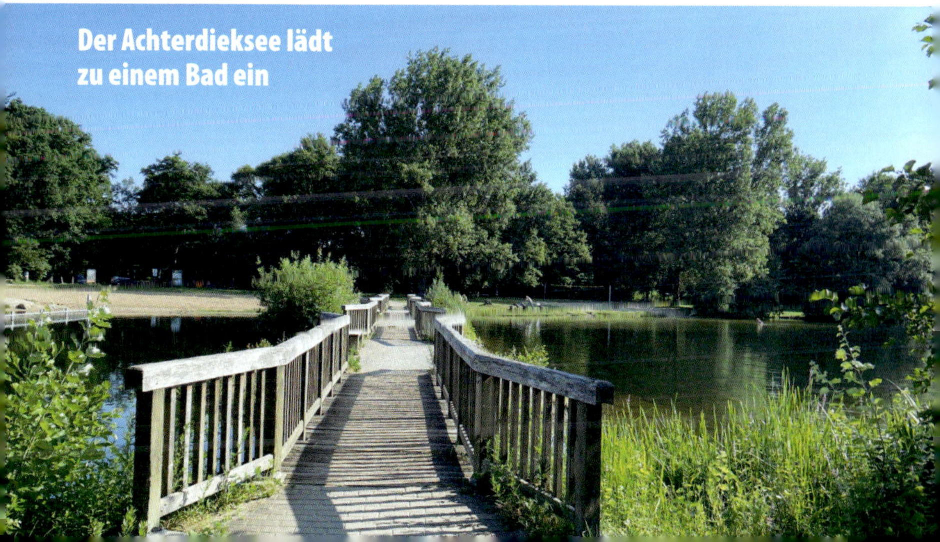
Der Achterdieksee lädt zu einem Bad ein

Erfrischungstour 18

Einer der schönsten Plätze im Achterdiekpark liegt im westlichen Bereich, am größten der Teiche. Am Ufer steht eine einzelne Bank. Über den breiten See hinweg blickt man auf das gegenüberliegende Ufer, über das Wasser gleiten gemächlich Enten und Schwäne. Hier kann man die Zeit vergessen – aber wir wollen ja noch weiter auf unserer Tour durch die Parks am Rande der Stadt.

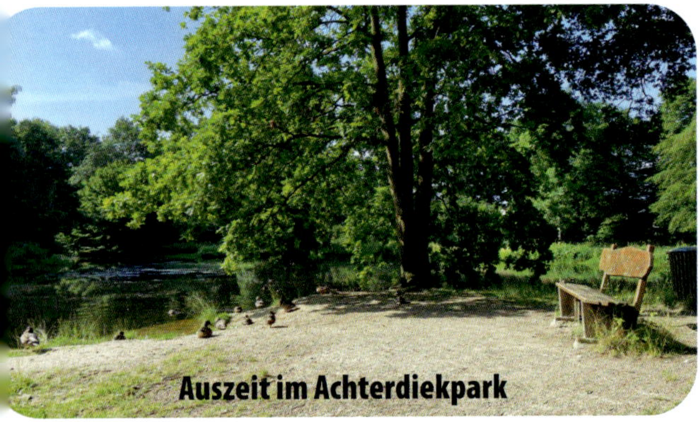

Wir folgen dem Rundweg durch den Park und erreichen erneut den Zugang, den wir bereits kennen. Hier wenden wir uns nun nach rechts und folgen dem Weg bis zur Straße **Achterdiek.** Auf diesem Pfad fuhr damals eine Kleinbahn, die George Munroe extra für den Tierpark bauen ließ.

Auf der anderen Straßenseite folgen wir dem Trampelpfad, der nach rechts durch die Bäume verläuft. Am Ende des Weges kommen wir nach links zu einer Fußgängerbrücke, die über die nahe Autobahn führt. Oben über den vorbeifahrenden Autos wird unser Blick jedoch auf die farbenfrohen **Graffitis** gelenkt, mit denen die Brückengeländer verziert sind. Auf der anderen Seite quert der Weg ein Parzellengebiet am Rande der **Neuen Vahr.** Wir halten uns links und wandern vorbei an den „Villen der kleinen Leute". Die Hochhäuser der Neuen Vahr fallen dabei gar nicht auf.

Der Weg macht einen Rechtsbogen, auf dem wir die Häuser der Neuen Vahr Nord umrunden. Vor uns liegt, geschützt hinter Bäumen, die **Richard-Boljahn-Allee.** Wir bleiben auf unserem Weg inmitten der Bäume. Mit den Hochhäusern zur Rechten erreichen wir eine Fußgängerbrücke, die in hohem Bogen sicher hi-

*Der Stadtteil **Neue Vahr** entstand in den 1960er-Jahren, als neuer Wohnraum benötigt wurde. Hochhäuser wechseln sich ab mit Parks und Seen, mittendrin das vom finnischen Architekten Alvar Aalto erbaute Aalto-Hochhaus, das Wahrzeichen der Neuen Vahr.*

nüber zur Neuen Vahr Süd führt. Vor uns liegt jetzt der **Vahrer See** ⑨. Wir folgen dem Weg geradeaus, während der Vahrer See rechts von uns liegt. Im Sommer können wir die Wasserfontänen bestaunen. Dahinter erkennen wir das 65 Meter hohe Aalto-Hochhaus, das mittlerweile unter Denkmalschutz steht.

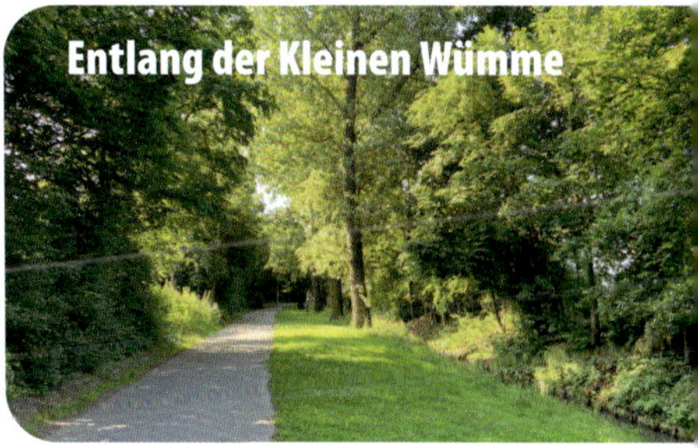

Entlang der Kleinen Wümme

Wir folgen dem Weg zwischen Vahrer See und Achterkampsfleet und erreichen an zwei markanten Bäumen auf der linken Seite eine **Brücke,** die wir überqueren. Immer geradeaus verlassen wir den Park. Es geht vorbei an Hochhäusern und über die Dietrich-Bonhoeffer-Straße hinweg in das angrenzende Kleingartengebiet, das die Häuser von der Autobahn abteilt.

An der **Dreifaltigkeitskirche** verlassen wir die Kleingartensiedlung und erreichen die Geschwister-Scholl-Straße sowie die Schienen der Straßenbahn. Allerdings sind wir noch nicht am Endpunkt unserer Wanderung angelangt. Wir halten uns links und folgen den Gleisen. Direkt vor dem Straßenbahndepot führt unser Weg nach rechts, entlang der ruhig dahin

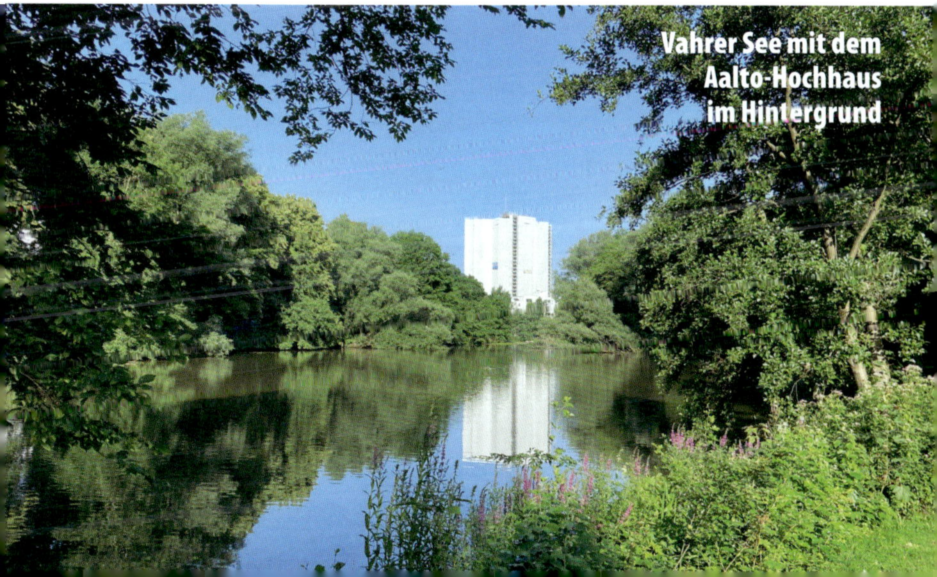

Vahrer See mit dem Aalto-Hochhaus im Hintergrund

fließenden **Kleinen Wümme.** Rechts davon erkennen wir Wohnhäuser zwischen den Bäumen. Diesem Weg folgen wir bis zur nächsten Kreuzung, wenden uns nach links und umrunden so das Depot.

Jetzt müssen wir dem vor uns liegenden Weg nur noch geradeaus folgen. Rechts werden hinter dem Grün langsam die ersten Gebäude von **Blockdiek** sichtbar. Kurz vor der Brücke, die über die Gleise der Straßenbahn hinwegführt, zweigt unser Weg nach rechts ab. Vorbei an der Erkelenzer Straße erreichen wir erneut die Gleise der Straßenbahn und damit dann auch die Haltestelle, an der wir unsere Rundwanderung durch die alten Parks mit ihren Geschichten begonnen haben.

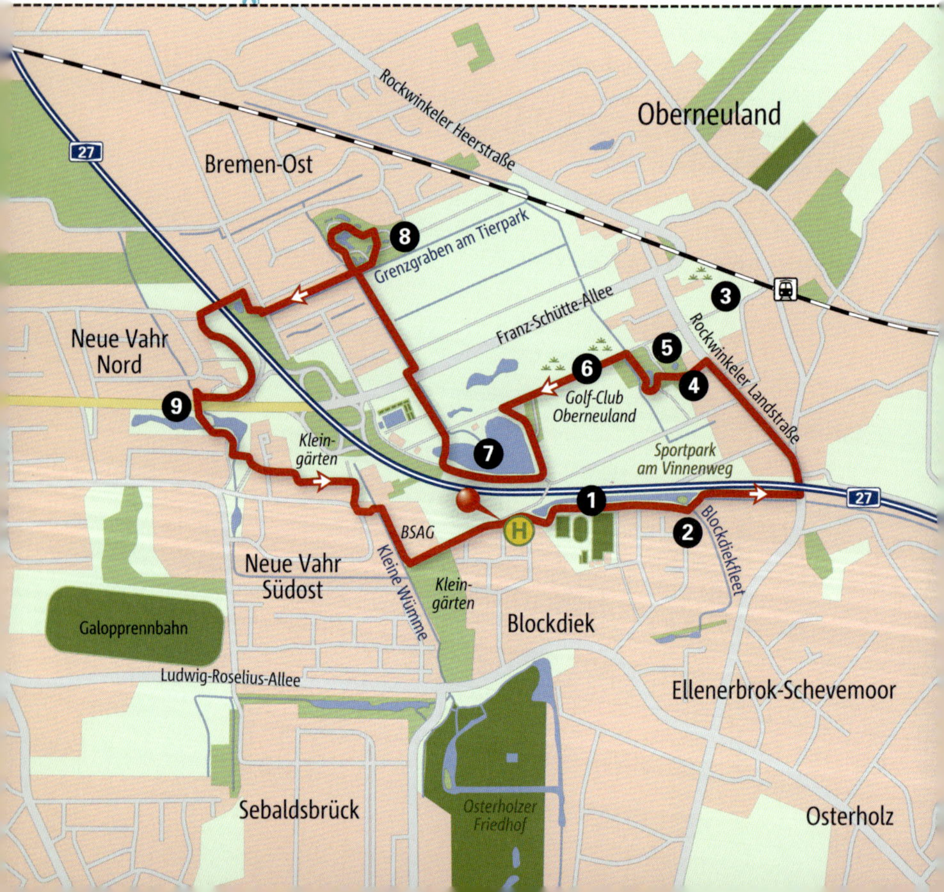

Alles auf einen Blick

WIE & WANN:
Eine ruhige Parkwanderung vorbei an mehreren Seen, im Sommer mit einem Bad kombinierbar, Parkwege, Straßen in der Stadt; ganzjährig begehbar, beste Wanderzeit: Mai bis August

HIN & WEG:
Auto: Parkmöglichkeiten an der Erkelenzer Straße (Wohngebiet), 28327 Bremen (GPS: 53.077430, 8.920022)
ÖPNV: Straßenbahnlinie 1, Haltestelle Erkelenzer Straße

ESSEN & ENTSPANNEN:
Bitte an Rucksackverpflegung denken!

ENTDECKEN & ERLEBEN:
Blockdieksee ❶
Spieltreff Bunte Kuh ❷
Mühle Oberneuland ❸ Mühlenweg 34, 28355 Bremen, Tel. (04 21) 25 92 14, www.focke-museum.de
Hasses Park ❹
Orangerie ❺
Ikensdamm ❻
Achterdieksee ❼
Achterdiekpark ❽
Vahrer See ❾

Entspannung ★★★★☆
Genuss ★★☆☆☆
Romantik ★★★★☆

Unterwegs im Teufelsmoor

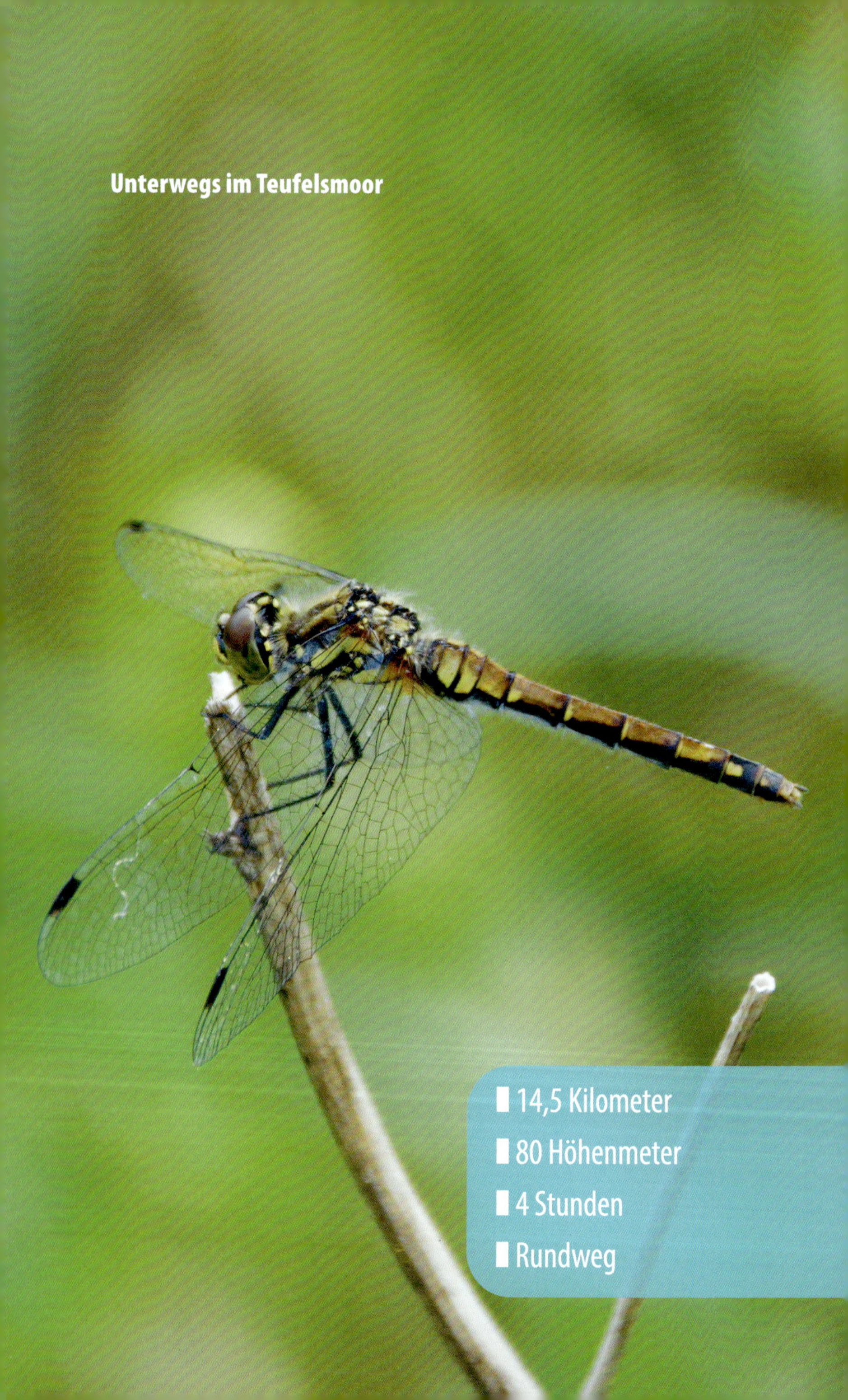

- 14,5 Kilometer
- 80 Höhenmeter
- 4 Stunden
- Rundweg

Diese Rundwanderung führt uns in das Hamberger Moor und das benachbarte Sandhauser Moor. Beide Moore gehörten zum Teufelsmoor. Während wir im **Hamberger Moor** an verträumten Seen vorbeikommen, treffen wir im **Sandhauser Moor** auf Reste des ehemaligen Torfabbaus. In beiden Fällen sollten wir die Wege nicht verlassen, um die Natur und auch uns selbst zu schützen.

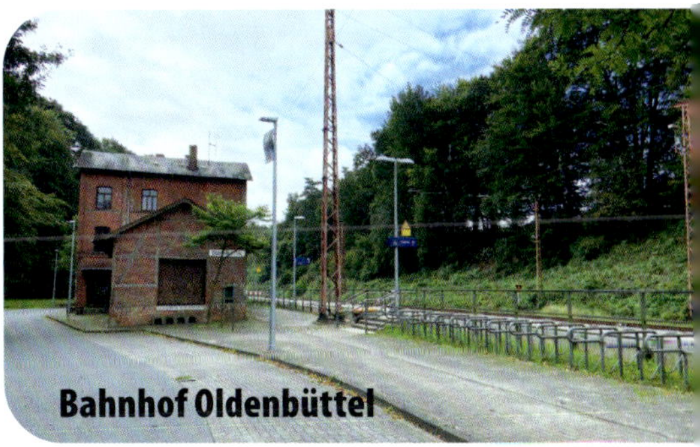
Bahnhof Oldenbüttel

Startpunkt unserer Wanderung ist der **Bahnhof Oldenbüttel-Hambergen.** Neben dem **alten Bahnhofsgebäude** ① nehmen wir den Weg, der hinauf in den Wald führt. Es geht leicht bergan, vorbei an einem einsam gelegenen Haus. An der ersten Weggabelung folgen wir dem Weg, der scharf nach links abzweigt. Auf und ab führt uns der Pfad durch dichten Wald.

Anfangs folgen wir noch einem breiten Forstweg, dann wird dieser schmaler und windet sich durch das Oldenbütteler Holz. Schließlich treffen wir auf einen Querweg, dem wir nach links folgen. Schnell erreichen wir die Oldenbütteler Straße. Wir überqueren sie und folgen dem Weg, der rechts von uns, noch vor dem ersten Gebäude auf der gegenüberliegenden Seite, nach links in den Wald einbiegt.

Über eine Wiese erreichen wir den nahen Wald, in den wir sogleich eintauchen. Es geht über einen

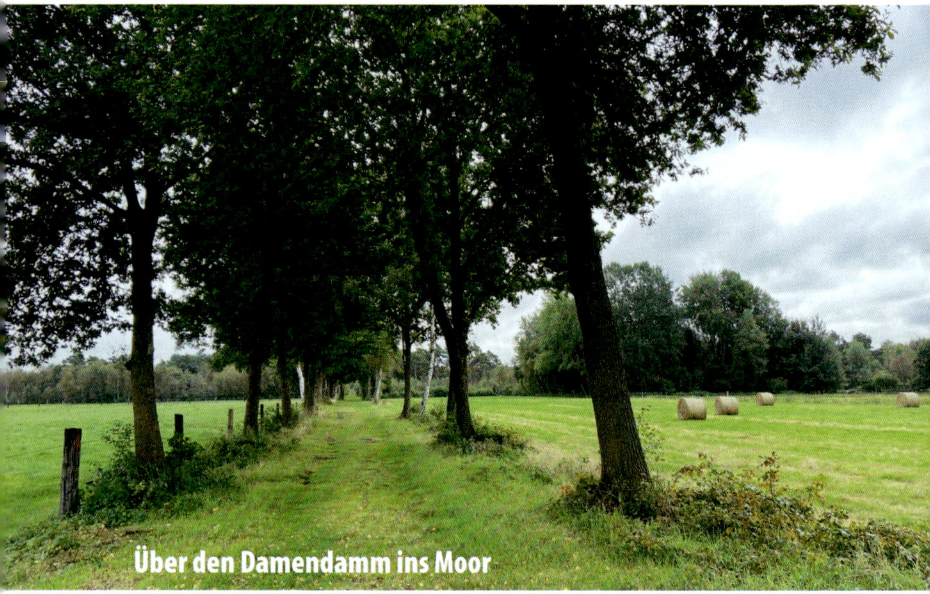
Über den Damendamm ins Moor

kleinen Bach, dann sehen wir wenig später rechts von uns eine Bank neben einem Baum stehen. Dort verlassen wir unseren Weg und biegen nach rechts ab. Bei der ersten Möglichkeit, die sich uns dann bietet, biegen wir nach links ab und folgen einem schmalen Pfad durch den dichten Wald. Wir sind jetzt im nördlichen Teil des Oldenbütteler Holz.

Im Gegensatz zum südlichen Teil geht es hier einfach geradeaus. Kurz vor dem Ende des Waldes biegen wir an dem Querweg nach rechts ab und erreichen die B 74, die **Bremer Straße.** Hier geht es kurz nach links, um dann auf der gegenüberliegenden Seite in den Spreddinger Kirchweg einzubiegen. Vorbei am Sportplatz erreichen wir die Mullstraße.

Wir haben jetzt zwei Möglichkeiten. Die schönere Route führt nach rechts und dann über den Damendamm auf einem schmalen Pfad durch das Moor. Die einfachere Route führt nach links über den Hamberger Damm auf einem breiten Weg durch das Moor. Für die zweite Route biegen wir an der Mullstraße nach

*Das **Hamberger Moor** ist ein ehemaliges Hochmoor, das im engeren Sinne zum Teufelsmoor gehört. Der Torfabbau erfolgte hier lediglich durch die Bauern vor Ort für den Eigenbedarf. Nach jahrhundertlanger Nutzung wurde das Moor großflächig wieder vernässt.*

links ab und folgen der ersten Straße nach rechts, der Heilsdorfer Straße. Der Weg führt weiter über den Hamberger Damm ins Moor.

Für die schönere, aber auch einsamere Route folgen wir der Mullstraße nach rechts, um wenig später nach links auf den **Damendamm** abzubiegen. Vorbei an einer Weide mit Galloway-Rindern geht es wenig später auf schmalem Pfad hinein ins **Hamberger Moor ❷.** Der Weg wird einsamer, verläuft vorbei an sumpfigen Stellen, und dennoch sind wir auf dem Damm auf sicherem Weg unterwegs.

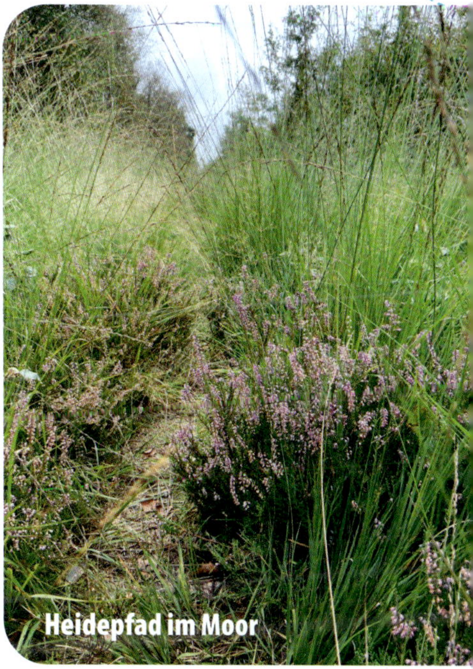
Heidepfad im Moor

Der Damm wird mit der Zeit zu einem schmalen Pfad. Nach 650 Metern erreichen wir einen Querweg, dem wir nach links folgen müssen. Im weiteren Verlauf des Weges passieren wir mehrere einsame Seen, die aus der Zeit des Torfabbaus stammen. Hier gibt es einige Stellen, die uns zum Verweilen und Träumen einladen. Der Weg endet schließlich am **Hamberger Damm.** Damit treffen wir dann auch auf die Wanderer, welche die Alternativ-

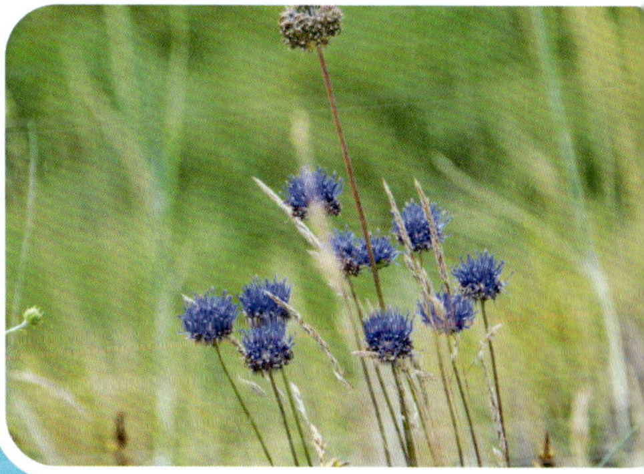

Für die Seele

Über verträumte schmale Pfade gelangen wir vorbei an tiefblauen Seen hinein in die Ausläufer des Teufelsmoors.

route gewählt haben. Gemeinsam geht es auf breitem Weg mit sandigem Untergrund nach rechts weiter.

Nach 450 Metern zweigt ein weiterer schöner Pfad nach rechts ab. Dieser **Moorpfad Hamberger Moor** 3 führt vorbei an weiteren einsamen Moorseen. Wir sind auf einem der schönsten Wege in diesem Moor unterwegs und sollten uns daher etwas Zeit lassen. Immer wieder gibt es hier einsame Plätze, an denen wir verweilen können. Am Ende des Weges folgen wir dem Hauptweg nach rechts zurück in die Zivilisation. Zur Brutzeit kann es ein, dass der Moorweg gesperrt ist. In dem Fall einfach dem Hamberger Damm bis zum Ende folgen und anschließend zweimal nach rechts abbiegen. Damit wird der Weg zwar länger, aber beide Wege kommen schließlich wieder zusammen.

*Das **Freilichtmuseum** wird betrieben vom Heimatverein Hambergen Ströhe/Spreddig, der es liebevoll pflegt. Es beherbergt eine Vielzahl an landwirtschaftlichen Exponaten. Für den Besuch sollte genug Zeit eingeplant werden. Auf Anfrage sind auch Führungen möglich.*

Wir erreichen die **Spreddiger Straße** und biegen links in sie ein. An der Schule macht die Straße einen Rechtsbogen. Kurz drauf nehmen wir links die Ströher Straße. Vorbei am Kindergarten erreichen wir das **Freilichtmuseum Hambergen** 4 mit seiner Moorkate. Dort gibt es eine Menge zu entdecken und die überdachten Bänke neben der kleinen Moorbahn eignen sich hervorragend für ein Picknick.

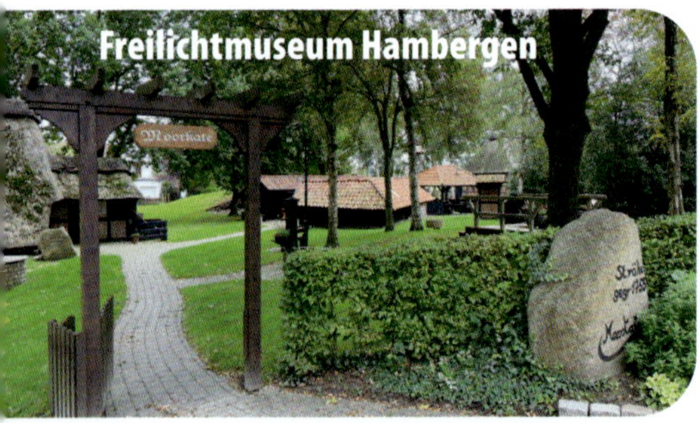

Freilichtmuseum Hambergen

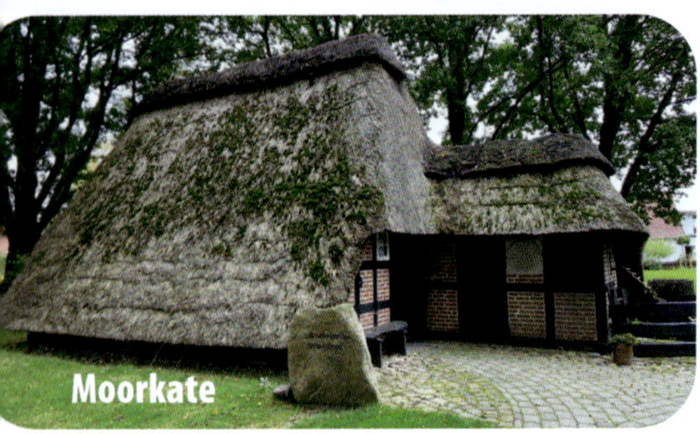

Moorkate

Nach unserem Picknick verlassen wir das Museumsgelände und folgen dem Weg, der links von der Ströher Straße abzweigt. Der Weg geht über in die Straße **Peishamm,** der wir weiter folgen. An einem einzelnen Hof mit Ferienwohnungen biegen wir links ab und wandern auf einem befestigten Weg nach Osten, vorbei an grünen Wiesen. Rechts von uns wird es langsam sumpfiger.

Wir nähern uns dem **Sandhauser Moor** 5, dem zweiten Moor auf unserer Wanderung.

Der Zugang zum Sandhauser Moor liegt nach 1,2 Kilometern auf der rechten Seite. An einem kleinen Tor führt ein markierter Weg hinein. Wir sollten diesen markierten Pfad nicht verlassen. Auf teils schwingendem Boden geht es so auf sicherem Weg durch das Moor. Wir passieren einige Moorseen. Dann durchqueren wir ein Heidegebiet, bis wir an einem kleinen Birkenwald nach rechts abbiegen.

*Im Schutzgebiet **Sandhauser Moor** treffen wir auf kleine Birkenwälder und auf Moorheiden. Auf den ehemals von Kleinbauern für den Torfstich genutzten Flächen haben sich teilweise Schwingrasen gebildet. Im Moor sind zudem viele Amphibien und Reptilien heimisch.*

Der **Alte Torfhafen** 6 vermittelt einen guten Eindruck von der harten Arbeit im Moor. Am Wegesrand liegen auch noch Gleise der alten Moorbahn, mit der der Torf abtransportiert wurde. An der Abbruchkante sehen wir, wie der Torf im Boden liegt. Heute machen wir es uns gemütlich auf den Bänken, die hier

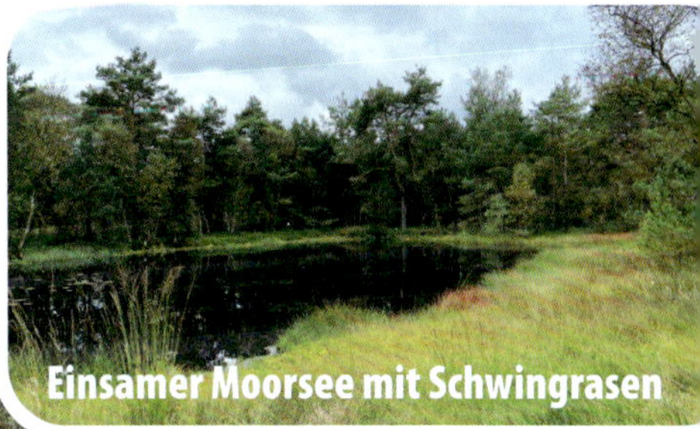

Einsamer Moorsee mit Schwingrasen

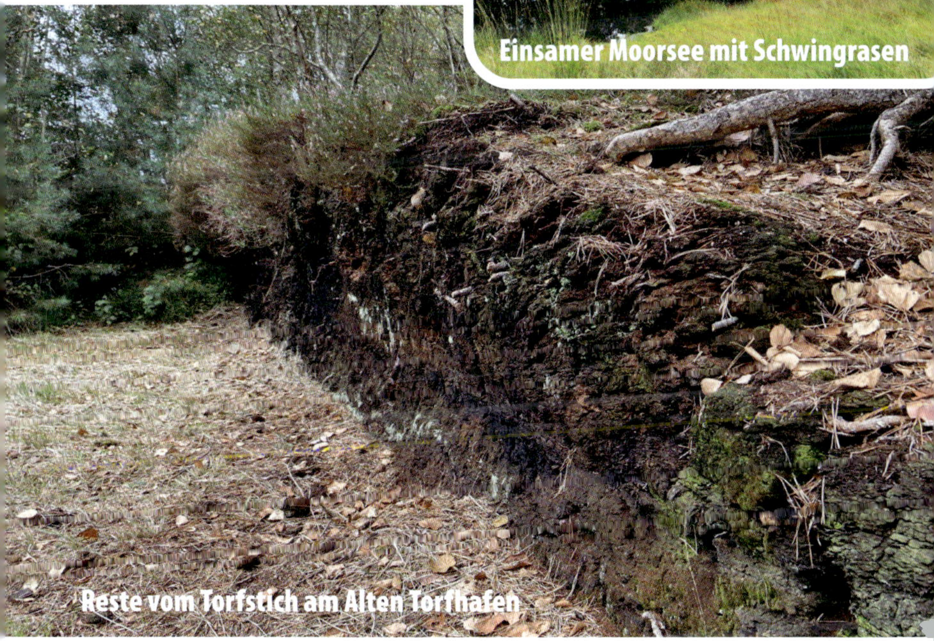

Reste vom Torfstich am Alten Torfhafen

aufgestellt wurden. Ein wunderbar ruhiger Ort zum Träumen und zu einer kleinen Flucht aus unserem Alltag. Hier sollten wir einfach die Ruhe genießen und frische Energie tanken.

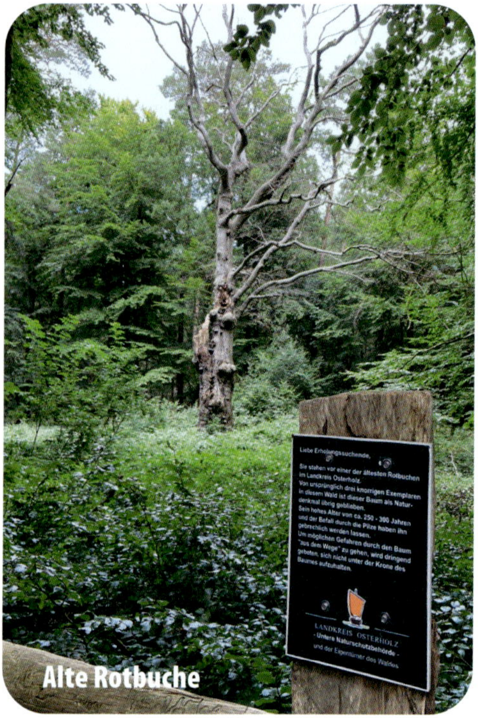

Alte Rotbuche

Sobald wir die Energiespeicher aufgefüllt haben, geht es weiter durch den Birkenwald bis zum nahen Feldweg. Nach rechts erreichen wir einen kleinen Parkplatz mit Informationen zu Flora und Fauna in diesem Moor. Kurz drauf folgen wir der Straße Peishamm nach links und erreichen schließlich die Bremer Straße. Wir überqueren die Straße wieder und kommen wenig später erneut in das Oldenbütteler Holz.

Im Wald angelangt sehen wir eine **Alte Rotbuche 7.** Sie wächst hier seit rund 250 bis 300 Jahren und ist eine der ältesten Rotbuchen im Landkreis Osterholz. Der als Naturdenkmal eingestufte Baum leidet stark an Pilzbefall und ist einsturzgefährdet. Daher sollten wir aus Sicherheitsgründen die Absperrung respektieren. An ihr halten wir uns links und bleiben auf dem Waldweg gen Westen, um dann dem Pfad in einem Linksbogen am Waldrand entlang zu folgen. Am Ende des Waldes verlassen wir das Oldenbütteler Holz und nehmen den Weg nach links vorbei an den Feldern hinunter zur Bahnlinie.

Eine Unterführung bringt uns auf die andere Seite der Gleise. Durch einen kleinen Wald geht es hinauf zur Freißenbütteler Straße. Rechts von uns sehen wir bereits das **Hofcafé Oldenbüttel 8,** das uns mit Kaffee und Kuchen auf der großen Terrasse empfängt. Wer

*Das **Hofcafé Oldenbüttel** glänzt nicht nur mit seinen leckeren hausgemachten Torten und dem guten Kaffee. Das familiengeführte Café ist in einer alten Bauernstube untergebracht. Von der großen Terrasse haben wir einen herrlichen Ausblick über das Tal.*

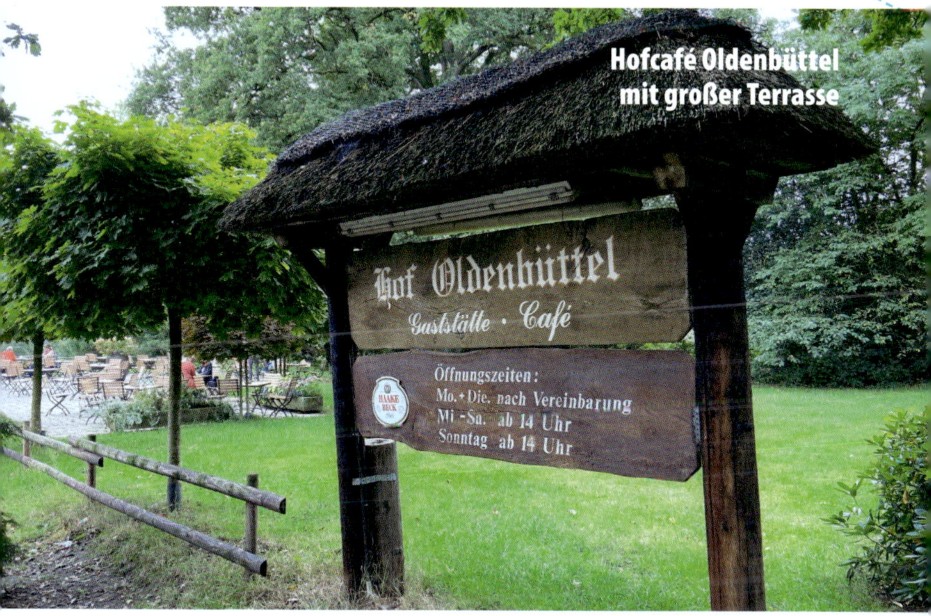

Hofcafé Oldenbüttel mit großer Terrasse

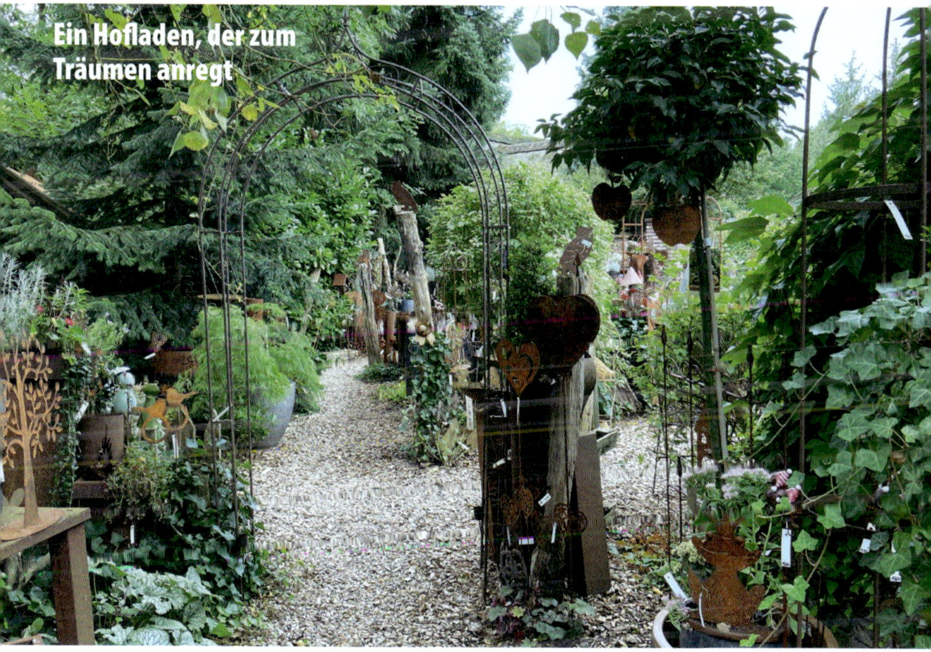

Ein Hofladen, der zum Träumen anregt

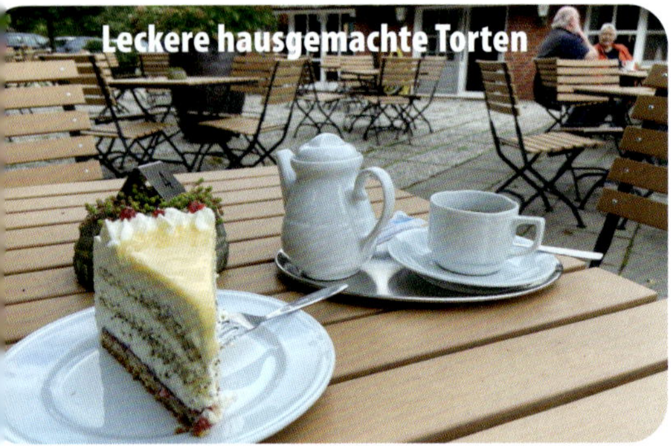

mag, kann anschließend noch dem ungewöhnlichen Hofladen und Terracottahof einen Besuch abstatten. Hier gibt es viele schöne Dinge zu entdecken.

Zum Bahnhof Oldenbüttel folgen wir anschließend einfach weiter der Freißenbütteler Straße, bis wir die Oldenbütteler Straße erreichen. Auf ihr halten wir uns rechts und erreichen nach wenigen Schritten den Bahnhof und dahinter den Parkplatz.

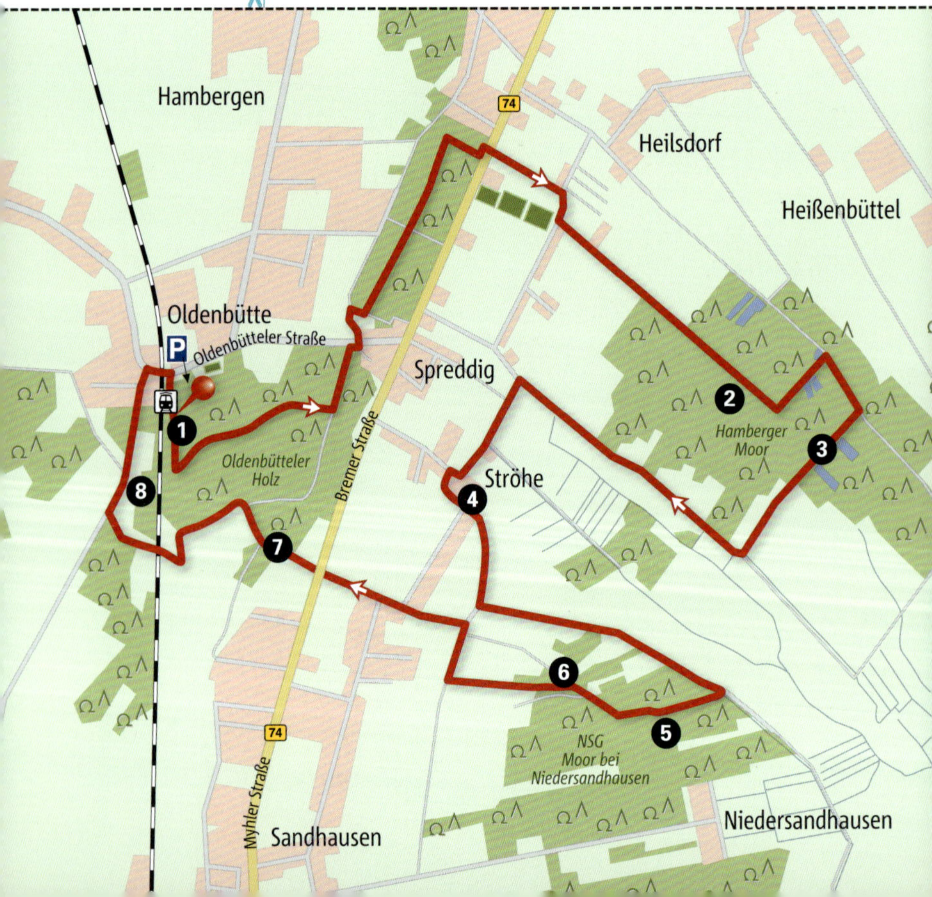

Alles auf einen Blick

WIE & WANN:
Waldwege und schmale Pfade durch das Moor, während der Brutzeit der Vögel sind Teile gesperrt; beste Wanderzeit: April bis Oktober

HIN & WEG:
Auto: Am Bahnhof 7, 27729 Hambergen (GPS: 53.284767, 8.810817)
ÖPNV: Linie RS2, Bahnhof Hambergen-Oldenbüttel

ESSEN & ENTSPANNEN:
Bitte an Rucksackverpflegung für unterwegs denken!

Hofcafé Oldenbüttel ❽ Freißenbütteler Straße 2, 27729 Hambergen, Tel. (0 47 93) 8 00 97 51, www.hof-oldenbuettel.de

ENTDECKEN & ERLEBEN:
Bahnhof Oldenbüttel ❶
Hamberger Moor ❷
Moorpfad Hamberger Moor ❸
Freilichtmuseum Hambergen ❹ www.heimatverein-stroehe-spreddig.de, Außengelände offen, Führungen auf Anfrage
Sandhauser Moor ❺
Alter Torfhafen ❻
Naturdenkmal Alte Rotbuche ❼

Entspannung ✱✱✱✱✱
Genuss ✱✱✱✱✱
Romantik ✱✱✱✱✱

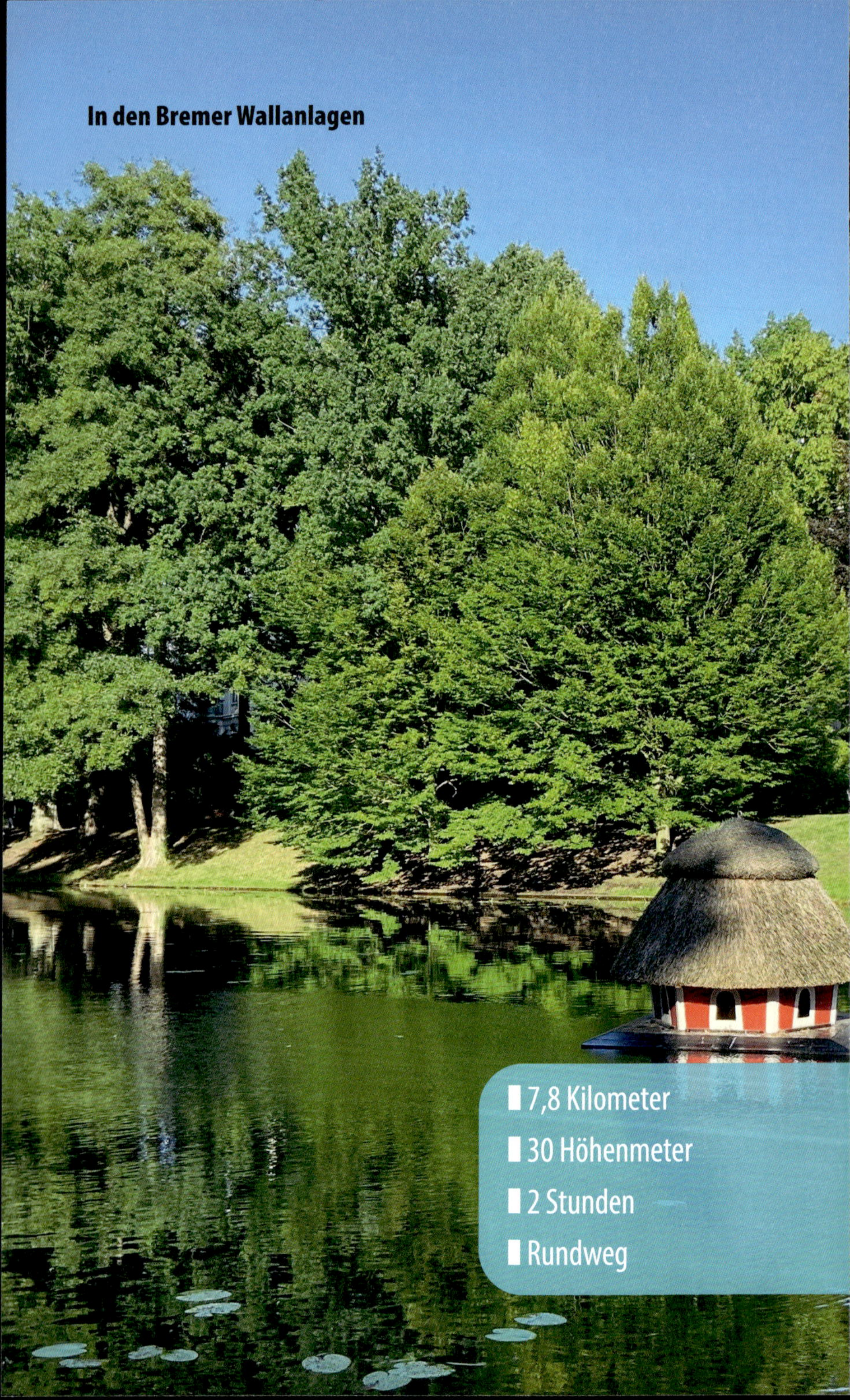
In den Bremer Wallanlagen
7,8 Kilometer
30 Höhenmeter
2 Stunden
Rundweg

Wir begeben uns auf eine Reise durch die Bremer Stadtgeschichte. Die **Wallanlagen,** die heute als Parks zur Naherholung einladen, dienten ursprünglich der Stadtbefestigung des alten Bremens. Bis ins 18. Jahrhundert standen auf beiden Seiten der Weser noch Befestigungen entlang der Wallanlagen. Dann breitete sich die Stadt weiter aus. Die meisten kennen heute nur noch die Wallanlagen in der Altstadt. Allerdings sind Reste auch links der Weser in der Neustadt zu erkennen. Während unserer Wanderung werden wir versuchen, den kompletten Verlauf einzubeziehen, und dabei einige Schätze entdecken.

Zu Gast beim Knollennasenmann

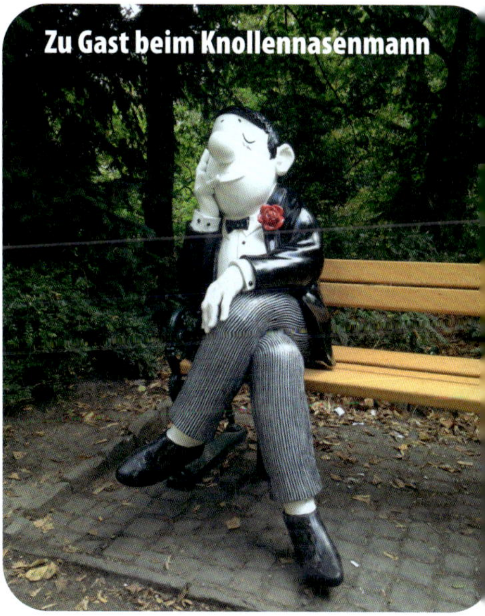

Der Start dieser Rundwanderung ist an verschiedenen Stellen in der Stadt möglich. Wir wählen für den Start das ehemalige **Herdentor.** Direkt am Wall steht am Loriotplatz die Bank mit einer typischen, lebensgroßen **Loriot-Figur** ①. Wie wäre es mit einem Foto mit dem berühmten Knollennasenmann? Dann geht es über die Brücke zum **Kaisen-Denkmal.** Von der Brücke sehen wir bereits eines der schönsten Fotomotive in Bremen: eine der letzten Bremer Windmühlen.

In der **Mühle am Wall** ② ist heute ein Café untergebracht. Jetzt ist es vielleicht noch zu früh, aber wie

Stadtgeschichte

Durch die Bremer Wallanlagen

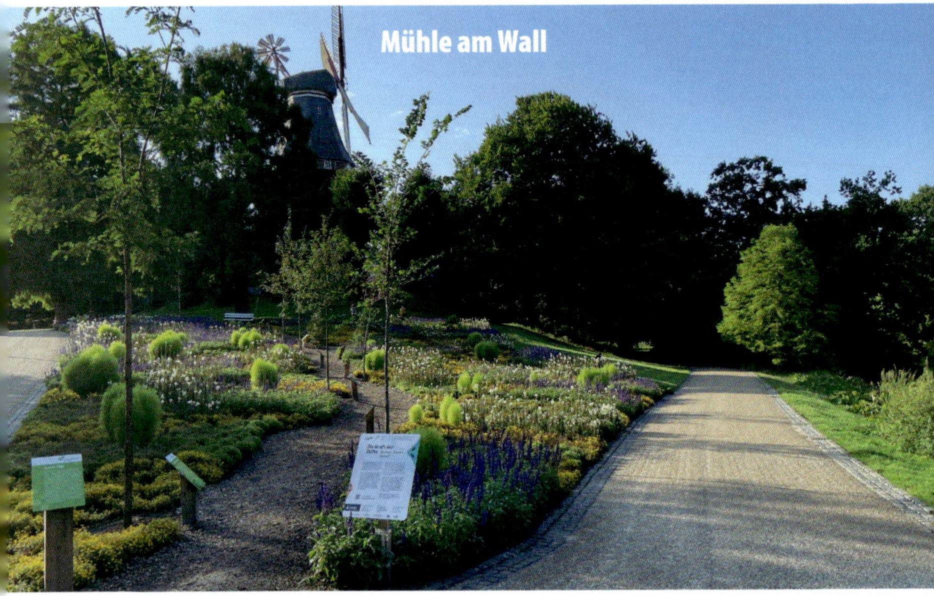
Mühle am Wall

wäre es mit einem Kaffee am Ende der Wanderung? Von der Mühle haben wir einen guten Blick über die Wallanlagen. Sie sind eine grüne Wohlfühloase inmitten der Stadt.

Wir folgen dem Uferweg unterhalb der Mühle und dabei den Bögen des Wasserlaufs. Die alten Bäume ragen teils weit über das Wasser. An der **Bürgermeister-Smidt-Straße** kreuzen wir die Straße, um dann rechts von uns erneut nach links in den Park einzutauchen. An der Gabelung halten wir uns links und nehmen den Weg auf eine der vielen Anhöhen. Auf ihnen laden immer mehrere Bänke zum Verweilen ein. Rechts des Weges sehen wir die **Isaak-Altmann-Büste 3.**

Von der Anhöhe haben wir einen guten Blick auf das Wasser. Dann geht es wieder hinab und weiter zum nächsten Hügel. Dort erwartet uns eine Plastik des Berliner Bären. Am ehemaligen **Doventor** treffen wir erneut auf die Straße, welche wir sogleich überqueren. Über eine Treppe geht es auf der gegenüberliegenden Seite hinunter in den Park. Wir folgen dem

***Isaak Hermann Albert Altmann** (1777–1837) war ein bekannter Landschaftsgärtner. Er gestaltete die Wallanlagen in ihrer heutigen Form. Rund um Bremen war er sehr aktiv, so auch bei der Gestaltung des Wätjens Park in Bremen-Blumenthal.*

Wasserlauf rund um die vor uns liegende Anhöhe. Von der gegenüberliegenden Seite erklimmen wir den kleinen Hügel. Oben halten wir uns rechts und nehmen die Fußgängerbrücke hinüber ins **Stephaniviertel.** Allerdings zweigen wir sofort wieder nach rechts ab und bleiben auf dem Fußweg, der uns zur Kreuzung unterhalb der B 6 bringt.

Auf der gegenüberliegenden Seite folgen wir dem Weg nach links, der uns wenig später in den **Focke-Garten** ④ führt. Im 17. Jahrhundert stand hier das Bremer Armenhaus. Nach einer Nutzung als Altenheim zog 1912 das Focke-Museum ein. Aufgrund der Zerstörung des Gebäudes im Zweiten Weltkrieg siedelte das Museum um. Geblieben ist der verträumte Garten, auch Museumsgarten genannt.

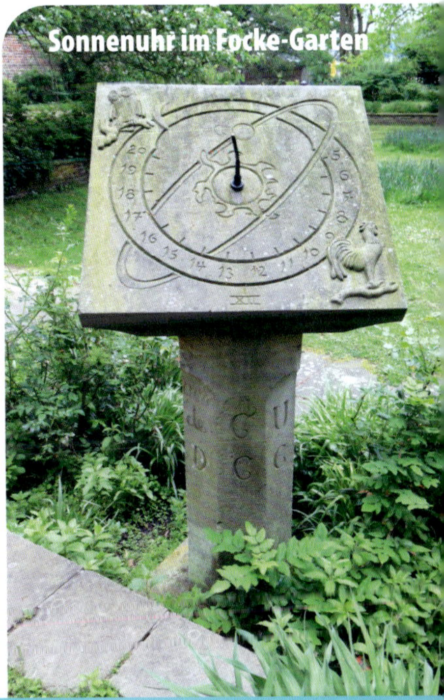

Sonnenuhr im Focke-Garten

Hinter dem kleinen Park erreichen wir die Weser, den Puls der Stadt. Unser Weg führt uns über die **Stephanibrücke** auf die linke Weserseite. Dazu wählen wir den linken Übergang, damit wir einen guten Blick auf die Bremer Skyline haben. Wieder am Ufer angelangt, folgen wir dem Weg nach rechts unter der Brücke hindurch. Zwischen der Oldenburger Straße und den vor uns liegenden Bahngleisen liegt ein kleiner Park, in den wir nach links einbiegen. Kurz vor dem

Für die Seele

Viele Bänke und Wiesen laden zum Entspannen ein. Da findet jeder seinen Lieblingsplatz, sei es unter einem der alten Bäume oder direkt am Stadtgraben.

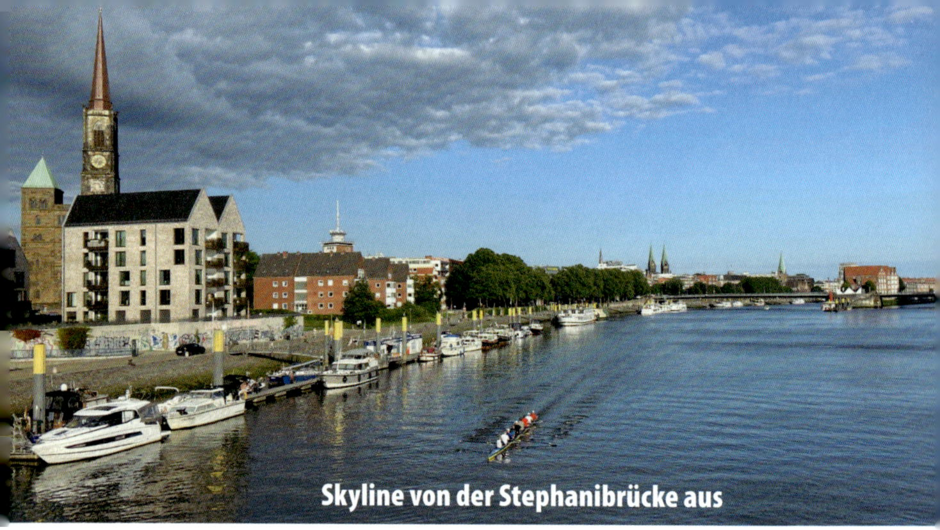

Skyline von der Stephanibrücke aus

Neustädter Bahnhof überqueren wir die Straße nach links an der Ampel.

*Der **Hohentorspark,** benannt nach dem früheren Bremer Stadttor (1620–1825), wurde Anfang der 1950er-Jahren auf dem Gelände des ehemaligen Stadttors an den Wallanlagen angelegt. Die Leitung hatte der Bremer Gartenbaudirektor Erich Ahlers.*

Dann geht es gleich wieder nach rechts in den Park hinein. Der **Hohentorspark** 5 ist ebenfalls ein Teil der ehemaligen Bremer Stadtbefestigung. Lediglich den Stadtgraben gibt es hier nicht mehr. Vielleicht ist deswegen dieser Teil der Wallanlagen heute wenig bekannt. Aber auch hier gibt es einiges für uns zu entdecken. Immer wieder sehen wir interessante **Skulpturen,** wie zum Beispiel einen großen Tiger der Bildhauerin Maria Ewel aus dem Jahr 1955 und die beiden historischen Skulpturen „Schnitterin" und „Hopfenbrauer" aus dem Jahr 1890. Trotz der nahen Hochstraße besticht der Park durch seine Ruhe und ist bei den Anwohnern sehr beliebt.

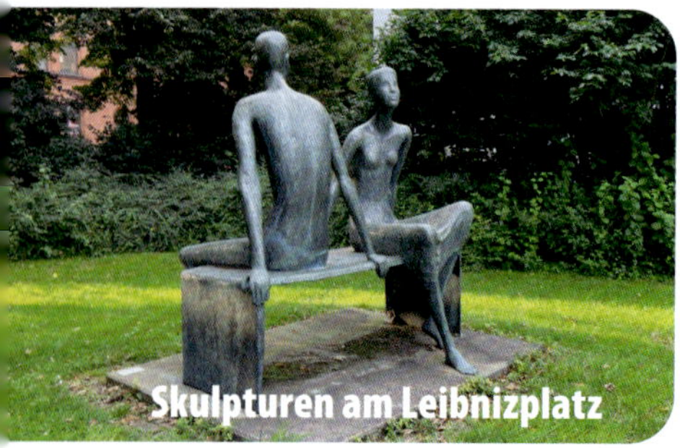

Skulpturen am Leibnizplatz

Am Ende des Parks queren wir die Hohentorsheerstraße und gelangen in den angrenzenden **Justitiapark** 6 Gleich am Anfang begrüßt uns eine Skulptur der Justitia, der römischen Göttin der Gerechtigkeit. Geradeaus durch den Park erreichen wir die Hochschule Bremen. Wir queren die Straße, um durch die Grünanlage zu flanieren und weitere Skulpturen zu entdecken. Im hinteren Teil dieses Parks wurde auch ein Freizeitbereich inklusive Halfpipe errichtet.

Wir erreichen die Friedrich-Ebert-Straße und damit langsam das Ende der Neustädter Wallanlagen. Auf der gegenüberliegenden Straßenseite sehen wir bereits den mächtigen **Centaurenbrunnen** ⑦. Er steht im **Leibnizplatzpark,** den wir natürlich ebenfalls durchwandern. Vorbei am Spielplatz und dem Brunnen geht es in großem Bogen durch den Park, um am gegenüberliegenden Ende den Buntentorsteinweg zu überqueren.

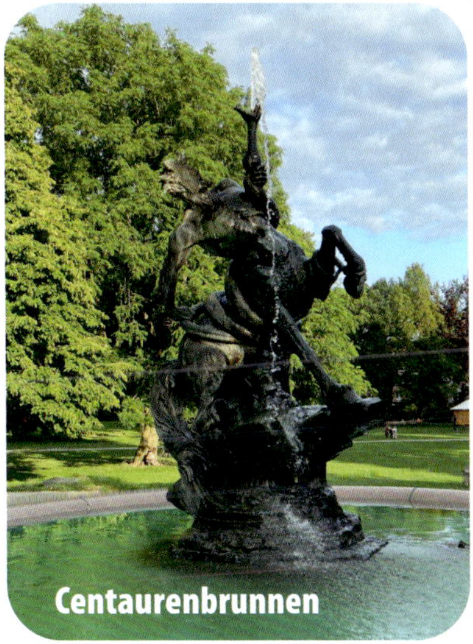

Centaurenbrunnen

Wir erreichen das letzte Teilstück unserer Wanderung auf Neustädter Seite. Die **Piepe** ⑧, der kleine Teich vor uns, ist der Rest des alten Holzhafens, der ursprünglich einen Anschluss an die Kleine Weser hatte. Wir umrunden den Teich südlich und folgen dem Deich an der Kleinen Weser nach links. Unter alten Platanen bringt uns der Weg zur **Weserbrücke.** Nach rechts geht es erst über die Halbinsel, dann zurück auf die rechte Weserseite.

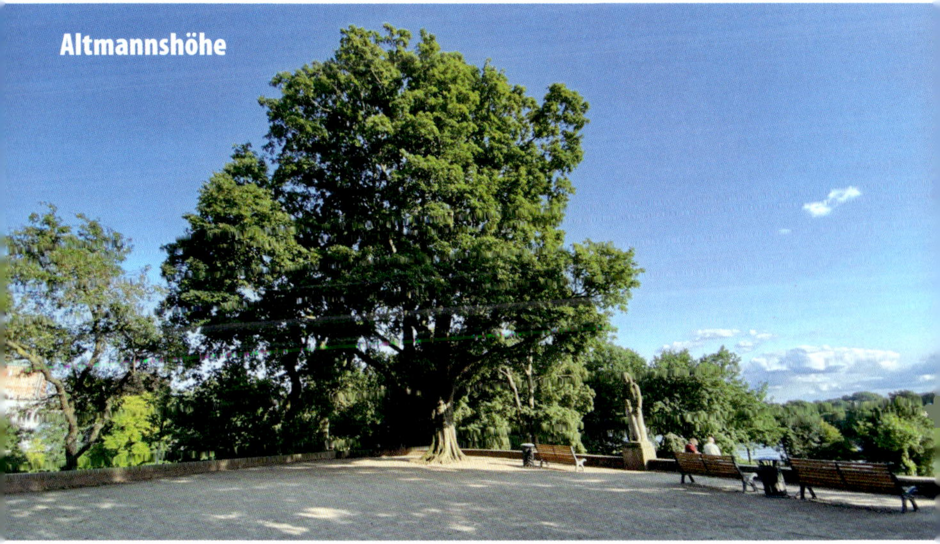

Altmannshöhe

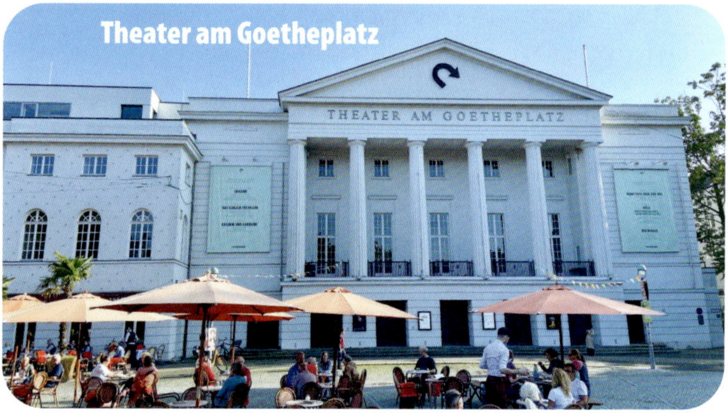

Am Ufer entlang nach rechts folgen wir der **Weserpromenade,** vorbei an Theaterschiff und verschiedenen Skulpturen, zu den Osterdeichwiesen. Links sehen wir einen Fußgängertunnel, der unter der Straße hindurchführt. Dies ist der Bremer **Kunsttunnel 9.** Bremer Kunstschaffende haben seine Wände gestaltet. Im Tunnel nehmen wir den ersten Ausstieg nach rechts. Wer mag, folgt dem Tunnel weiter, um die restlichen Bilder zu sehen. Unser Weg bringt uns hinauf zur **Altmannshöhe 10** mit ihrem Ehrenmal. Von dort haben wir erneut einen schönen Blick über die Weser und auf die „Umgedrehte Kommode“ dahinter, einen ehemaligen Wasserspeicher.

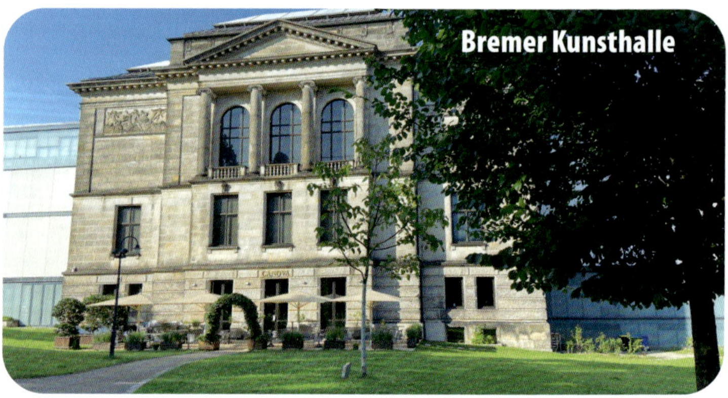

Unten am Stadtgraben angelangt, halten wir uns links. Vor uns sehen wir die **Kunsthalle** und rechts am Wegesrand eine kleine Büste von Paula Modersohn-Becker, der berühmten Malerin aus Worpswede. Nach rechts, am Wasser entlang, geht es über den **Paula-Modersohn-Becker-Steg** zum Goetheplatz. Dort, am großen Theatergebäude, lohnt ein Besuch im **Caféhaus Theatro ⑪**, im Sommer wird der große Platz vor dem Theater als Terrasse genutzt. Weitere Lokale in der Umgebung laden ebenfalls zu einem Besuch ein, bevor es weitergeht auf unserem Rundgang durch die Bremer Wallanlagen.

Gegenüber dem Theater führt eine Treppe hinab zum Stadtgraben. Auf dem schmalen Meyer-Buer-Weg geht es weiter durch die bekannten Wallanlagen. Immer am Wasser entlang bringt uns der Weg zu zahlreichen weiteren Skulpturen. Es lohnt sich also, die Augen offen zu halten. Auf der Höhe des ehemaligen Bischofstors liegt auf einer Anhöhe der **Theatergarten ⑫**.

Unser Weg führt durch den Theatergarten. Wir verlassen den Theaterberg am oberen Ende und folgen dem Weg, der uns wieder hinab an den Stadtgraben

*Auf dem Gelände des heutigen **Theatergartens** wurde 1843 das Bremer Stadttheater errichtet. Nach der Zerstörung 1944 wurde es nicht wieder aufgebaut. An seiner Stelle wurde 1966 dieser Garten errichtet, der einem Theatersaal gleichen soll.*

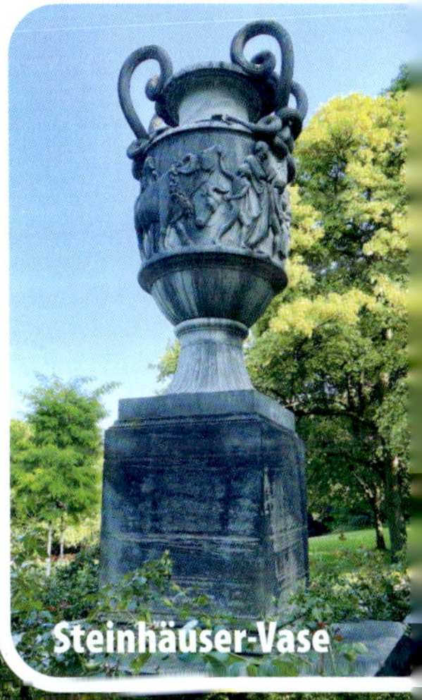

Steinhäuser-Vase

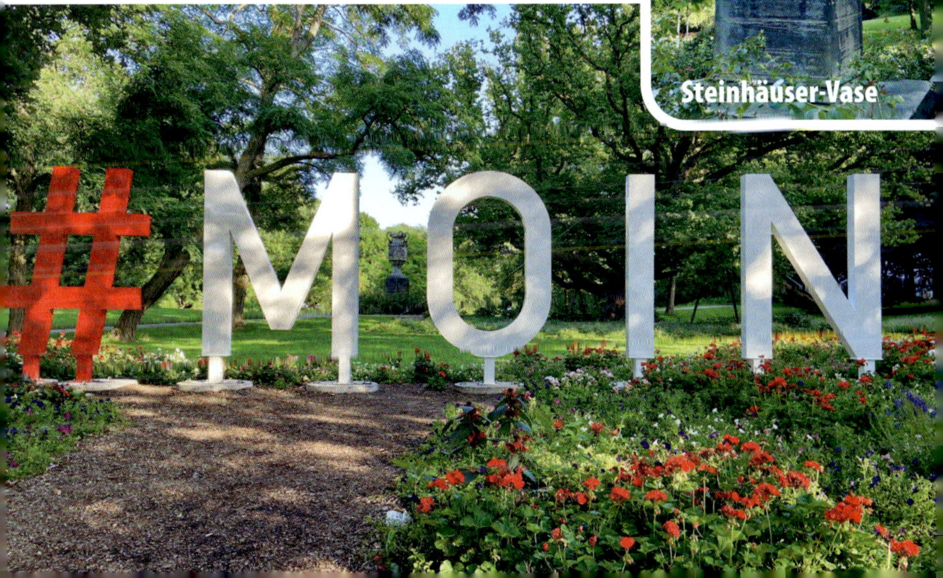

bringt. Wir halten uns links, vorbei am Durchgang der Bischofsnadel, und nähern uns langsam dem Ende unserer Wanderung. Ein Highlight fehlt noch, nämlich die **Steinhäuser-Vase** ⑬. Die Prunkvase aus Marmor steht seit 1856 in den Wallanlagen. Interessant auch die eingravierten Szenen aus dem Klosterochsenzug, einem frühen bremischen Brauch während des Freimarkts im 19. Jahrhundert.

Erneut am **Herdentor** angelangt, müssen wir nur noch die Straße überqueren. Dann schließt sich der Kreis unserer Wanderung durch die Bremer Stadtgeschichte, vorbei an interessanten Skulpturen und entlang des alten Stadtgrabens.

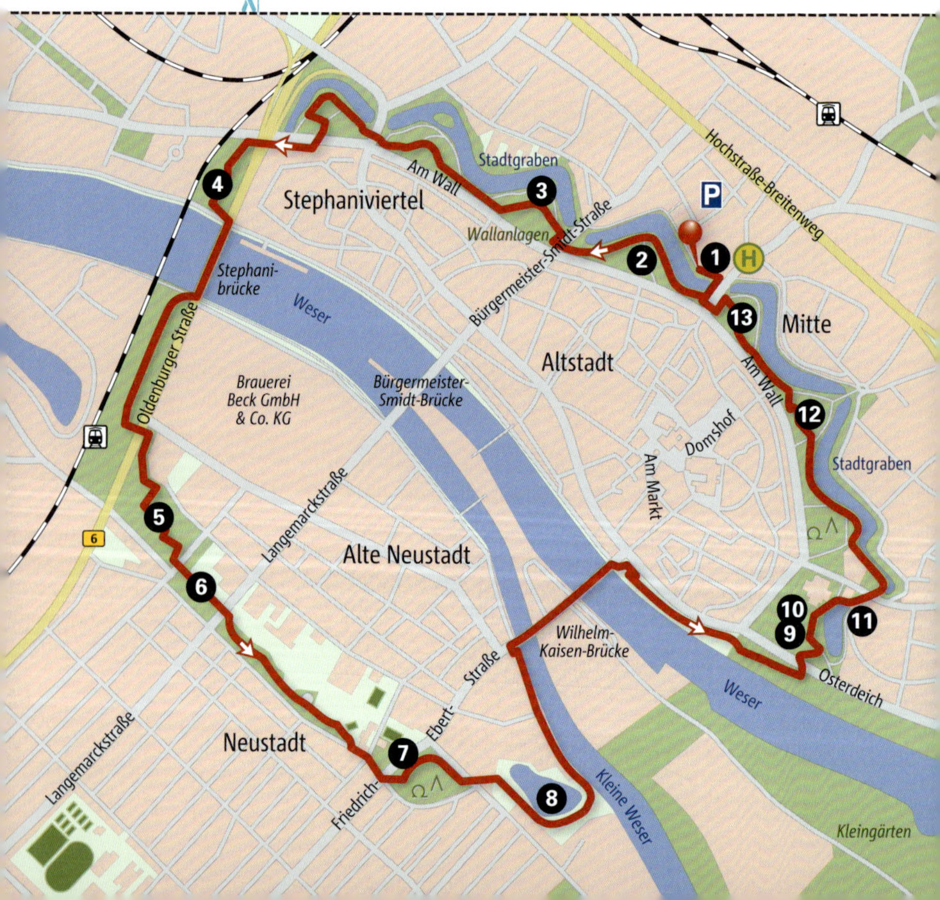

Alles auf einen Blick

WIE & WANN:
Kulturwanderung entlang der alten Wallanlagen, Parkwege, Straßen in der Stadt; beste Wanderzeit: April bis Oktober

HIN & WEG:
Auto: Contipark Parkplatz Hillmannplatz, Hillmannstraße 2–4, 28195 Bremen (GPS: 53.081275, 8.809790)
ÖPNV: Straßenbahnlinien 4, 6, 8, Haltestelle Herdentor

ESSEN & ENTSPANNEN:
Kaffee Muhle am Wall ❷ Am Wall 212, 28195 Bremen, Tel. (04 21) 1 44 66, www.muehle-bremen.de
Theatro ⓫ Goetheplatz 1–3, 28203 Bremen, Tel. (04 21) 32 60 80, www.theatro.de

ENTDECKEN & ERLEBEN:
Loriot-Figur ❶
Isaak-Altmann-Büste ❸
Focke-Garten ❹
Hohentorspark ❺
Justitiapark ❻
Centaurenbrunnen im Leibnizplatzpark ❼
Piepe ❽
Kunsttunnel ❾
Altmannshöhe ❿
Theatergarten ⓬
Steinhäuser-Vase ⓭

Entspannung ✱✱✱✱✱
Genuss ✱✱✱✱✱
Romantik ✱✱✱✱✱

Die GPS-Daten zu jeder Tour gibt es auf
www.droste-verlag.de

Konzeption/ Satz: Droste Verlag, Düsseldorf
Einbandgestaltung: Britta Rungwerth, Düsseldorf, unter Verwendung
von Bildern von © Fotolia.com: Andrey Kuzmin, undrey, dabost, niroworld;
© stock.adobe.com: tina7si
Fotos: Klaus Meyer
Karten: Angelika Solibieda, Karlsruhe
Textlektorat: Birgit Knape, Mainz
Druck und Bindung: LUC GmbH, Greven

Alle Angaben in diesem Buch wurden sorgfältig recherchiert und geprüft.
Für die Richtigkeit der Angaben, für etwaige Unfälle und Schäden jeglicher Art
kann keine Haftung übernommen werden; die Nutzung erfolgt auf eigenes Risiko.
Abweichungen, die nach Redaktionsschluss erfolgten, konnten im Buch nicht mehr
berücksichtigt werden. Hinweise und Änderungen nehmen wir gern entgegen.

FSC
www.fsc.org
MIX
Papier aus verantwortungsvollen Quellen
FSC® C011279

ISBN 978-3-7700-2383-7
www.droste-verlag.de